U0479451

文物修复第一家

时年九十七 谢辰生题

贾树 编著

学苑出版社

图书在版编目（CIP）数据

文物修复第一家 / 贾树编著 . —北京：学苑出版社，2020.5

ISBN 978-7-5077-5948-8

Ⅰ. ①文… Ⅱ. ①贾… Ⅲ. ①文物修整—工作人员—介绍—中国 Ⅳ. ①K825.81

中国版本图书馆CIP数据核字（2020）第087884号

出 版 人：孟　白
责任编辑：乔素娟
封面设计：运平设计
版式设计：逸品书装
出版发行：学苑出版社
社　　址：北京市丰台区南方庄 2 号院 1 号楼
邮政编码：100079
网　　址：www.book001.com
电子信箱：xueyuanpress@163.com
联系电话：010-67601101（营销部）、010-67603091（总编室）
印 刷 厂：河北景丰印刷有限公司
开本尺寸：710mm×1000mm　1/16
印　　张：33.5
字　　数：510 千字
版　　次：2020 年 5 月第 1 版
印　　次：2020 年 5 月第 1 次印刷
定　　价：360.00 元

世家奇藝
華夏之光

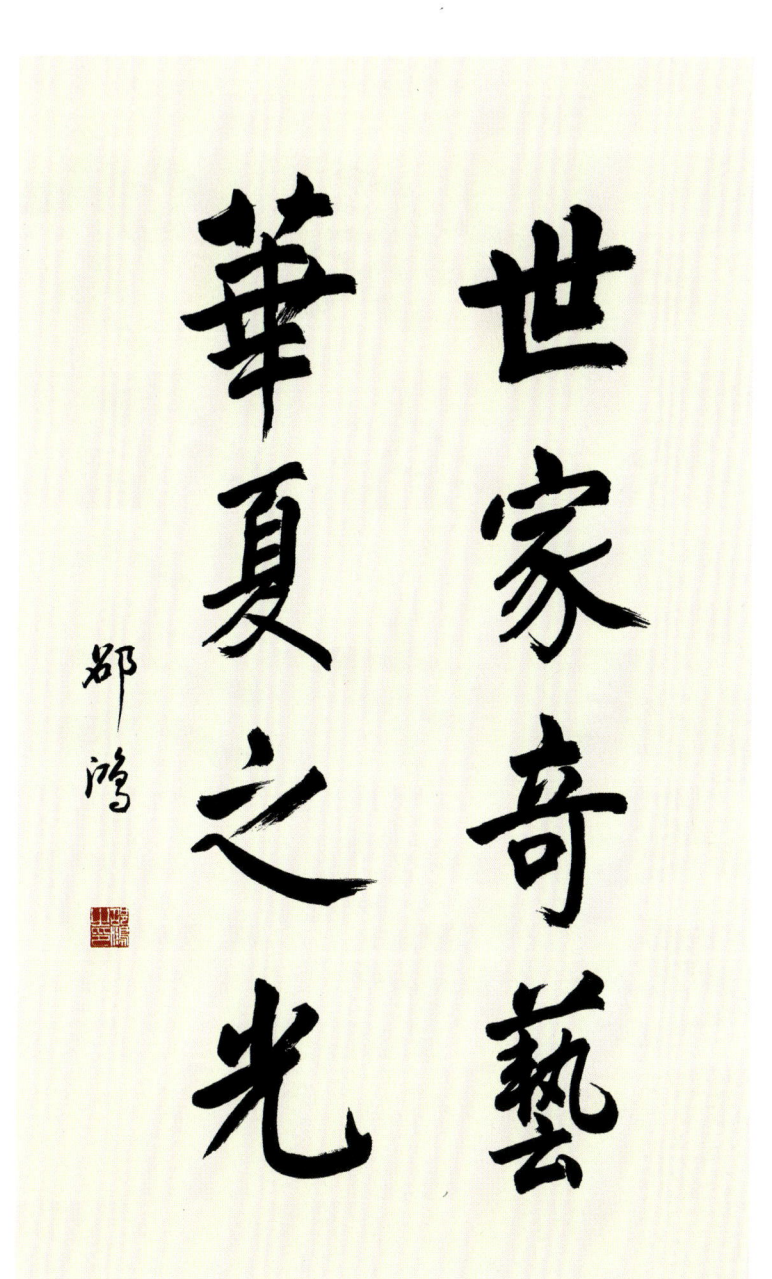

邵鴻

邵鴻题词

修復文物 振我中華

己卯年春 程思远

程思远题词

妙手回春

国宝复生

为文物修复专家贾氏父子题

丁丑年春

郑思远书

郑思远题词

保护珍贵文物

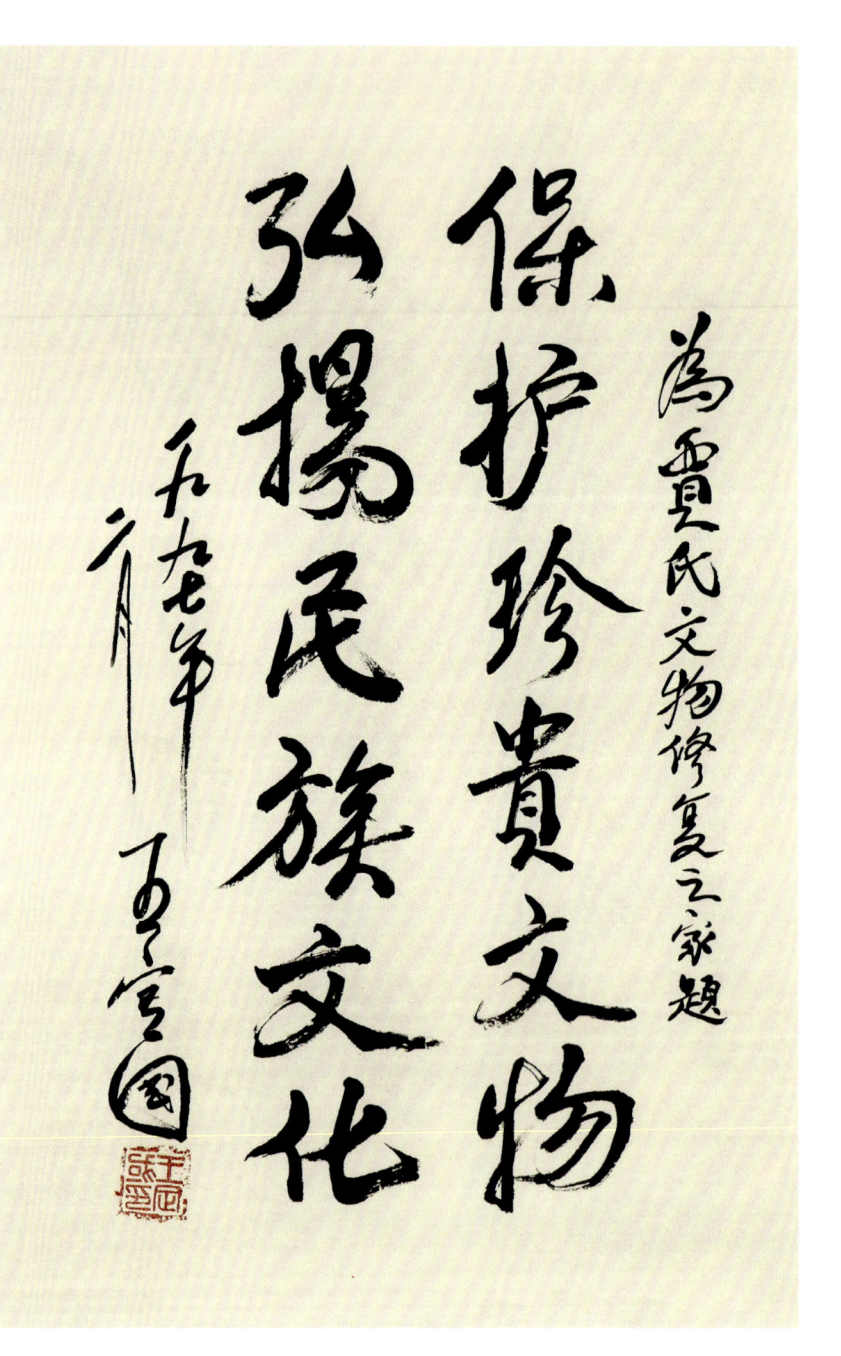

弘扬民族文化

为贾氏文物修复之家题

一九九七年二月 王定国

王定国题词

今年古物重放异彩

戊寅初夏 邵华泽

邵华泽题词

徐光春题词

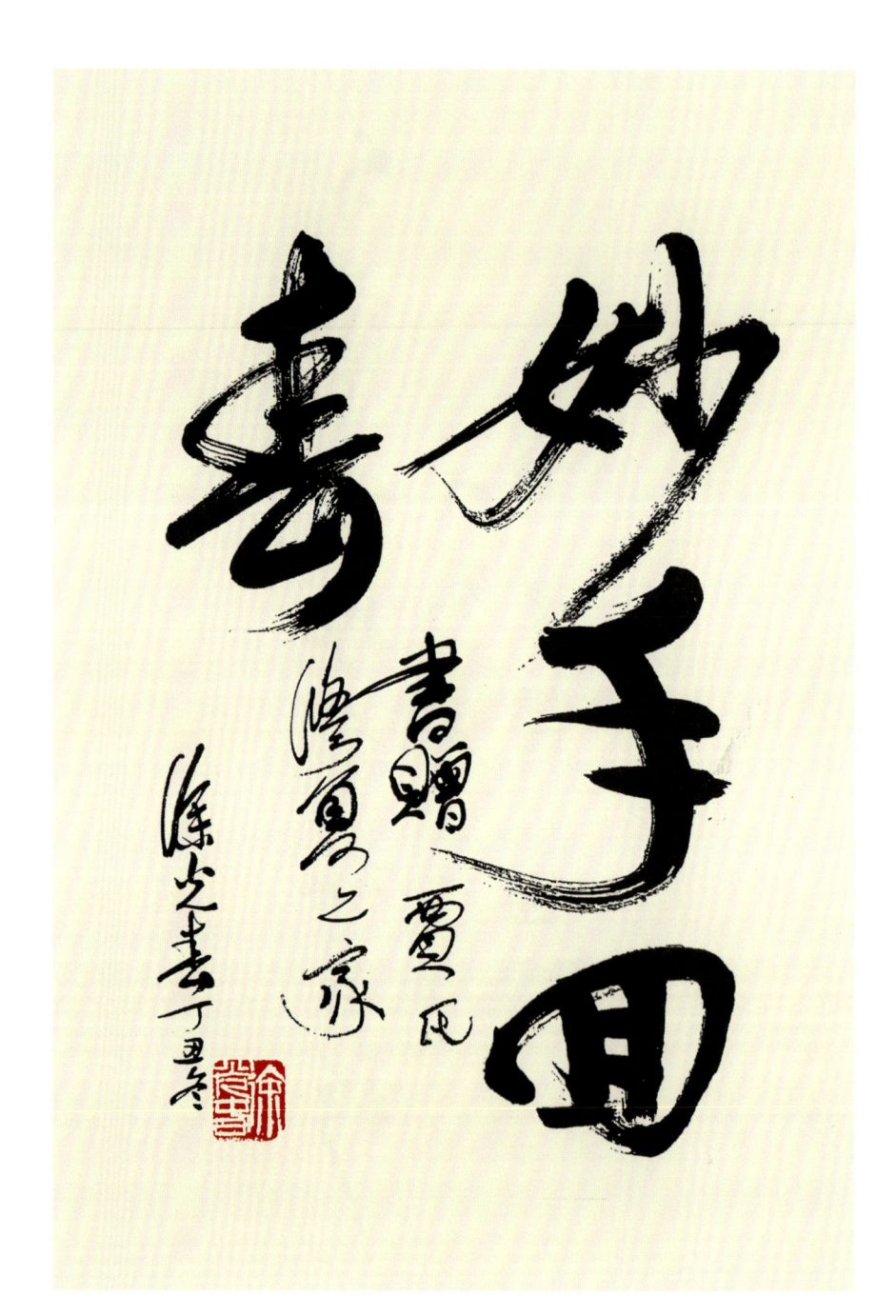

文物修复 任重道远

贾文忠同志嘱题 丁丑新春 孙轶青书

孙轶青题词

赞贾玉波先生暨五子组成的文物修复之家

贾老一生多贡献　五子矢志掦其宗
能使古物焕新彩　抢救残珍逐芳容
绝艺今日洒光大　熙熙芳闺尔英雄

丁丑年新春写于北京

张德勤

张德勤题词

復生國寶
再現神韻

张文彬 题赠
一九九七年四月

张文彬题词

巧手技高修文物
合家茹苦不寻常

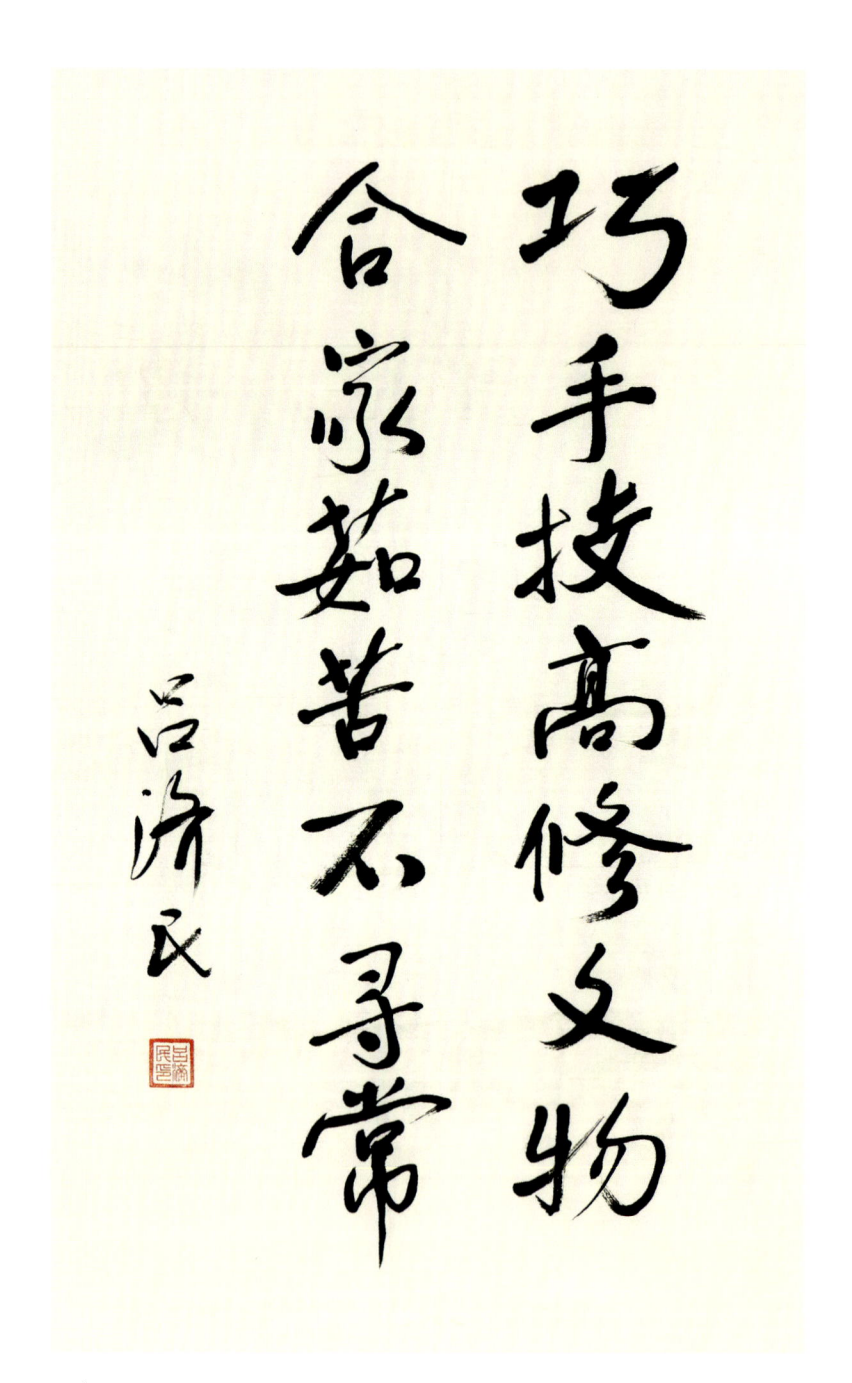

吕济民

吕济民题词

修复文物
技艺精湛

贾氏文物修复之家

贾兰坡

一九九七年五月廿八日

贾兰坡题词

贾氏文物修复之家

启功题

启功题词

考古编辑部

中國文物學會 文物修復委員會
賈文忠 秘書長：

　　我極為欽佩 貴府在文物修復工作上所作出的杰出貢獻。

　　中國是世界文明古國之一。中國文物的保存和修復具有世界意義，因此，我認為 貴府所作的工作是有世界意義的。

　　我衷心祝願 貴府在中國文物保存和修復的工作上作出新的貢獻。

　　此致

敬禮

徐苹芳 敬啟
一九九七年四月八日

徐苹芳信函

国宝重光世家
公输巧艺传人

一九九七年春 罗哲文

罗哲文题词

宏扬传统技艺 宝民 门盖世手艺

癸未之春 徐邦达 书 于京华寓 八十四年九十三岁 疾起 之 书 力难握管 殊不忍也

徐邦达题词

技术精湛 颇适鉴观

赞贾民文物修复之家

丁丑春日 刘九庵书

刘九庵题词

玉波長流

賈玉波先生善修補吉金瑞玉護其原貌且子孫克繼其業精湛之工藝將傳之無窮如流之長且廣也

丁丑暮春 朱家溍

朱家溍題詞

鲁班家世独传经更有名师得继承诸子才施博物馆知君技过宋应星眼前残件不成器手到全完旧典型人道神奇原腐朽一门工艺总青青

玉波大师身怀绝艺与余论交五十年有子文超文熙三昆弟克绍箕裘卓然名家誉为贾氏世家宝至名归笑为题小诗颂之即希教正丁丑春史树青

史树青题词

一门皆妙手　修复奏奇功

一九九七年五月

畅安王世襄题

王世襄题词

技艺遣造诣良深

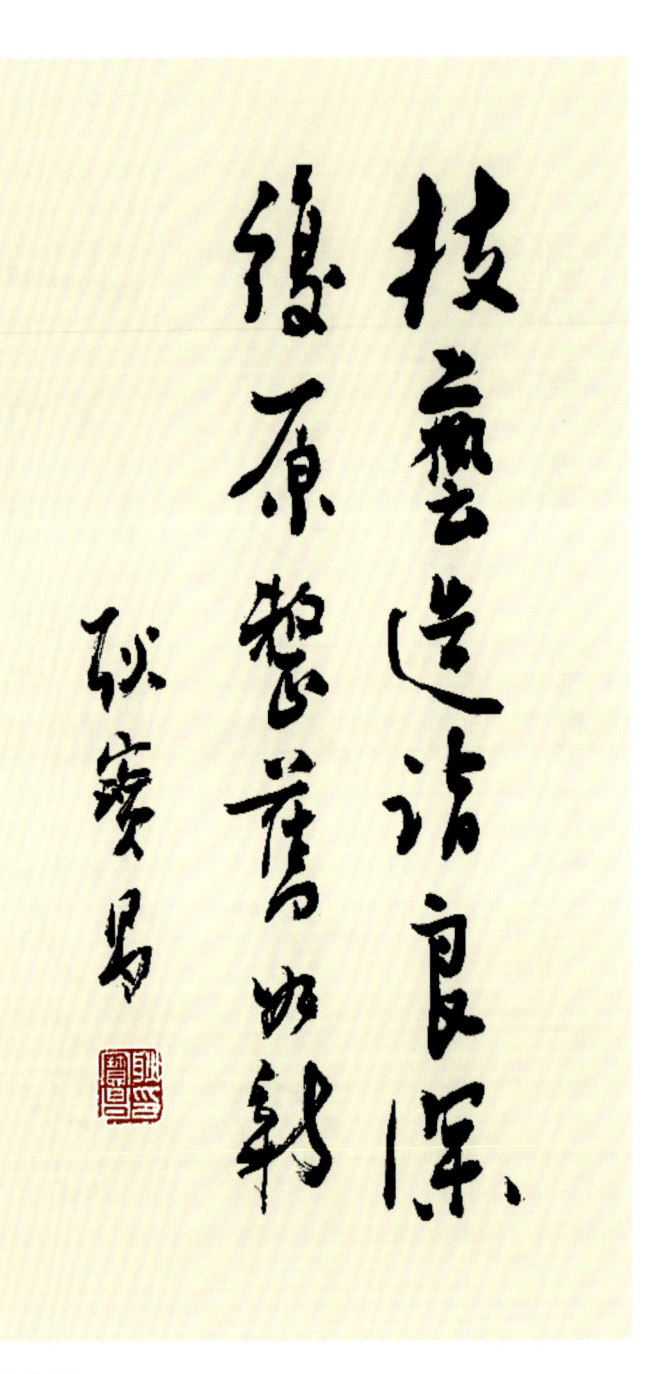

复原鬶䍌旧如新

耿宝昌

耿宝昌题词

金石长寿　钟鼎传家

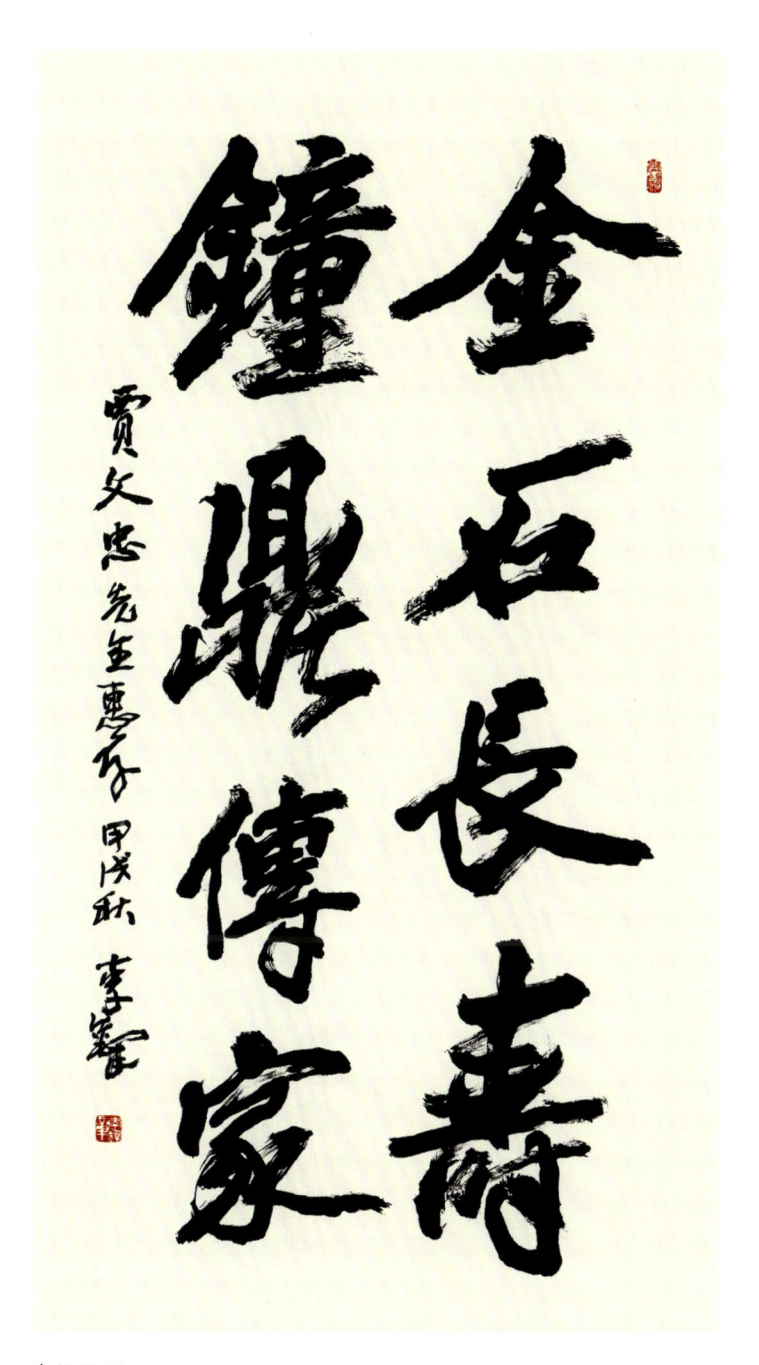

贾文忠先生惠存
甲戌秋　李铎

李铎题词

青铜传家

欧阳中石题词

贾氏文物修復之家

大康题

賈氏文物脩復之家

大康

大康题词

贾氏三代修复文物
功在当代利在千秋

丁酉岁末 谢辰生
时年九十六

谢辰生题词

序

文物修复技术是我国传统工艺的一个非常重要的组成部分。传统工艺源远流长，古代多在官府，后世逐渐散在民间，但两者都常以世代传授相维系。例如传世最古老的论述工艺的专门书籍，作于先秦而在汉初被收入《周礼》的《考工记》，有"攻木之工七、攻金之工六、攻皮之工五、设色之工五、刮摩之工五、搏埴之工二"，或称某人，或称某氏。汉末郑玄注说："其曰某人者，以其事名官也；其曰某氏者，官有世功若族有世业，以氏名官者也。"所谓官有世功或族有世业，就是代代相传的工艺世家。

世代相传的专业人员，古时称为"畴人"。《史记·历书》讲，周朝幽厉以后，王室衰微，"故畴人子弟分散，或在诸夏，或在夷狄"。《集解》云："如淳曰：家业世世相传为畴。律：年二十三傅之，畴官各从其父学。"《历书》论述历书，所以后来大家把明历之人称作"畴人"，最多将乐官兼括在内。其实"畴人"的本义应更广泛，像《史记·龟策列传》谈卜人，也说"父子畴官，世世相传"。《考工记》所载那种工艺世家，也当在广义的畴人之列。

文物的修复和复制，起源甚早。贾文忠先生《文物修复与复制》书中，引《吕氏春秋》《韩非子》鲁国赝鼎故事，认为春秋已有复制文物的实例，是正确的。此项工艺，至宋代而兴盛，但其真正发达，要到晚清及民国初年。贾书所述这一时期仿古业的传流，"青铜民间四派"等，可为代表。中华人民共和国成立以来，配合考古工作的迅速开展，文物修复、复制的工艺技术得到充分发挥作用的机会，精益求精，达到前所未有的水平。

贾玉波先生一家，属于上面说的"青铜民间四派"中北京派"古铜张"嫡系，数代世传，见闻之博、经验之富，少有伦比。近几十年出现的许多最珍贵的文物，都是经过他们的精心妙手，才能复现原有的光辉。对文物考古工作的贡献，需要大家给以充分的肯定。贾家各位修复和复制的文物，包括各个门类，而以青铜器为其间大宗。下面就以青铜器为例，对此项工艺技术的重要性陈述几句。

很多人习惯在博物馆、美术馆的展室中欣赏青铜器，往往认为青铜器从来便是那样形制完整、花纹明晰、铭文清楚的。青铜器埋藏地下，时逾二三千年，出土时完好光洁的，实际是极少数。一般情况是锈蚀遍体，破碎缺损，甚至变成难以辨认的大堆碎片，和后来玻璃橱内的形象不能同日而语。没有修复，青铜器的研究鉴赏可说是做不到的。

修复本身其实就包含着研究。试想对青铜器各方面的性质（物理、化学性质和历史、美术性质）没有比较深入的了解，怎能将残破恢复成为完美？修复应该说是青铜器整理研究的基础，是不可缺少的一个环节。

对于鉴定工作，文物修复和复制的知识尤为重要。鉴定一件青铜器，首先须看清是否仿制，经过何种修整，有无作伪的情况。不能辨明这一点，鉴定便无从说起。

因此，我一贯认为，一个全面的青铜器研究者必须学习修复的知识。研究青铜器的工作，最好有修复专家参加配合。

中国的现代考古学，是在久远深厚的金石古物之学的传统基础上建立起来的。考古学的研究，有必要从传统积累中取得凭借和借鉴。传统的金石古物之学，不仅有收藏、著录、考释等内涵，修复、复制的工艺技术也是不可忽略的方面。前代金石大家的作品，即每每兼涉及此。忘记这方面的传统，会给今后的文物考古工作带来损失。

外国的情形也是这样。我曾几次在法国、意大利等地文物修复研究机构参观，并讨论有关问题，知道他们的修复技术相当注意传统工艺的保存和发扬。比如壁画、雕塑的保护与修复，在那些国家是至关重要的事，有很多专家学者在实验室和现场辛勤工作，才使美术史上的名迹不致失坠毁坏。为了弘扬我国的优良文化传统，更多的工作正在等待着我们。

中国的文物有着本身的特点，我们传统的文物修复工艺也是独特的。这种传统工艺，借用日本习用的话来说，乃是无形的文化财（文物）。当前仍在传流此项工艺的畴人世家，肩负着特殊的责任。《文物修复第一家》一书，介绍了贾氏三代人的工作业绩，又披露了大量实际工作的技艺经验，无疑是与文物考古各方面有关的读者所欢迎的。

我国的文物修复、复制工艺当然需要现代化，而且正在走向现代化的过程中。过去几十年间，这方面的技术有很多发明创造，有些颇为重要，需要总结和推广。贾氏文物修复之家的事迹也是丰富多彩的，值得向大家推荐。

李学勤

2016 年 12 月

目录

001　老北京"古铜张"派青铜器修复的缘起
002　近代传统青铜器修复行业传承与发展　│贾　树
007　老北京青铜器修复业"古铜张"派源流考　│贾文忠
011　王德山小传　│贾文忠

013　贾氏文物修复之家介绍
015　贾氏文物修复世家　│吕济民
017　抢救国宝一家人　│郑广荣
020　师承制培养专业人才的范例　│周宝中
023　我与贾氏三兄弟　│李化元
026　家的故事
　　　——共忆我们的母亲、我们的家　│贾文熙
041　城南旧事二十载
　　　——充满故事的老北京胡同生活　│贾文熙

055　贾玉波呕心沥血五十载
056　贾玉波简介
066　贾玉波从事地下工作二三事　│张荣光
071　贾玉波老师与考古研究所的文物修复　│白荣金
074　贾玉波老师对中国历史博物馆的贡献　│葛述禹

077　风雨同舟五十载　｜刘增喆

080　与恩师朝夕相处的日子　｜左崇新

083　向恩师学艺琐记　｜陈新娟

087　忆贾玉波师傅　｜王赴朝

091　记父亲的几件往事　｜贾文珊

103　贾氏五兄弟

104　贾文超

122　贾文熙

144　贾文珊

146　贾文忠

163　贾文进

167　贾氏第三代　文物修复有传人

168　贾　汀

176　郭　玢

191　贾　树

217　文博名家为贾氏出版物题序题跋

218　《文物鉴赏与修复》序　｜吕济民

220　《文物养护复制适用技术》序　｜吕济民

222　《文物修复与复制》序　｜孙轶青

224　《贾氏文物修复之家》跋　｜孟宪珉

226　《古玩保养与修复》序　｜吕济民

228　《贾文忠金石传拓集》跋　｜熊传薪

230　《贾文忠全形拓精选集》序　｜李学勤

232　《贾文忠全形拓精选集》跋　｜李伯谦

234　《吉金萃影——贾氏珍藏青铜器老照片》序　｜李学勤

237　《吉金萃影——贾氏珍藏青铜器老照片》序　│　李伯谦

239　《吉金萃影——贾氏珍藏青铜器老照片》初读　│　朱凤瀚

243　《金石永年——贾文忠全形拓》序　│　孙旭光

246　《贾文忠金石艺术集》序　│　谢辰生

249　谈新出现的妇妌爵　│　李学勤

252　全形拓的源流、传承与发展
　　　　——《贾文忠全形拓精选集》赏读　│　张　丁

256　《贾文忠金石传拓集》序　│　罗　杨

257　贾氏三代与名家合影

271　贾氏出版物

272　文物修复与鉴定著作

276　艺术类著作

278　贾文忠主编《文物修复研究》

281　《吉金萃影——贾氏珍藏青铜器老照片》

293　贾氏珍藏青铜器老照片与老照片相关的二三事　│　贾文忠

303　《吉金萃影——贾氏珍藏青铜器老照片》后记　│　贾　树

313　《吉金萃影——贾氏珍藏青铜器老照片》
　　　出版编辑侧记　│　许海意

319　《吉金萃影——贾氏珍藏青铜器老照片》
　　　出版之后　│　贾文忠

323　附录　贾氏著作与论文精选统计表

331　贾氏捐赠

339　媒体关注

346　文物世家三代人修复万余国宝　│　丁肇文

352	文物修复大师贾玉波和他的儿子们	朱　威
360	贾氏三代文物修复使命折射文物业 60 年变迁史	王　阳
366	传统文物修复，还守得住手艺吗？	曾　焱
370	从"文物郎中"到"实战派鉴定专家"	戴　莹
376	手艺——守护青铜贾文忠	
381	贾文忠的青铜器人生	修　瑞
384	贾文忠：抚平青铜的伤痕	王　剑
390	Preserved on Paper	Liu Xiangrui
393	Really Getting the Whole Rub	Liu Xiangrui
396	北京工匠老北京"古铜张"派第四代传人贾文忠	牛伟坤
400	画中金石	杨昌平
407	贾文忠：与古人对谈金石	周晓华
414	青铜修复名家贾文忠：工艺传承的家族坚守	马怡运
421	Antique Fabric Restorer: We Work One Stitch at a Time	
423	修复师为古书画"整容"	李　博
425	贾树：修了 7 年青铜器，我还是初学者	蒋肖斌
430	贾文忠：从工匠成长起来的专家	宗春启
433	贾文忠印象	朱　威
435	我眼中的贾文忠先生	丁肇文

437　贾文忠金石全形拓艺术

444	千里传金石　万里存知音
448	国礼全形拓
454	"金石永年——贾文忠全形拓展"在恭王府开幕
462	"让艺术升骅——贾文忠全形拓艺术展"在深圳开幕
464	"金石祥瑞——贾文忠全形拓艺术展"在颐和园开幕
466	贾文忠《大盂鼎》全形拓在中国国家博物馆展出全形拓入藏中国国家博物馆

468 "簠斋遗韵——贾文忠全形拓艺术展"在孔子博物馆开幕

470 "金石萃影——贾文忠全形拓艺术展"在霸州博物馆开幕

472 "敬墨问茶——贾文忠迎新茶档精品画展"在三亚图书馆开幕

476 "吉金永年——贾文忠全形拓艺术展"在定州博物馆开幕

478 "山谷聆禅——贾文忠禅意丹青小品展"在安徽开幕

480 "金鼠臻祥——贾文忠全形拓艺术展"在甘肃省博物馆开幕

483 "吉金献瑞——贾文忠全形拓艺术展"在徐州博物馆开幕

489 贾氏四代人影像纪录

老北京『古铜张』派青铜器修复的缘起

近代传统青铜器修复行业传承与发展

□ 贾 树

青铜器是中国古代的重器，在中华几千年文明中，始终闪烁着灿烂夺目的光芒，受到了无论是博物馆及中外收藏家还是民间的普遍青睐。这些精美的青铜器均出自能工巧匠之手，其中也流传着很多动人的传说。然而对于每个热爱青铜器的人来说，特别是那些传世的精品，我们除了要感谢它的制作者，还要感谢那些一代代为青铜器修复奉献了毕生的修复工作者，正是他们的存在，使我们可以穿越历史，在历经几千年后仍然可以一睹青铜器的迷人风采。

据记载，我国传统青铜器复制、修复技术大约始于春秋时期，在《吕氏春秋·审己》《韩非子·说林》中均记载有赝鼎的故事，宋代时达到了鼎盛，仿造的青铜器种类繁多，大多以商、周真器作模式，器型、纹饰仿得相当逼真。元明时，除了明代宣德年间铸造的仿古炉制作样式多且精美外，复制技术一度处于低潮，到清代时则又呈现了繁荣的局面，几乎所有古代文物都有仿制，同时出现了一大批专业仿古高手，如北京的范寿轩、赵允中、王荩臣、李玉彬、李坟堂、胡迁贞、潘承霖、王海等，济南的胡麻子、胡世昌，并逐渐形成了四大派别：北京派、苏州派、潍坊派、西安派。

下面就各大流派的特点及传承情况进行简单的介绍。

首要的当属北京派。北京派的特点是以修复出土古代青铜器为主，因有得天独厚的条件，北京琉璃厂古玩街上见到的都是新出土青铜器在修复基础上复制的一些青铜器。复制尽量做得华丽、精巧、形制奇异，地子、锈斑也很逼真，能与"苏州造""潍县造"媲美，以仿作的商周重器和鎏金器最多。这是至今传承最为茂盛的一派。北京派的创始人应该算是清宫造办处的"歪嘴于"，根据《北京民俗文化宝地：百年琉璃厂》中的记述：歪嘴于，河北衡水人，光绪年间来到京城，在内务府造办处下面的古铜局，帮太监们修复古铜器，因此他的修复手艺也是从太监们那里学来的（也有说歪嘴于本身就是太监）。后来他在同乡孙虞臣的建议下，自己开了个古铜局，叫"万龙合"，给古玩铺和宫里修理青铜器。歪嘴于共收过七个徒弟，其中最出名的，是最终继承了他的衣钵、从家乡带出来的徒弟张泰恩，也就是后来被人们授予美称的"古铜张"。张泰恩后来又带了十几个徒弟，其中七位在修复行业起到了不小的作用，他们是张文普、贡茂林、张书林、王德山、刘俊声、张子英、赵同仁，其中最出色的是他的侄子张文普，后来得了个绰号"小古铜张"。他们在抗战时期各自教出的部分徒弟，中华人民共和国成立后一并进入了博物馆，也就是第四代赵振茂、高英、贾玉波、王荣达等，成为新中国第一代文物修复人员。

北京派的第五代传人是王振江、白荣金、付金凯、贾文超、霍海俊、曹静楼、贾文熙、万俐、贾文忠、郭移洪、杨晓乌等。这也是目前青铜器修复行业的中坚力量。这其中贾氏三兄弟贡献最大，在行业里的影响力最大：贾文忠、贾文超、贾文熙把文物修复技艺引入课堂，打破传统观念上的"师傅带徒弟、家传本领不传外人"的旧习，近十年，培养了大批文物修复与保护专业的大学生。这些理论与实践兼备的毕业生已经在国内文博系统里成为文物修复领域的新生力量。文物修复成为正规院校课程，是传统手工艺得以传承和发展的关键一步。

第六代、第七代传人现在也均在文物修复岗位上工作。

其次当属苏州派。与北京派技术来源于宫廷不同，苏州派技术主要来自民间，是与吴地一带非常悠久的青铜器冶铸加工和仿古技术分不开的。从春秋时候开始冶炼制作青铜器，到北宋已达到很高水平的青铜器仿古技术，因此苏州自明、清就已成了仿古制作的基地，仿制银器的历史更是要早于北京。民国期间铸造仿古青铜器也是以苏州为最佳。其中以周梅谷、刘俊卿、蒋圣宝、骆奇月等为代表。特别是周梅谷，对后来南派青铜器修复保护业产生了巨大的影响。

周梅谷（1882—1951），著名碑刻家，篆刻家吴昌硕的入室弟子，擅长碑刻、印章、书法，他经营的作坊铸仿的古铜器可以达到乱真的程度。但周梅谷本人并不会冶铸仿制青铜器，他所从事的主要是青铜器的仿古经营，因此，从苏州派青铜器修复复制技术传承来讲，他不能算作苏州派传统青铜器复制修复技术的创始人。但说他是近代以来苏州青铜器修复复制技术的奠基人，则一点都不为过。他 1921 年在苏州开办了专做仿古青铜器的作坊，聚集了各类能工巧匠，如擅浇铸的陶善甫，精刻铜的李汉亭，工剥蜡的唐发玉、刘有富，善接色的金润生、金满生、蒋圣宝，专木范的黄桂伦、吴麟昆等高手，进行青铜器仿古制作，所仿制器物的精美，连很多鉴定大家都不能识破。现今苏州仿古铜器的技术也基本继承了周梅谷作坊，因此，苏州派的保护修复技术与周梅谷有着密切的关系。

说到苏州派传统青铜器修复复制传承情况，现在大家比较公认的苏州派的创始人是在晚清至民国期间在苏州非常有名的"金铜匠"——金云松。他是周梅谷的远亲，目前掌握的他的资料较少，不知是否也曾经在周梅谷的作坊中工作，而他的技术又是从哪里学来的，目前也不得而知。

苏州派的第二代传承人是金云松的两个儿子金润生和金满生。金润生早年是苏州古董业内名匠，曾受聘于周梅谷。他仿制的青铜彝器，足以乱真。1955 年为修复寿县蔡侯墓出土文物，和弟弟金满生来到合肥，并在此安家，父子相传，金润生后来留在了安徽，为安徽文物事业做出了卓越贡献。金满生后来回到了苏州，后又进入南京博物院。这也就是现在文物修复界以南京博物院、安徽省博物馆等为"南派"之源的原因所在了。

苏州派的第三代传承人是金学刚、李永和与王金潮。其中金学刚和王金潮在修复行业中占有比较重要的地位。金学刚是金润生的儿子，1945 年出生，14 岁就开始随父亲学习祖传技艺，从事青铜器修复工作 60 多年，被人们称为"复活国宝的能手"。王金潮是金满生的徒弟，1949 年出生，浙江杭州人，曾修复多件玉衣，在青铜器粘接技术方面有所贡献。

靳鹏、曹心阳、金鑫是金学刚的徒弟，于伟、李军、黄河、田建花是王金潮的徒弟，他们是第四代传人，目前也在青铜器修复行业贡献着自己的力量。

苏州派的特点是：早年多仿河南安阳殷墟的商代器物，仿得精致、逼真。

多采用木板刻翻蜡方法，胎质的合金成分与北京不同，冶铜时一般加入银圆或银元宝，所以生成的地子亮、闪白。皮色是用大漆加颜色做出来的。分铸组装时铸痕不打磨掉，无垫片，器身常出现砂眼。伪器与真器大小不一致。由于铜质好，花纹也流畅、利落，铭文錾刻得较深，而且规整。器物的口沿、扉棱的边缘及棱角发硬，缺少圆润柔和之感。总之，苏州的伪器在铜料、皮色、锈斑、铭文等方面都有独到之处。铸造技巧较之潍县造精细得多，仿熟坑器物比北京的好，但伪造生坑器有的不如北京。

以上北京派和苏州派在今天的青铜器修复行业仍然在发挥着作用，仍然在代代传承，而下面要提到的潍坊派和西安派，则在中华人民共和国成立后就失传，而且相关方面的资料较少，现将搜集的资料罗列在下。

一是潍坊派，形成于清代的乾隆、嘉庆时期，清末民国颇具规模。

山东潍县仿古铜器约始于 400 年前。清代老艺匠相当多，有以錾刻花、铭见长的范寿轩，有以擅刻细笔道铭文又能翻砂制镜范的王荩臣和他的儿子王海等，共十几位。其中王荩臣和他的儿子王海伪刻铜器铭文名噪一时，若不是眼力好的古铜专家，很难看出破绽。潍县仿古作伪的基本情况是：多按《西清古鉴》图录仿造，造型、花纹多不符合商周铜器的特征。采用的是组装法，将耳、足、身等分别铸造，再用焊锡将其组装成器。焊接处不是范痕，即使做上假锈，将锈去掉便露出锡来。有的用蜡模翻铸，铸出的器物壁厚体重，有砂眼。作锈方法是先用盐酸浸泡，埋入黄土中，再盖上湿麻袋布，让器表生出地子和锈。

二是西安派。西安是仿古作伪较早的地区，在真器上錾刻伪铭便始于西安。近代西安仿古作伪的情况是：仿造度量衡器居多。作锈方法系将伪器埋入地下若干年。这样生成的锈与真器的锈近似，与酸咬、堆积成的锈不同。突出特点是在錾刻伪铭方面。其代表人物是"凤眼张"和苏亿年、苏兆年兄弟，是西安錾字作伪的巧匠，多在诏版、量器上刻伪字。

综上所述，青铜器修复复制技术不是一门新兴的行业，而是有着悠久的历史，是一门古老而又随着时代发展历久弥新的行业。青铜器修复技术是在传统的青铜器仿古作伪技术的基础上发展成熟起来的，经过了数代人的继承和发展，特别是近代以来青铜器修复工作者的不断改进和创新，已逐渐形成了一套具有自己特色的传统工艺技术。它是适应我国传统青铜器特点的、符合我国传统审美的一种工艺技术，为我国的文物保护事业做出了重要的贡献。因此，面对这样一门传统的技艺，如何更好地传承和发展，使其传承有序、后继有人，是我们当前面临的问题。当然我们也欣喜地看到，每年都有不同的培训班，陆续培训出了不少修复方面的人才，也有越来越多的人开始关注和喜爱这门技术。我们真心地希望这门技艺可以随着时代的发展而历久弥新，更加散发出迷人的光彩。

老北京青铜器修复业"古铜张"派源流考

□ 贾文忠

如今全国文博单位中从事文物修复工作的同志大部分是北京"古铜张"派传人。老北京的青铜器修复技术发展成了今天的各类文物修复技术,这其中经过了几代人的努力和几十年的发展,他们的名字不应被后人忘记。

老北京青铜器修复行业创始人,是清宫造办处的太监,此人姓于,外号"歪嘴于",真实姓名没有传下来。师爷王德山跟我说:清宫造办处内有多种手艺人,清朝末年这些手艺人中有八个巧匠手艺最高,人称"八大怪",其中修古铜器的一怪就是"歪嘴于"。

"歪嘴于"出宫后在前门内前府胡同庙内(今人民大会堂附近)开了个"万龙合"修古铜器作坊,这是光绪年间的事情。于师傅先后收了七个徒弟,其中一个叫张泰恩(1880年农历十月初七生于河北冀县良心庄),是于师傅最小的徒弟。

张泰恩12岁(1892年)来北京,在前门内前府胡同庙内拜清宫太监"歪嘴于"为师,张泰恩在家中排行老七,在于师傅门下也排行第七,故人称"张七"。大约辛亥革命那年(1911)于师傅去世,张泰恩为其发丧,并继承于师傅的衣钵,把"万龙合"改名为"万隆和古铜局",仍在前府胡同庙内,主要为琉璃厂古玩商修复青铜器。大约在1916年,与同院吴姓家大女儿结婚。这一时期正是帝国主义列强对中国大肆侵略、中国历史文物

张泰恩

大量被掠夺盗卖的时代，青铜器修复行业随着古玩商人的"金石路子"和"洋庄生意"的兴起而发展起来。1919年五四运动前后，"万隆和古铜局"迁至崇文门外东晓市大街路北第四家店铺营业，并将家从前府胡同庙内搬出，住进崇文门外法华寺南营房东四条13号。妻子吴氏1920年在此院内生长子。长子名张宝珍，号子明，后以画山水画为生（1973年去世，终年53岁）。吴氏1926年病故。张泰恩于1930年续娶北京朝外一张姓女子，1933年生二子张宝玉（张宝玉后在北京第二机床厂当钳工，现退休），1936年生三子张宝善（后在石家庄8507厂当电工），1939年生女儿张淑玲（在北京一七七中学当数学教师，现退休）。

张泰恩把"万隆和"迁到东晓市后生意兴隆，大批古玩商前来修理青铜器。由于业务繁忙，张泰恩开始收徒弟，大约30年间，"万隆和"共收了11位徒弟，从而开创了北京"古铜张"派青铜器修复业。其中7位徒弟在修复行业中起到了不同作用，如张泰恩的亲侄子张文普（号济卿），人称"小古铜张"，1902年生，13岁学徒，由于心细手巧，学成后为琉璃厂古玩铺修铜器，并带了7名徒弟，有李会生（故宫博物馆）、赵振茂（故宫博物馆）、高英（中国历史博物馆）、张兰会（中国历史博物馆）、侯振刚（改行）、贡聚会（改行）、冀永奎（改行）。中华人民共和国成立前张文普曾为大古玩商岳彬等人修复过大批商周铜器。日伪时期加入"一贯道"为点传师，中华人民共和国成立后镇压反革命时被逮捕，1965年死在东北狱中。另一位修复高手王德山，1911年生于河北衡水小巨鹿，13岁学徒，学成后自立，带了8名徒弟，有刘增堃（河北省博物馆）、杨政填（中国历史博物馆）、王喜瑞（北京市美术公司）、贾玉波（北京市美术公司）、王荣达（上海博物馆）、王长青（河南省博物馆）、毛冠臣（改行）、杨德清（改行）。王德山中华人民共和国成立前在琉璃厂与张文普手艺不相上下，曾为大古玩商黄伯川等修复过大批商周铜器，并发明了做假地子（即"漆地磨光"）、做假锈（即"点土喷锈"）、化学做锈等，改进了修复技术。中华人民共和国成立后公私合营，带众徒弟归北京特艺公司文物加工部，后归北京市文物商店，1958年归北京市文化局北京市美术公司，这是中华人民共和国成立后全国最强的一批文物修复、复制力量，其中有公私合营来的多种手工艺人。60年代至80年代初，全国的大型展览、重大考古出土文物、各类文物复制，均请美术公司来完成，中国历史博物馆通史文物陈列展览中的大批文物也是他们参与修复的。外贸出口的大批各类文物复制品也是由他们来完成的。北京市美术公司是中华人民共和国成立后中国第一家文物修复、复制企业，60～80年代其学术水平和质量、从业技术人员人数均为全国第一。国内很多文博单位的复制修复技术有些是从这里学去的。随着80年代初各地博物馆先后成立修复室及文物修复复制厂，北京市美术公司也改制为歌华有限公司，大部分老师傅先后退休，文物修复和复制业务逐步停止。王德山1989年去世，终年78岁。

另一位带徒弟的弟子是贡茂林，他教了两位徒弟：孟海泉（故宫博物院）和王存计（辽宁省博物馆）。

第二代"古铜张"派传人贡茂林、王德山、张文普。他们在20世纪30年代各自收了多名徒弟。这些人学成后先后出师自立在琉璃厂为古玩商修文物，中华人民共和国成立后大部分进入了文博单位，是新中国文物修复行业的开创者。他们又将传统修复技术传遍了整个中国，几十年来为新中国的文博事业奉献出了毕生精力。

"古铜张"派创始人张泰恩由于徒弟们学成后出师自立，王德山、张文普等人手艺超过了师傅，"万隆和"逐步萧条，1936年停业，靠变卖家产维持生活，一直到中华人民共和国成立后因年事已高，张泰恩在东晓市摆地摊卖料器、煤油灯等。1956年公私合营后，到崇文区百货公司看门，1958年生病回家，1960年5月去世，终年80岁。中华人民共和国成立后张泰恩虽未从事文物修复工作，但他教过的"古铜张"派传人都在他的基础上逐渐发展，形成了一整套传统文物修复技术，并将青铜器修复技术原理应用于陶、铁、石、木、瓷等领域。所以说，"古铜张"派并不是某个人的技术，而是与几代人的发展分不开的，尤其是第三代传人将此技术传遍全国，使其能在全国百花齐放，并与现代科技相结合，在中国文物事业中起到了重要的作用。今写此文以示对先辈们的敬仰，也作为一段历史告诉后人，他们的事绩不应被人们忘记。

北京"古铜张"派世系表

(1940年前)

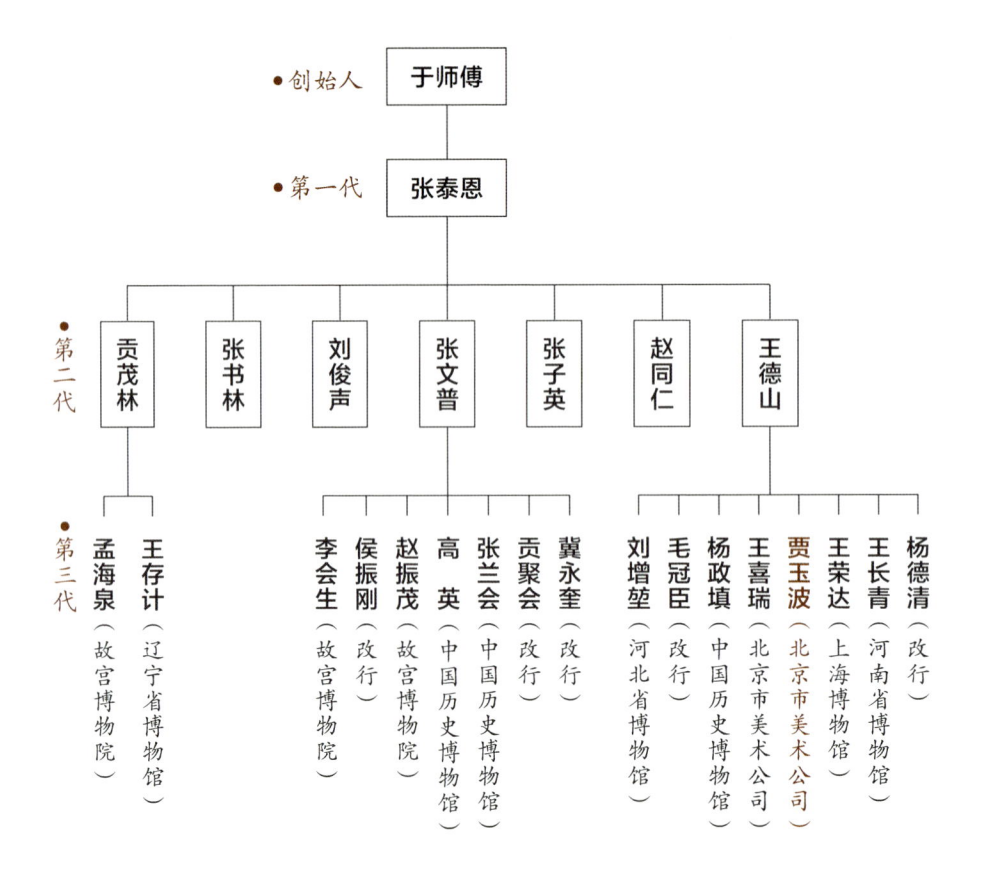

- 创始人：于师傅
- 第一代：张泰恩
- 第二代：贡茂林、张书林、刘俊声、张文普、张子英、赵同仁、王德山
- 第三代：
  - 孟海泉（故宫博物院）
  - 王存计（辽宁省博物馆）
  - 李会生（故宫博物院）
  - 侯振刚（改行）
  - 赵振茂（故宫博物院）
  - 高英（中国历史博物馆）
  - 张兰会（中国历史博物馆）
  - 贡聚会（改行）
  - 冀永奎（改行）
  - 刘增堃（河北省博物馆）
  - 毛冠臣（改行）
  - 杨政填（中国历史博物馆）
  - 王喜瑞（北京市美术公司）
  - 贾玉波（北京市美术公司）
  - 王荣达（上海博物馆）
  - 王长青（河南省博物馆）
  - 杨德清（改行）

王德山小传

□ 贾文忠

在老北京琉璃厂的古玩行业中，提起修古铜器，没有不知道王德山的。王德山1911年生，河北衡水小巨鹿人，1989年去世，终年78岁。

王德山与北京的文物修复行业的发展有着密切的关系。他在20世纪30年代的一些发明延续至今，推动了北京及全国文物青铜器修复技术的发展。他教出的几位高徒，现已成为著名修复专家，工作在各地博物馆中，使修复技术传遍全国。

王德山13岁来北京学徒，拜"古铜张"

王德山

张泰恩为师，30年代初出师自立，是"古铜张"派第二代传人，出师后住崇文门外草厂胡同八条30号。由于手艺精、好学肯钻、活儿修得好，在老北京古玩界有较高名望。请他修复的活儿多，一个人干不过来，于是从1937年开始先后收了刘增堃、毛冠臣、杨政填、王喜瑞、贾玉波、王荣达等徒弟，王长青也经人介绍从东晓市恒兴德铜作坊到王德山门下。到40年代，几位徒弟先后出师自立，刘增堃回河北老家，中华人民共和国成立后到河北省博物馆从事文物修复工作；毛冠臣中华人民共和国成立后改行；王喜瑞、贾玉波1947年自立在琉璃厂为古玩铺修铜器，1949年后随王德山到北京市美术公司；王荣达1943年到上海禹贡古玩店、雪畔斋古玩店修复青铜器，1955年进上海博物馆搞文物修复工作；王长青1942年到其他古铜铺搞文物修复工作，1953年到河南新乡，1954年到河南省博物馆。

1954年公私合营初期，王德山与几位徒弟的古铜作坊改为北京特艺公司文物加工部，仍在琉璃厂街。后又归北京市文物商店。中华人民共和国成立十周年（1959年）期间，北京市文化局又将其并入北京市美术公司。

王德山为文物修复技术的发展做出了很大贡献。最初的铜器修复方法在"歪嘴于"时代，不过是将铜器破碎处利用新铜作的锡焊法焊接起来，再用胶水、颜料和黄土涂抹成出土的样子了事。遇到熟坑的传世品，就更容易了，粘上胶水、黄土、黑烟子一涂就行了。但是，到了张泰恩时代（辛亥革命后），铜器成了赚钱的商品。20世纪30年代外国人对铜器的要求是：特殊的器型，精美的花纹，漂亮的地子，美观的锈色。能够具备这四种条件的铜器为上品。这就推动了铜器修复技术全面提高。在这种形势下，王德山研究发明了做假地子的新方法，即"漆地磨光"。用酒精浸泡漆片，溶解成漆皮液体，调和各种不同的颜料来做成铜器修补处的地子。王德山和我说过，这种方法是受"榆木擦漆"的启发，他的一个同乡开木器厂，有一次看同乡时受榆木擦漆方法回来试用。王的另一个发明是做假锈，即"点土喷锈"，据说是受刷牙时喷在手上的牙膏启发。这种方法使残破铜器的假地子和假锈更为逼真。这两种方法至今仍在使用。为了达到更逼真的效果，自30年代起王德山就自己研究用化学方法做锈，经过几十年试验，得到了较满意的效果。

王德山的妻子叫张桂新，有6个孩子，老大王建森、老二王银淼、老三王玉昆、老四王成淼、老五王建良、老六王建明。近60年来，王德山及他的徒弟们为抢救祖国的文化遗产，为中国的博物馆事业做出了很大贡献。如今王德山的徒弟已遍布全国文物单位。北京的文物修复行业为中国的文物修复事业做出了重大贡献，这要感谢王德山等老一辈文物修复专家的辛勤努力。

贾氏文物修复之家介绍

"贾氏文物修复之家"传承表

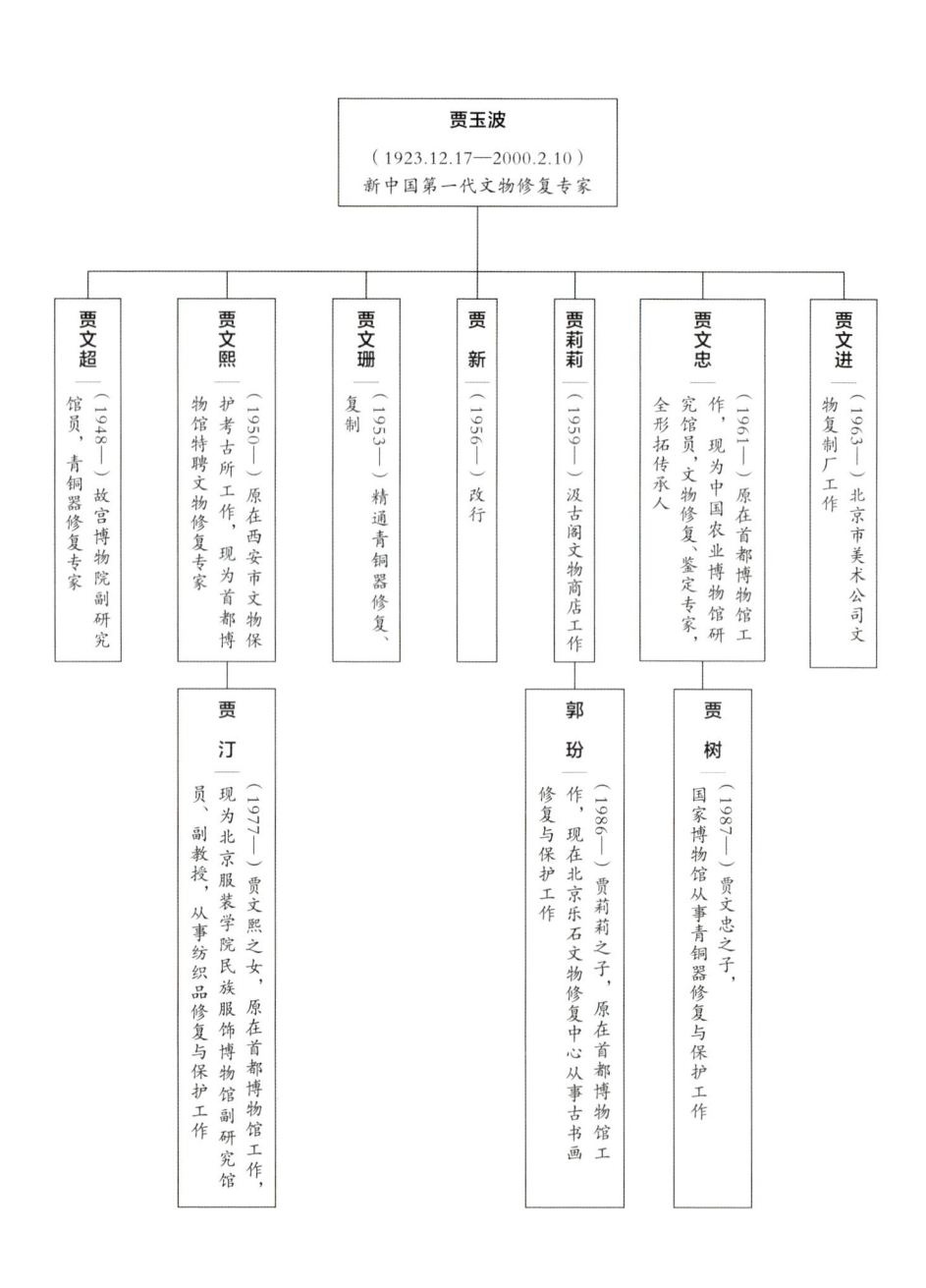

```
                    贾玉波
          （1923.12.17—2000.2.10）
           新中国第一代文物修复专家
```

- **贾文超**（1948—）故宫博物院副研究馆员，青铜器修复专家
- **贾文熙**（1950—）原在西安市文物保护考古所工作，现为首都博物馆特聘文物修复专家
  - **贾汀**（1977—）贾文熙之女，原在首都博物馆工作，现为北京服装学院民族服饰博物馆副研究馆员、副教授，从事纺织品修复与保护工作
- **贾文珊**（1953—）精通青铜器修复、复制
- **贾新**（1956—）改行
- **贾莉莉**（1959—）汲古阁文物商店工作
  - **郭玢**（1986—）贾莉莉之子，原在首都博物馆工作，现在北京乐石文物修复中心从事古书画修复与保护工作
- **贾文忠**（1961—）原在首都博物馆工作，现为中国农业博物馆研究馆员，文物修复、鉴定专家，全形拓传承人
  - **贾树**（1987—）贾文忠之子，国家博物馆从事青铜器修复与保护工作
- **贾文进**（1963—）北京市美术公司文物复制厂工作

贾氏文物修复世家

□ 吕济民

贾玉波先生是一辈子从事文物修复的著名专家。他的五位儿子也是自幼就开始学习，从事文物修复工作，有几位已成为有名的专家。他们各自都有高超的技艺，不仅拥有丰富的实践经验，而且具有从实践中提升的理论，并做到了理论与实践相结合。《贾氏文物修复之家》文集，是贾氏父子的理论与实践相结合的产物，是他们辛勤耕耘的丰硕成果。

贾玉波先生是新中国第一代文物修复专家。20世纪50年代至80年代期间，他曾参与筹建中国历史博物馆通史陈列、中国人民革命军事博物馆古代战争史陈列以及部分省市博物馆筹办基本陈列的大批珍贵文物的修复、复制工作。在中华人民共和国成立后的30余年间，还应邀为中国社会科学院考古研究所、中国人民革命军事博物馆、中国农业博物馆、北京大葆台西汉墓博物馆以及陕西、山西、河南等省市博物馆修复并复制了大量的珍贵文物，抢救了大批濒临损毁的国宝。贾老身怀绝技，但从不保守，40余年来陆续为各地培养学员数十名，可谓"桃李满天下"。由于他授艺方法是理论联系实际，在"干中学"，边干边学，手把手地教，因而学员的基本功都很扎实。现在看来，这批学员均已成为各地区博物馆的业务骨干，大多已成为文物修复专家。本书中的第二章，就是他当年的同事和在京的几位弟子的回忆录。

贾玉波先生有五男二女七个孩子。五个儿子，从幼年起便耳濡目染父亲的修复技术，并实际操作仿效。后来先后参加了文博工作，在各自的工作岗位上，修复和复制了众多的珍贵文物，积累了丰富的经验。特别是在故宫博物院工作的贾文超、西安市文物保护考古所的贾文熙、中国农业博物馆的贾文忠，分别参与列为1989年、1990年、1991年、1996年全国十大考古发现的江西新干商代大墓、三门峡西周虢国墓地、平顶山应国墓地出土的大批商周青铜器的抢救性修复保护工作，为研究和考证工作提供了可靠的实物资料。他们在继承父辈传统技术的基础上，又不断探索着将现代科技与传统工艺相结合，应用于文物修复，取得了丰硕成果。这些成果体现在他们的专著之中，如贾文忠著《文物修复与复制》、贾文熙著《文物养护复制适用技术》、贾文超著《青铜器修复论文集》等。他们近年来先后在多家刊物上发表有关文物保护、修复论文和技法知识性介绍等文章数百篇。现为了避免内容相重，又能集中体现出不同类别器物修复复制方法，他们从各自的稿件中遴选出一部分，结集出版。这本文集凝聚着他们对文博事业的深厚感情，融汇着他们丰富的实际感受和专业知识，是他们的实际感受和工作经验的结晶。它不仅为文物保护修复工作者提供了可资借鉴的经验，也为广大的文物收藏家和文物爱好者提供了保护修复复制方面的常识，具有很高的实用价值。

我曾在《中国文物修复通讯》上撰文，提出当前我国文物修复工作应该做到"传统修复技术与现代科技相结合，修复技术理论与实践相结合，文物部门与有关科研单位相结合"。现在我还想强调一点：我国有着悠久高超的传统修复技术，积累了丰富的科学修复经验，众多造诣很深的修复专家，这如同珍贵文物一样，也是我们的宝贵财富。我们有关部门应尽快制定相应的措施，将保护继承传统技术与保护珍贵文物放在等同位置，组织人力、财力将濒临失传的修复传统技术记录整理出版，这同样是抢救性保护文物的一个重要方面。只有继承，才有发展。只有总结传统，才能创造明天。

写于 1998 年，《贾氏文物修复之家》序

（作者：原国家文物局局长）

抢救国宝一家人

□ 郑广荣

我国的文物博物馆界有一个专门从事国宝抢救的家庭，这就是古代文物修复专家贾玉波之家。

文物古玩的修复作为一个独立的行业，大约产生于1840年以后。老北京文物修复专业的创始人是清末内务府造办处的一位姓于的太监，绰号"歪嘴于"。他专门负责修复清宫内的铜器古玩，是清宫著名的8个手艺人（俗称"清宫八大怪"）之一。辛亥革命前后"歪嘴于"离开清廷专营文物修复并收徒传艺。其中一个伙计叫张泰恩，人称"古铜张"，古铜张的弟子中有一位非常有作为的徒弟叫王德山，他就是第三代传人贾玉波的师傅。

贾玉波先生，河北省束鹿县人，1936年13岁时到北平学徒，主要从事古代青铜器修复。他不仅擅长修复铜器，也修金银器、陶瓷器及石器等，翻模、铸造、錾刻、鎏金、鎏银样样精通，20世纪40年代出师自立，一直为北平城南琉璃厂古玩铺修复青铜器。仅中华人民共和国成立前修复的商周铜器就达上千件，但大部分流往海外，至今贾老还保留有三四十年代修复过的商周青铜器玻璃版底片几百张，这些底片上的文物大多能在美国弗利尔美术馆、大都会艺术博物馆以及日本、英国等博物馆出版的介绍中国文物藏品图录中找到。

贾玉波先生1947年参加革命，在琉璃厂海王邨（现中国书店）以修复文物为掩护，为北平南城地下党做情报工作，为北平的和平解放做出了自己力所能及的贡献。

北平解放后，贾玉波先生进入北京市军管会工作，后分配到北京市粮食局工作至1959年。原从事文物修复的店铺到1954年公私合营，改为北京特艺公司文物加工部，后又归属北京市文物商店和北京市美术公司。

贾玉波先生一直热衷于文物修复工作，1959年他自愿脱离干部岗位后重操旧业，又干起了老本行。从20世纪50年代末一直到"文化大革命"后期，他主要从事中国历史博物馆"通史陈列"中的文物修复与复制工作，大多是国宝级文物，与几位师兄弟一起为"中国通史陈列"的文物修复工作做出了重大贡献。他还参与了许多重大考古发掘出土文物的修复工作，如河北满城汉墓长信宫灯、河南安阳妇好墓出土商代铜罍文物。60年代为陕西省博物馆复制"犀牛尊"，为安徽省博物馆复制"龙虎尊"，等等。此间还与其他师兄弟一起为国家培训了20多名文物修复专业人员，到70年代，这批弟子已成为我国文物修复的主力军之一，他们可称为"古铜张派第四代传人"。

80年代初贾玉波先生退休后，又应邀为中国人民革命军事博物馆、中国农业博物馆、大葆台西汉墓博物馆等文博单位修复、复制文物，并采用传、帮、带，手把手教的方式带徒弟传技艺。第十一届亚运会期间，贾老的部分复制文物作品在北京城东南角楼举办了专题展览，受到各界好评。

贾玉波先生对国家文物博物馆事业的重大贡献，还在于他培养和教育了五个儿子，使他们各怀绝技，在文博战线上为抢救国家文物而辛勤工作。

贾老的大儿子贾文超同志，是故宫博物院副研究馆员，专门从事古代青铜器的修复。1980年山东淄博出土了一件全国罕见的特大长方形夔龙纹多纽西汉铜镜，俗称"镜王"，他应邀前往修复并复制了这面铜镜。这面复制的铜镜到日本展出时得到了很高的评价，我国传统的文物修复技艺，获得了国际友人的高度赞赏和钦敬。1990年国家考古重大发现江西新干出土了商代大批大型精美的青铜器，特邀请故宫派人修复，贾文超与其他同志一起精心献艺，使青铜卧虎柱足大方鼎、铜卧虎等十多件商代大型珍贵文物重放异彩。

贾老的二儿子贾文熙同志，是西安市文物保护考古所馆员，近年来担任了国家重大考古发现河南三门峡西周虢国墓地、西周中期平顶山应国墓地出土文物的修复工作，其中有著名的75个铭文的乍伯簋和40多个铭文的应侯盉及壶、鼎、盘等的修复工作。他还为河南灵宝黄帝陵设计了"天、地、人"三个青铜大鼎，每个高2.5米，各重1000公斤，被称为"鼎王"。上海博物馆陈列的一套原大秦始皇铜车马就是他做的旧，他还为西安中国书法艺术博物馆复制了号称中国第一文物的"石鼓"和青铜何尊、秦砖汉瓦等。

贾老的三儿子贾文珊同志，从小耳濡目染父亲的修复技术，学习了父亲的技法，特别精于焊接和钣金技术，有些文物缺梁、缺錾就是由他补配的。北京大葆台西汉墓博物馆中陈列的为原物 1/5 大小的秦一、二号铜车马的模型就是他仿制的。

贾老的四儿子贾文忠同志已在文物战线上工作了近 20 个春秋，他先后在北京市文物局、首都博物馆、中国农业博物馆从事文物修复、征集、鉴定等工作，现为中国农业博物馆馆员。文忠自幼酷爱金石艺术，受父兄熏陶，尽得真传，而且在书画篆刻方面有较深的造诣，曾先后为北京孔庙大成殿修复了清代九位皇帝御书的九块大匾，1990 年参与修复了国家重大考古江西新干出土的商代青铜立耳卧虎方鼎。此外还参与修复了国家重大考古新发现河南三门峡西周虢国墓地出土的被定为一级文物的青铜器数十件，受到了专家的好评。

近年来随着我国经济的发展和综合国力的日益增强，我国文物考古事业日趋繁荣发展，出土文物越来越多，但文物修复人才却后继乏人，亟待培养和提高，文忠同志亦以此为己任，先后三次在北京地区举办的"文物保护修复培训班"上当主讲教师。他参与编辑了《古玩大世界》《文物修复与研究》等书，撰写了几十篇有关文物修复的文章，出版了专著《文物修复与复制》及《贾文忠谈古玩赝品》，把传统的师徒口手相传的技艺传授方式上升到理论的高度，形成了系统文字教材，功莫大焉。

贾老的五儿子贾文进同志在文物复制方面也表现不俗，他在北京市美术公司文物复制厂从事青铜文物复制、仿制工作。他的青铜器做旧、金银镶嵌等大批复制文物，已走向国际市场，弘扬了祖国悠久的历史和灿烂的文化。

贾老还有两个女儿，大女儿贾新在粮食部门工作，二女儿贾莉莉在北京琉璃厂汲古阁文物商店从事古玩、工艺品销售工作。

贾氏一门是一个平凡的劳动人民家庭，但为我国文物保护和文物修复事业做出了不平凡的业绩和贡献。他们父子两代人前赴后继地辛勤工作和奋斗，目的就是保护、继承和弘扬祖国悠久的历史和灿烂的文化遗产，更多地抢救珍贵文物，给子孙后代多留下一些财富。

写于 1998 年，《贾氏文物修复之家》序

（作者：时任国家文物局博物馆司副司长）

师承制培养专业人才的范例

□ 周宝中

人是文明的创造者,历代先辈以其聪明智慧积累的渊博知识和精湛技能,是留给后人的丰厚文化遗产。继承、传播和发展人类文明,是子孙万代的神圣使命。培养人才在当代尤为重要。

培养人才可采取多种途径,而我国数千年来行之有效的培养方式之一,是靠师承制度,即师傅带徒弟,以言传身教,学生全面地继承师长的学识、技艺和人品,造就出一代代青出于蓝胜于蓝、继往开来的新人。

1997年1月31日,国家文物局在故宫召开文博专家迎春茶话会,国务委员李铁映专程到会问候老专家并发表重要讲话,在谈到文物战线培养人才问题时指出:专家学者是活宝,真正使文物继承、发扬、保护、传之久远,还是靠专家。当务之急是迫切地需要在文物系统建立一条适合自身实际情况,首先在全国确定一批各个方面的专家名单,然后给他们一些经费支持,让他们带徒弟,确定师承制度,带徒弟,双向选择。

在文物博物馆系统实行师承制之时,仅以文物修复专家贾玉波先生培养其五个儿子成为文物修复专业人才的典型事例,说明师承制既是传统的教育方式,也是当代充满活力的培养人才的教育手段。实行师承制定会使人才培养出现新局面。

文物修复作为独立的行业,在北京起始于19世纪中期,文物修复业的创业者是清宫内务府造办处一位姓于的著名手艺人,他专门修复宫廷内古玩。19世纪末于氏走出紫禁城,在前门内开设"万龙合古铜局",专门修复青铜器,兼修金银器、陶瓷器、玉石器等古代艺术品,并收徒传艺。张泰恩继承并发展了文物修复技术,并开创青铜器"古铜张"派。到20世纪40年代末的40多年岁月，"古铜张"派的文物修复技术已传至第三代并不断发展。50年代有12位北京文物修复业的第三代传人，相继进入博物馆和文物修复复制机构，成为博物馆文物修复的技术骨干，我国文物保护技术事业的开拓者。贾玉波先生就是其中一位杰出的文物修复专家。

贾玉波原从事文物修复的古玩店铺，50年代归属于北京市美术公司。作为该公司的特艺技师，他长期承担着国家博物馆收藏文物的修复和复制工作，并参加重大考古发掘出土文物的修复任务，抢救国宝。他还与其他同辈文物修复专家一起，培训了数十名文物修复人才，至70年代，这些修复人才成为全国各地博物馆文物修复技术骨干，是我国文物修复事业的主力军。

贾玉波先生在培养人才方面的突出贡献，是将其高超绝技传授给他的五个儿子，使他们出师成才，在文博战线的各自岗位上发挥着重要作用。长子文超，任职于北京故宫博物院科技部，从事青铜器文物修复。次子文熙，在陕西省西安市文物保护考古所，担任考古发掘文物的修复任务。三子文珊，虽现职并非文博单位，但仍兼任文物修复和复制工作。四子文忠，先后在北京市文物局、首都博物馆和中国农业博物馆从事文物修复和鉴定工作。五子文进，接班进入北京市美术公司，担负青铜器文物修复和复制工作。贾氏父子两代人承前继后，将文物修复技术发扬光大，是师承制度使贾氏五兄弟，锤炼成文物修复专业人才。

我国传统的文物修复技术在当代仍发挥着重要作用，但在文物保护科学日臻成熟、高新科技快速发展的今天，还必须科学地鉴别、继承传统工艺，取其精华，并引进新技术，使之更为完善。贾氏第二代则在文物修复技术的继承和发展方面有新突破，他们不仅参加文物修复的技术实践，还潜心钻研著书立说。文熙编著的《文物养护复制适用技术》、文忠编著的《文物修复与复制》，是系统阐述文物修复技术的专著。文忠编辑整理的《文物修复与研究》一书，是国家文物局委托中国文物学会文物修复委员会于1993年12月在北京举办的"全国文物修复技术研讨会"的论文集，该书已传至海外，对促进国际间文物修复学术交流产生深远影响。

贾氏第二代还是当代全国文物修复界的中坚力量。文忠、文熙参加了中国文物学会文物修复委员会的发起和组织工作，1991年，文物修复委员会正式成立，文忠担任常务理事、秘书长，主持秘书处的日常工作。文熙为常务理事，并担任《中国文物修复通讯》的主编，现已编辑出版14期，该刊物是全国文物修复界同人沟通交流的桥梁，获得各方称赞。贾氏第二代在传播修复技术和培养人才方面也做出努力，在北京、陕西、河南等地举办培训班和承担专项修复任务时，都积极地将技艺传授给各地从事文物修复工作的新一代。

从贾氏父子两代人身上，可看到师承制的优越性，证实师承制是培养专业人才的成功之路。

写于1998年，《贾氏文物修复之家》序

（作者：时任国家文物局文物科技专家组成员，中国国家博物馆研究员）

我与贾氏三兄弟

□ 李化元

文超、文熙、文忠三兄弟是我的挚友,多年来的交往使我们之间结下了深厚的友谊。他们对文物的酷爱,对文物修复技术的执着追求,给我留下了深刻的印象。

贾氏三兄弟出生在文物修复世家,文超工作在故宫科技部青铜器修复室,文熙的工作单位在古城西安市文物考古所,文忠则在中国农业博物馆,三兄弟都主要从事青铜器的修复技术研究工作。其父贾玉波,是老一代的青铜器修复大师,在文物修复界享有崇高的威望,为保护和弘扬祖国的文化遗产做出了重要贡献。他严以律己,言传身教,把自己的修复绝技毫无保留地传给了徒弟和后代。

由于业务上的原因,贾文忠是他们三兄弟中我最早认识的。1985年春季,我到首都博物馆去联系工作,遇见了朝气蓬勃的文忠同志,第一次见面虽说是简短的交谈,但他在青铜器修复理论与实践结合上的独特见解,使人佩服,深感这位得到贾师傅真传的年轻人真不可小觑。随着我们接触次数的增加,我对他渐渐产生了好感倍增,并发现他有别于一些修复工作者,他敢于打破陈规,敢于在修复领域探索新材料、新方法,把传统的修复手段与现代科学技术紧密结合起来,开辟了青铜品修复的新天地。譬如,他把袋装高分子材料引用到文物修复上,既增加了文物的强度,又避免了传统修复带进去危害文物本体的物质。1990年我们有机会一起在江西南昌保护、修复新干出土的金属文物,这批罕见的瑰宝,造型精美细腻,其结构复杂,但有的破损十分严重,要想把这样极难修复的器物完美地展现在世人面前,没有高超的技术是无法实现的。其中有一件青铜鼎,出土时已变形,碎裂成多块,而头发丝般细的花纹却清晰可见，把这些无规则的碎块拼对、整形、焊接成器物原来的形态与外观，不能有丝毫的差错，这的确不是一件容易的事。经过文忠的精心操作和科学处理，原来一堆杂乱无章的碎铜片变成了一件珍宝，器物恢复后的饰纹栩栩如生，具有极高的欣赏价值。

文物保护与文物修复是一对孪生兄弟，互为依存，修复实质上是为了更好地保护。作为一位文物保护工作者，除了应具有较扎实的理论基础和文物保护技能外，还必须具备相当水平的修复技术，如果你知道如何保护好文物，但缺乏应有的修复手段，那将是一名不合格的文物工作者；反之亦然。一名优秀的文物修复者，除了掌握高超的、独特的修复技术外，还必须具备相应的文物保护科技知识，例如在修复材料的选择及应用、修复技术的改进与提高上，就能运用自如，不只是知其然，更重要的是知其所以然。这样，文物修复就会在总结中得到提高，在提高的基础上不断上升为理论而得到发展。贾氏三兄弟（文忠、文熙、文超）在这方面做了大量的工作，进行了有益的尝试，并积累了丰富的经验。

我与贾氏三兄弟都是中国文物学会文物修复委员会的理事，文忠是该委员会的秘书长，他为了调动全体会员的积极性，弘扬文物修复技术，发掘可贵的传统修复技能，在一无资金、二无专职人员的困难条件下，不辞辛劳，向各级文物主管部门申明情况，向热心于文物事业的企业、事业单位及公司拉赞助，举办文物修复研讨会和培训班，委员会的会刊办得有声有色，很受会员们的青睐，成为文物修复工作者交流思想、探索技术的知心朋友。把一批年事已高、经验丰富、技术精湛的老师傅的文物修复"绝招"总结出来，以论文集的形式编辑成册，从一定意义上讲，这才真正抢救了一批"国宝"。此项工作十分重大，功在千秋。贾文熙同志是《中国文物通讯》《中国文物修复通讯》执行主编，承担着文博工作和学术、技术稿件的收集、整理、审定、组织和编辑工作，倾注了大量的精力，为文物事业做出了有益的贡献。文超是《北京文物报》的特邀作者，他利用自己在故宫科技部修复室工作的有利条件，接触青铜器文物类型多、情况复杂、修复难度大（一般修复技术要求高的青铜精品才送到故宫去修复）的特点，及时处理，及时总结，修复技术水平不断提高。他和修复室其他两位同事，在修复江西新干出土的青铜器时，硬是将一堆碎铜片修复成国家一级品青铜"虎"，他们的精湛修复技术受到考古工作者和专家们的高度赞扬。

  我是一名文物保护工作者，主要从事金属文物（特别是青铜器、铁器）的保护研究工作，在我与贾氏三兄弟十多年的交往中，向他们学到了不少东西。他们那种踏实苦干、一丝不苟、精益求精的工作作风以及勇于探索、勤于思考、执着追求的敬业精神，将激励着他们周围的每一个人，这是文物修复事业的希望所在。

写于1998年，《贾氏文物修复之家》序

（作者：时任中国文物研究所研究员、馆藏室主任，中国文物学会文物修复委员会副会长）

家的故事

——忆我们的母亲、我们的家

□ 贾文熙

一、我们的母亲——王翠云

父亲是一家之主，但是维系这个九口之家，把我们七兄妹一个个哺养成人的是母亲，一位平凡的家庭主妇，与七兄妹携手共度数十个春秋，艰苦岁月中，是母亲把我们一个个拉扯成人，成家立业，又护理了十年病卧床榻的父亲，没享一天清福，就早早撒手人寰。

"高高的前门楼仿佛连着我的家"，母亲自小就在前门楼下长大，但她可不是老北京传说中城楼下杂耍卖艺、卖大碗茶人家的女儿。当年的老北京的四九城可分内城、外城，前门外南城多住经商做买卖的和平民百姓，杂耍卖艺之人多住天桥、金鱼池、龙须沟一带。而内城除王府外，多住达官贵人、殷富人家。母亲的家不算富有，但凡城内人家当年也是令外城人羡慕的。母亲的家在今天的前门城楼西侧、北京供电局的后面，大约在人民大会堂侧面的南门偏西一带的碾子胡同。原北平电业公司就是北京供电局的前身。经考证，碾子胡同明代就已存在。据明张爵著《京师五城坊巷胡同集》载：碾子胡同位于当时的"大时雍坊"内，现人民大会堂、国家大剧院往南到前门西大街、往西至宣内大街一带，当年分布着"中府、左府、右府、太常寺、通政司、锦衣卫"等数十家官

母亲儿时生长玩耍之地——碾子胡同，位于今人民大会堂南门向西附近

府与几十条胡同，碾子胡同在其中，一直延续到中华人民共和国成立初年。我们的姥爷——王永祥，就是老北京的第一代电业工人。姥爷是个能工巧匠，工余时还修一些话匣子（电子管收音机）、唱机、电话机等早年老电器，工薪之外，能挣些不菲的外快，一家人衣食无忧。母亲在兄妹三人中最小，上面有一个哥哥，一个姐姐。母亲一生做家庭妇女，大字不识几个，生活中常见字她虽认识却写不出，母亲曾无意中流露出，她儿时骑单车上过三年初小。母亲儿时不算大家闺秀，但也出身小康之家，那个年代能为孩子买得起单车的家庭很少。1949年前，姥爷家搬到了海淀镇老虎庙。母亲与当时年长她十岁的我父亲，经老乡倪玉书介绍结婚后，一起住进了东琉璃厂街火神庙内一间南房。父亲的住所当时是北平南城地下党的情报站，每当有地下党北方局城工部的同志进城来住，母亲就回海淀娘家住。文超与我先后出生，为不影响父亲的工作，母亲都是回娘家坐月子住一段时间。1948年平津战役，解放大军围城时，城内闹饥荒，小户人家无存粮的将庙内观音土、树皮都吃光了，姥爷通过关系几次给父亲家送来粮食，渡过饥荒，迎来北平解放。我的左腿至今还留有一条二厘米长的疤痕，据母亲讲，1953年老三出生不久，在娘家坐月子时住了一段

时间，一天我在炕上玩时，掉在地上，刚巧腿压在一不锈钢的饭盒盖沿口上，将腿切了一个深口，还好没伤到骨头。

  提起姥爷这个人，还真有些出彩的故事。在我们朦胧的记忆里，见过两次面。一次是1956年，我们在广渠门外夕照寺街住，一天早上母亲带着文超、我、文珊三个坐公共汽车从东向西横穿北京城，途中换了几次车记不住了，只记得从天安门城楼前经过，当年汽车顶载大气包跑得并不快，先看到高高红墙，车过了南池子才看到城楼，感觉当时走的路很长，车过六部口，红墙才过完，我们问母亲红墙那边是干嘛的，母亲讲红墙里原来是皇上住的地方，当时很不理解，皇上是干嘛的，住这么大地方。记得当时车过了高高的城门楼（可能是阜成门或西直门），又换了一次车才到海淀镇老虎庙附近的姥爷家。那天姥爷过生日，姨妈家人已先到了，大人们在屋里说话闲聊。1949年后大舅回了河北老家，表姐连敏上技校住校，表哥连才在姥爷身边长大。表哥长我们几岁，陪我们在院里玩耍。我们玩得很开心，直到大人们招呼进屋吃饭，大人们一桌，孩子们一桌。当晚我们在临窗土炕上挤了一夜，次日早才随母亲回了家。次年第二次去姥爷家时，大概是春季，我们的家从广渠门搬到马连道不久，母亲接到信，带着我们哥仨，又一次辗转来到姥爷家。一进院门，院中停着一口寿材，姥爷去世了。我们到了之后，姨妈也来了，大舅是第二天从河北老家赶来的。姥爷出殡后不久，姥姥带着表哥连才搬到马连道与我们同住。

  我曾与姨家大表哥聊天提起姥爷，他讲，姥爷给他讲过，1948年平津战役时，北平地下党有人找到他，请他到解放军驻地去安装电灯，他跟来人到了香山的双清别墅，安装走线，装好电灯。事后才知道，这里是毛主席从西柏坡移师北平后的办公居住地。北平解放后，他又一次被请进中南海，专为毛主席居住处安装电路，之后受到毛主席的接见。那个年代能近距离见到毛主席的人是最幸福的人。"文化大革命"前期毛主席多次在天安门广场接见红卫兵，我们只是在城楼下远距离地见过毛主席。大表哥讲，姥爷退休后，每月进一次城先到供电局领退休金，再到姨夫家吃个午饭，然后去珠市口华清池泡澡。在华清池泡澡也是上了年纪的老北京人的一大嗜好，姥爷临终前，月月到华清池泡一次澡，也是他最大的享受。

二、我们的家

当时这座楼很孤独，西边临铁路，就是从永定门过来，穿龙潭湖边到北京站的这条铁路。当年我无数次进出北京，每次隔着车窗向外眺望，在瞬息而过的，绿树掩映的楼群中寻找记忆中儿时住过的小楼。沿铁路向北百十米，铁路桥下有一桥洞，当年并不宽的广渠路从桥下穿过。铁路护坡的草丛，是我们三兄弟玩耍的地方，有时到铁道上去玩，慌忙躲避一列列疾驰擦身而过的火车，为此经常挨母亲的训斥。每到傍晚在桥洞口广渠路边，我们兄弟三人等父亲回家，和一群孩子看耍猴的、变戏法的。直到天渐黑了，孩子们也逐渐被大人们召回家，在桥洞里才看到父亲骑车过来的身影（当年一般机关单位科级干部或工厂采购员是配备公用自行车的，1958年父亲辞去机关工作，回到老本行，自行车也交还单位）。后来听大人说有谁家的孩子，被拍花子的用蒙汗药拍走了，将人弄哑，换上猴皮当猴耍，母亲就再也不让我们去路口等父亲下班了。我们住的广渠门内往北不远处有座娘娘庙（据载明代就有了，在东便门外大街的蟠桃宫），那里的香火很旺，记不准是1955年还是1956年的阴历三月初三，母亲带着我们哥仨去逛蟠桃宫庙会。那是我们是平生第一次逛庙会，庙前一条街，杂耍卖艺唱戏的、卖糖葫芦及各种小吃的吆喝声此起彼伏，人头攒动好热闹，我们哥仨大开眼界，回家兴奋了好几天。

初期我们住楼周边都是开阔地，有正施工盖楼的，不过一年南面盖起一座L形六层楼，听说是某电影制片厂宿舍，两楼之间形成矩形院落，经常在对面楼上挂起大屏幕，刚好对我们住的二层阳台，院里坐满人看露天电影，我们哥仨在阳台坐在板凳上看，回屋便可睡觉，比在电影院还方便。当年父亲在市粮食局检验科当科长，有一天母亲对父亲讲，才买的面蒸馒头吃起来发黏，第二天父亲到粮站查问是面粉几厂生产的，再找到面粉厂去查，依稀中才知道父亲是干什么工作的。那时母亲在家除操持家务外，还在干副业：父亲从面粉厂取回成捆的面袋，反复使用的面袋会出现破洞、撕口，母亲从早到晚都在家踏缝纫机修补面袋，挣些零花钱贴补家用。为此家里买来了台上海产的兄弟牌

从我们哥仁记事起，就住进了夕照寺街这座小楼二层中部的一间带阳台房

缝纫机，这台缝纫机为一家老少缝补衣服，陪伴了母亲大半生。

我们住的夕照寺街的这座筒子楼，今还在。我们住二楼的阳面房一间带阳台，楼道门在北面，一上楼梯正对着屋门，公用厕所和水房在阴面房。1956年，家里新添了人丁，母亲又生一个女孩，父亲给起名文英。那时候，母亲做家务、补面袋，看孩子的事自然落在我们兄弟三人身上。母亲很少让我们出去玩了，每天在床上滚，逗着妹妹玩。到了九月，老大文超开始上小学了，初始是母亲接送他去夕照寺小学上课。不久家中出事了，记得初冬的一天，几个月大、刚会笑的小文英咳嗽严重，父亲早起抱走了去看病，头天说是肺炎住院了，第二天很晚父亲空身一人回来了，对母亲说是文英不行了，没救过来夭折了。傍黑，父亲在龙潭湖找个乱坟岗子给埋了。母亲听后连哭了几天，不思茶饭。事后母亲讲，那几天夜里她都听见有爬楼梯的婴儿啼哭声，她不敢开门看。我们想应该是母亲伤心的错觉，当时我们哥仁睡得死死的，什么也听不到。事后有人告诉父亲，命运里注定是"五男二女"，再生女孩，名字里要避开"文"字。故后来连生二女孩，起名"新新""莉莉"，这些是后话。

那年的夏天，上无线电技校的六叔放暑假，说是要回老家去看看，父亲工作离不开，母亲带着我们哥仨随六叔先去石家庄，与上华北机电学校也放假的七叔会合，转乘火车同去。那天下着大雨，车到束鹿新城站，下车后母亲抱着老三,六叔、七叔分别背着老大、老二。眼前的青纱帐在一片汪洋中，在没有庄稼的缝隙中，能辨出水下的土路，大人们脱了鞋，挽起裤腿，在齐腰深的水中试走了几步，看看不行，全都退回了车站。六叔说，由他一人，先去赵古营村找人来接我们，就下水走了。等了很久，二大爷向村里借了一辆大马车来接我们，才回到了赵古营村父亲的老家，那次母亲也顺便去了趟她的老家，她曾讲头次回老家是上小学时，才八九岁，正值抗战，并讲了村里一些闹日本鬼子的事。

  1957年初春的一天，父亲早早起床，母亲也早早叫醒我们哥仨，让把床上被褥捆卷起来，不多的衣服用床单包裹起来，大件家具是可拆拼的床板、条凳和一件老红木板柜以及一张八仙饭桌和方木凳，值钱的就是一架缝纫机，一架老掉牙的座钟，剩下来就是锅碗瓢盆，全部家当没几个值钱的。后来才知道，唯一值钱的就是那件老红木板柜里的下半部，存放着父亲从学徒开始，他经手修过的青铜器纹饰、铭文拓片，有些是民国时流散到国外、国宝级青铜器的拓片，极为珍贵。还有一部分是碑帖，听父亲讲，他年轻时，每到夏天与几个师兄一道，背一卷凉席，带个被单，到深山或荒郊古庙去拓碑帖，主要是放到古玩店去卖，珍贵碑拓自己也留一些。板柜上半部放我们全家换洗的衣物，下半部全是码放着一包包、一捆捆用线绳捆着的拓片，平时我们找衣服，母亲总是叮嘱"不要动你爸的东西"。可惜"文化大革命"初期，父亲怕事，一把火将拓片全烧了，红木板柜在70年代初，十几块卖给了骡马市路北的一家旧家具店，这都是后话。我们把全部家当收拾停当不久，父亲的两个师兄弟刘俊声与王喜瑞来了，他们借了两驾马车，每人赶一驾，前面那驾车装满家具杂物，母亲带我们哥仨坐在后面马车上，父亲骑自行车，车后架上捆着一个大包袱。坐在马车上我们从东向西一路直行，在早年的两广大街上。当年的路很窄，对开两车道，路上车不多，偶见公交车和拉货卡车，多是自行车、马车和行人。我们觉得走了很远很远的路，出了广安门，父亲说"快到了"。过了关厢、甘石桥，路右边是一座工厂（北京钢厂），路左是一条水渠，水渠南面是一片菜地，对着工厂大门，水渠上架一座水泥桥，我们车左转过桥后不远，全是乡间土路，先斜行一段有几百米，转向西行几百米，就到了一大片红砖排子房。这是新建马连道机关宿舍房，记不准了，这片排子房大概有十多排，每排分东、西两幢，每幢有十间左右。父亲分的这套新房，在最北面的一排西幢中间，第几间记不清。房子约30平方米，是阳面一间半。正间南北通透为一大房，父母住，后面隔一小房，为做饭与放杂物，打开后门两米外是一道大院的篱笆墙，墙外是我们来时那条东西向乡间土路，土路北面至广外大街的水渠边和大院西边全是菜地。我们哥仨住的半间在阳面，大半间屋子沿窗搭了个大通铺，起初我们兄弟仨睡着随便滚，后来姥姥和表哥搬来后五个人挤着睡。这片宿舍每排各分东西，中间是一条院中主路，向南顶头是马连道小学。十多年前我们在这片旧址寻找记忆中文超、文熙的母校，今天已成为红莲社区（马连道中街35号）"北京小学"分校。在小学正北几百米开外，对着一个十字路口的位置，应该就是我们的故居。

我们搬进新宿舍区，紧临西边是菜地，沿菜田土埂穿过菜地几百米，西边是一条可过汽车的南北向碎石子土路，向南通马连道茶叶仓库，北口与广外

原马连道小学的旧址现为"北京小学"分校

大街呈丁字路口，当时地名叫"湾子"。湾子路口的东南角有一个当时的农村合作社（供销社）面向西开，我们用的锅碗瓢盆、油盐粮菜，就近都到这里买，如要多走路就到甘石桥街面的一间小杂货铺去买。稍大些物品要到广安门内百货店去买。在湾子路口广外大街路北有一家饭铺，再往西路两边除了树全是菜地，我们与几个邻居小伙伴经常沿路边向西走到莲花池，那里是一大片湿地池塘，夏天我们到水边芦苇丛中捡野鸭蛋。但是很少能捡到，我们就在冰窖口捡碎冰块回家。当年莲花池每到三九天，窖工们在冰上采冰，剁成大冰块，在滑道上拖至十几米深的大冰窖内，次年天热了开始卖冰，当年没冰箱，一般需冷冻的单位，每天开卡车来拉冰，我们捡的是装车时掉下的碎冰块。

我们房后、院西都是菜地，种的大多是洋白菜、莴笋，秋天是大白菜。每次菜农们收完菜，用马车拉走，母亲领着我们捡拾菜帮子，回家挑选，好一些的剁碎蒸菜团子，老一些的喂鸡。这样我们省了很多买菜钱。

当时左邻右舍都是新搬来的，很快家家都将门前的空地用篱笆圈起，种上菜和花草。快入冬时，母亲让我们在门外挖一菜窖，准备放冬储菜。我们哥仨挖得挺大挺深，上面用较粗树枝架着，铺上草帘，再压土，留个窖口盖上木盖。进入寒冬天黑得早，晚饭要等着大人下班回来，邻居的小伙伴就聚到我家的菜窖里，储藏的白菜、萝卜码堆在窖里，有2/3的空间，地上铺着草帘，能挤下四五个小伙伴，壁洞上点着蜡烛，灯影下相互天真地神聊，充满无限的童趣。在广外大街甘石桥，转向我们路口对面是北京钢厂。晚上打开后门向北望去，钢厂上空染红了半边天。炎热的夏天，午后几个小伙伴提上水壶，贴着厂门传达室外墙，偷偷溜进去，到水房去灌汽水——当年一般工厂的防暑降温饮料，就是用温开水、糖精、小苏打、橘子粉调兑的。我们灌满一壶相互抢着先喝个饱，再提着一壶，打着饱嗝，溜出厂门，一遛小跑着回家了，得意忘形就像打了胜仗一样。

我们入住的第二年，表姐连敏上技校住校，姥姥和表哥连才从海淀搬来和我们一起住，五个人在一个通铺上有点挤。表哥转学到马连道小学，是五年级，他喜欢踢足球，就天天缠着姥姥买胶底球鞋，姥姥已经没有生活来源，母亲得知后向父亲说，给他买了一双，那年头买双球鞋可是奢望，我们哥仨一直

记忆中故居旧址上后盖的居民楼

穿着母亲做的布鞋，直到我们自己有了收入才开始买鞋。自从那以后，表哥回家后经常给姥姥撒娇，经常欺负我们哥仨，母亲看到了也很难说话。时隔不久，舅舅从老家来信，托人将表哥带回了老家。剩下姥姥与我们哥仨同住，她闲不住，白天去周边菜地捡菜帮，剁碎喂鸡，每晚必盯着我们洗完脚后上床睡觉，夏夜给我们扇扇子驱蚊，冬夜给我们盖严被角。待我们入睡后，在昏暗的灯光下给我们缝补衣服。姥姥与我们同住不久，西边菜地临马连道路东侧，经常有工厂卡车往那堆倒垃圾，姥姥就常去捡些废金属东西，然后到湾子供销社旁的废品回收站卖些零钱，有时给我们买些糖果回来。有天下午我（文熙）没课，姥姥让挎上篮子，跟她去捡垃圾。我们穿田埂，刚来到垃圾场，赶上一个卡车正倒垃圾。车走后我们使劲地扒拉，不时捡出大块废钢铁块，很快捡满一筐。我们费劲地拖拉到废品站，卖了好几块钱。姥姥高兴地拉着我说再去捡。我们又捡拾满一篮子，拖拉着到废品站，又卖几块钱。别小看这十几块钱，足够一家人一个多月的生活费了。不过我们的代价也够大的，篮子底快散架了，姥姥与我也累得够呛。姥姥说："先不回家了，咱们去下馆子。"姥姥领我进了湾子路北的那家饭铺，好像花几分钱要了两碗米饭，两三毛钱要了一大碗猪肉炖海带粉条。这是我平生第一次下馆子，至今记忆犹新。我吃着大块炖肉真香，姥姥不停地将肉块夹到我的碗里，看着我大口地吃，她抿嘴笑，自己吃着剩下的海带粉条。肚子饱饱的，我挽着姥姥苍老的手回家，夕阳下晚风吹拂略显惬意，小手贴大手，感到姥姥手掌略显粗糙。姥爷在时，家中衣食无忧，姥姥在家仅做个饭和家务，与我们同住后，姥姥好强，不想给我们添负担，自食其力，她那双勤于劳作的大手深深刻印在我心中。我们的母亲也继承姥姥的基因，她终生好强，从不向困境低头。回家的路上我和姥姥有个约定，我下次没课时帮她去拾废品，她还给我买炖肉吃，可是这个约定再没有兑现。一是妈妈担忧姥姥年纪大了，怕出事，不许我们再去拾废品。二是我们再没有那么好的运气啦，趁妈妈不注意时我们去，没能一次再捡到那么多的废金属。更糟糕的事情发生了。一天下午，姥姥斜靠着床头，看我们在屋里玩，突然身子一歪，差点掉下床。我们扶着姥姥，她什么话也说不出来。我们赶紧叫妈妈，妈妈正在后屋做饭，跑过来看后赶快去找邻居帮忙，几个人用自行车推着送去医院。后来知道姥姥中风了，得了半身不遂。不久出院在家住，不能自理，吃饭由妈妈喂，解手小便由我们和妈妈一块帮扶着下地解。再没了昔日姥姥与我们嬉乐的场景。几个月后，好像是大舅带两个人来接姥姥回老家住，父亲买了一些药品和两套针管，放在一个铝盒里，交给舅舅，嘱咐他们给姥姥打针。后来听说连才回乡后当了赤脚医生，再后来还当了村民兵连长，再就没了下音。送行那天，大姨夫、大姨妈也来了。当老家来的那个壮汉，背起姥姥出门，去永定门火车站，我们看到姥姥的最后一眼，就是那出门时蜷缩的背影。之后，再没听到有关姥姥的音信。

姥姥走后不久，一天下午我没课在家，连敏表姐来了，她跟母亲说，技校毕业了，分配到某单位上班，单位给了间宿舍，她要来拉走姥姥带来的家具。母亲说"你要什么就拉走"，她指着在我们哥仨房里贴墙的一个大柜和两只红木箱子说，"就这几件"。妈妈说我给你把衣物腾出来。连敏姐说到甘石桥去找车，让我跟她去。走在路上，问我想吃什么糖果，她给我买，我鼓足了勇气说，想要一支钢笔，我都上二年级了一直用铅笔，跟爸爸说了一直不给买。连敏姐犹豫了一下，在关厢一个小百货店买了一支最便宜的钢笔。今天想起这支钢笔，当时真够难为她了，刚刚工作，也许还没领到头月的工资，还在为眼前的生活费犯愁，又不好拒绝我这小弟弟的开口要求。我们在关厢找到一家运输合作社，要了一个平板三轮车，我们坐在车上。到家后母亲已将家具内腾空，挑出几件姥爷、姥姥的皮袄，可能没穿过，还是新的，让表姐拿去到委托行当了，每件都能当上百元，贴补建新家用吧。从那以后，我还常盼着表姐的出现，但至今再没见她一面。

我们搬入这个大院不久，院中这条路的两侧排房的山墙上贴满了大字报，这是市里很多单位的家属区，"反右"运动这里也不是净土。次年山墙上全变成了宣传画，画的工农兵，"三面红旗"，牛车追赶汽车、火车，发射卫星之类的宣传画。全民大炼钢铁，家家户户砸锅献铁断炊烟，去吃社会主义大食堂。每天我们哥仨早早去排队，拿着饭盆去打五口人的饭菜。"大跃进"小学生也不能免，学校操场最南边，有人堆起炼铁炉，一炉也没炼就废了，边上圈起兔窝养兔子。上课时老师带领我们去菜地头，每人从家带一洗脸盆，或竹竿绑上红领巾，有人敲击盆底，有人摇晃竹竿，轰鸟，让麻雀飞累后摔死，除"四害"。当年鸟少了，田里的虫子就多了。这就是当年轰轰烈烈的"大跃进"运动，让我们赶上了。

记不准从哪天开始，我们发现父亲回家越来越晚，妈妈说吃饭不用等爸爸了，直到睡觉了，朦胧中才听见他回家的开门声，且没有了熟悉的推着自行车的进门声。早上我们还没起床，他就出门了。天天如此，只有星期天才能见到他。后来才知道，他辞去了粮食局干部工作，在师兄弟的盛邀下，与王德山老师一同参加中国历史博物馆筹建展品修复工作。公用自行车交还原单位，每天早晚挤公交车。那时的公交车很少，线路也很短，从马连道到天安门要换几趟车才到，再赶上下班后学习开会，赶不上换乘车，有时要从广安门走回家。父亲调到北京市文化局美术公司，可以报销家属50%的医药费，关系没有留在历史博物馆，他们师徒几人长期派住历史博物馆保管部铜器组修复文物。师徒几个最初是属于北京市文物商店在东琉璃厂的一个门市部，门市部后院是他们修复文物作坊。1959年父亲考虑离这个工作地点近一些，又一次选择换房搬家。这次虽上班近了，住上了楼房，但房子小了1/3。搬家那天一大早，父亲叫了几辆三轮平板车，母亲带我们坐公交车，到了对方家时，他们已将房子腾空，家具搬到路边等我们。三轮车车夫将我们的家具直接搬入房内后，又将对方家具装车运走。我们搬到虎坊桥南永安路至虎坊路之间的国家机关宿舍区，我家换的24号楼属于文化部系统家属楼，楼上住着几位中央戏曲学院教授，东隔壁单元一层住着一位京剧团团长，一辆白色小轿车在窗下停着，每到周末可热闹了，他们聚在一块开唱，周围邻居免费听，然而我们什么也听不懂。

我们这次换房，也算搬进城了，当年都是公有房，虽是单位分配，均由当地房管所管理。你要换住哪里，先到当地房产所登记，房产所再从登记户中选择合适的通知双方互看房，双方同意再给办理登记过户入住手续。虎坊路24号楼，在这片小区南边的第二排。前一排临虎坊路的25号楼，每天都大轿车来接职工上下班，听说是中央某单位员工宿舍楼。在小区的中部是小学，当年我们转入的永安路小学正赶上新学期上三年级，当年操场南面的教学主楼还没完工，教室不够，我们先在西北角L形副楼里上课，又在南横街东口的城隍庙里上了一学期，到了四年级才搬入新楼上课。十多年前我在寻访时，昔日的

虎坊路24号楼

昔日的永安路小学换成了徐悲鸿中学初中部的校牌

校址已改成徐悲鸿中学初中部。1959年进入新学校的第一天，我们是插班生，站在讲台前，老师向学生介绍完我，全班同学鼓掌欢迎。那天我穿得特别体面，蓝裤子虽旧点，但有白暗细道的绸子上衣，那个年代能穿起细绸子衣的人家很少，同学们羡慕了好长一段时间。这要说起来，还是母亲的杰作。刚搬进城，住楼房交房租、父亲公交月票等开销一下增加了许多，父亲的工资虽说定为最高八级工，月薪80元，可比当科级干部降了8元。父亲拿出压箱底的两件羊皮袄，去菜市口委托商行去典当，姥爷留下还没穿过的每件才给几十元。父亲没当，拿回来，刚巧有个做皮货生意的（好像叫怀远）老乡来串门，给父亲出主意，你把袄里子拆了，人家看到羊皮，按质论价，绝对翻番，果然父亲再去，两件共当了二百多，补贴了很长时间的家用。拆下来的绸布里子，母亲给老大、老二各做了一件衬衫，也使小哥俩在新同学面前风光了一番。

我们这片小区北临永安路，路口北角是前门饭店，东侧是大公报，前门饭店路南当初是一大片空地，那是我们课余时间玩耍放风筝的地方，后来这里盖起高楼，成了光明日报社的社址。这附近的工人俱乐部、劳动保护展览馆门前广场是我们常去玩的地方，再远处陶然亭公园、天桥看杂耍也是常结伴前去之处。

再说说我们的新家，这座楼最西边单元的一层东户（房号101），是套老式没厅三居室，住两户人家，共用厨房、厕所。进门后是L形窄楼道，我们住阳面大居室，估计十七八平方米。带阳台房和阴面房二居住着三口人，前面住老两口，后面住一个单身年轻女教师。住在这里父亲上下班近多了，但一家五口住一间房，再加上两个妹妹相继诞生，我们的生活空间就狭小多了。在这间屋里我们渡过三年困难时期，物资匮乏，一切要凭购物票供应，我们兄弟每天要到前门饭店路南的空场地上排队，数百人排上很长的队等几个小时。有时是白排，有时拉菜卡车来了，凭票买上几颗软塌塌的大青帮少心的白菜，有时仅能买上几斤带着泥沙的腌白菜，全是大青帮，没有菜心。买回家后母亲先洗净泥沙，再用水泡去咸味，剁烂，给我们蒸棒子面菜团子吃，这样饭菜全有了。凡是煮的汤面、粥，都要加上面糊，再放稠吃。永安路有个副食店，门口随时都会排起长队，只要有人放出口风，一会儿要来一车萝卜或者红薯，立马就会排起长队。下午没课时，母亲让我们兄弟去副食店门口去等，遇上有人排队时，一个排队，一个去打听卖什么，再跑回家叫母亲带钱来买。那个年代街上有人摔倒，旁边有人扶起的工夫，围观者还没搞清楚，过往的人就会排起长队，排队的人越排越长，不知要卖什么。这种事我们也干过几次，前面人一哄而散，后边人才知瞎排了。不过那几年，也多亏了老家的二大伯的微薄接济，早年他也在北京工作，听母亲说是一个单位食堂的厨师，因不慎在面缸边硌断了肋骨，伤残了，1956年辞职返乡了。几十年来每逢年节前父亲必给他汇一些钱，他都要回寄一包花生、红枣来。那三年，二大伯将生产队分给他的那份充当口粮的红薯、胡萝卜，自己节食省下来，将其蒸煮熟，切成片，晾晒成干，寄给我们，一寄就是大半面袋，应该是他数十天的口粮。红薯干、胡萝卜干像牛筋，吃着挺好吃，母亲不让我们当零食吃，她用水泡后煮在棒子面粥里，当饭吃。这样，母亲携我们这七口之家渡过了那段艰难的岁月。

新家离大姨家有四五站地远，起初母亲领着我们兄弟三人走着去过两趟，后来有事就打发我们自己去。从虎坊桥走新华街南口的一条斜街，穿过去就是大栅栏，穿过廊房头条就是前门，姨妈家在前门老火车站南的打磨厂胡同中段一个深深的大杂院里。每次去了，姨父姨妈都很高兴，改善伙食招待我们

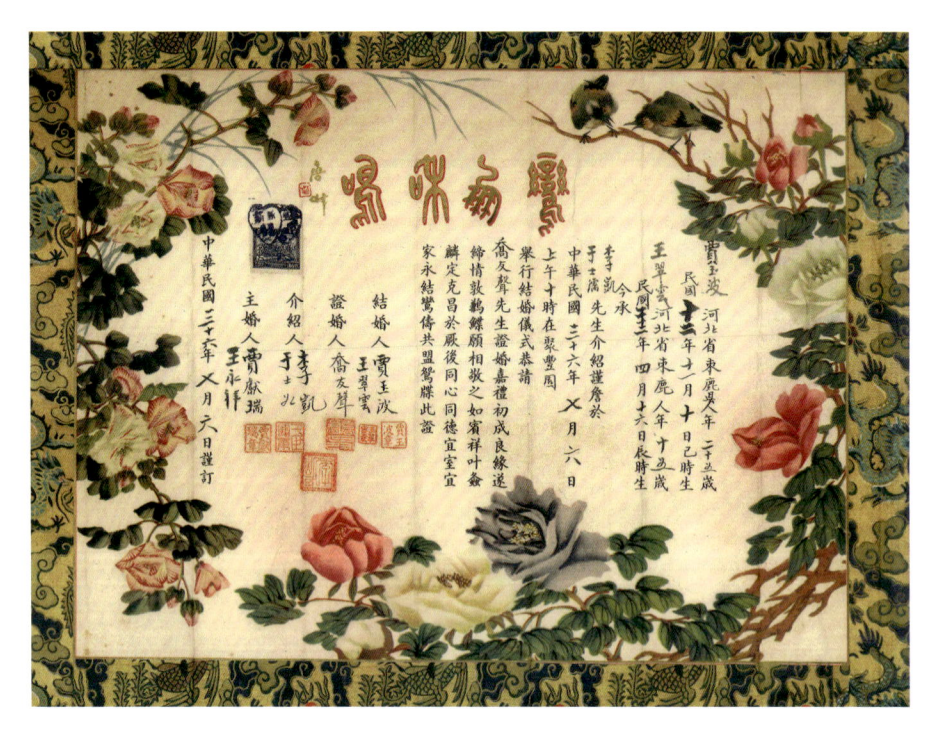

贾玉波、王翠云结婚证

一番。姨父也会喝两口，借着酒性天南海北地说些高兴事，在我们临走时，有时姨妈会翻箱倒柜地找几件表哥穿小的旧衣服，让我们带走回来穿（因姨家表姐表妹，与我们同龄，不穿表哥的旧衣物），几年里没少接济我们。1958年后实行粮票、布票，每人每年几尺布，每人每年不够做一身衣服的。在家里一般年节前母亲给我们做衣服，先给老大做，老大穿小了给老二，老二穿小了给老三，文珊总穿旧衣服，被学校同学起个外号叫"大褂"，不过当时家家户户都一样，不丢人。那时父亲整年基本都是一身劳动布工作服，很少见他换过新衣服。为了省钱，母亲每次全买本色被里布，用煮蓝、煮黑染料将布在大锅里煮，染成蓝布、黑布，自己裁剪给我们做衣服。每年儿童节或学校有重大活动，要求穿白衬衣、蓝裤子，同学们都穿洁白的衬衣，我们穿的，是母亲用被里布做的粗纺棉白布。她在水中反复洗两遍，说这种布结实耐穿，越洗越白。

城南旧事二十载

——充满故事的老北京胡同生活

□ 贾文熙

从住楼房到胡同小平房,能真正体验胡同生活。到了1962年,随着人口由五变七,家庭负担吃喝、房租、水电日常支出增大,收入没变,父母感到生活的压力快顶不住了,唯一的办法——搬家。这次选择附近胡同的平房区,房租、水电、取暖费用较低,省下一些费用补贴吃喝。我们搬到果子巷内的潘家河沿12号。先说说我们又一次迁居的是在南城一片古老的胡同区,有着几百年的历史。老北京的城南地区从骡马市至南横街,虎坊路至菜市口大街这方圆(估算)5平方公里横竖密布着20多条胡同,分布着百余家会馆、名人故居、寺观。如福州馆前街1号莆阳会馆曾是林则徐在京居住的地方,贾家胡同南首66号院,与京城建筑风格迥然有别的西洋风格院落,曾是曾国藩生活过的地方。米市胡同有着康有为故居、京城著名老字号"便宜坊焖炉烤鸭店"旧址。

我们每天回家必经的果子巷口

果子巷内有冯国璋、王崇简、潘祖荫、高君宇、邓中夏等一批社会名流居住过，北大吉巷22号是著名京剧表演艺术家李长春故居。我们贾氏之家在这一区域20余年间三

潘家河沿1965年后改为潘家胡同的街牌

易其家，在潘家胡同、迎新街、前兵马街都住过。

我们最初搬过去的是潘家河沿12号，院门坐西向东，当年是一座会馆院落。据史料载，此地是在原金代时期中都的东城垣护城河西侧，明嘉靖年间工部尚书潘季训旧宅于此，故明代时称潘家河沿，清时称潘家河沿街，清末恢复旧称，直至1965年改成潘家胡同。门牌按路西单数、路东双数，我们新门牌改为21号。这条胡同至民国时还有15家会馆，并有座弥陀庵和药王庙。十多

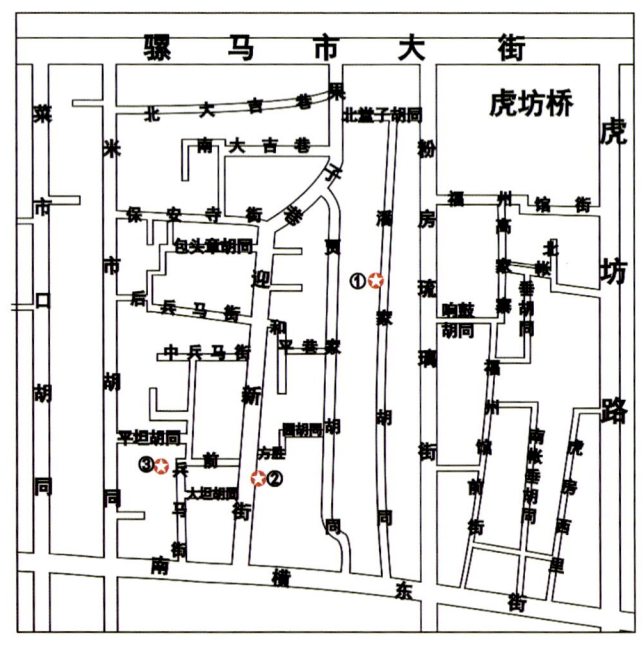

贾家生活过的区域图

图中：☆①原潘家河沿12号，1965年后改为潘家胡同21号
　　　☆②原张相公庙14号"文化大革命"初年改为迎新街88号
　　　☆③前兵马街19号。

年前，这片胡同区在拆迁中，我们在故居前重游了一下，在残垣断壁中寻找当年的依稀记忆。当初的门楼是广亮，门前两侧有两尊抱鼓石，上面的青石黑亮光滑，我们儿时常常骑坐在上抚玩，今已不见。进出大门要上二层青石台阶。两扇黑漆大门，漆皮脱尽略显沧桑厚重，门两侧有大铁吊环，是晚归者击门的标志，横在门额上层的镂空雕花栏板直至屋沿下。当年门道内右侧门房住着一位老人，他是民国时住过来的人，每晚负责开关大门，是五保户，"文化大革命"初期去世，房子无亲属继承，无人居住，房管所将其改修成公厕，门道被平，又占去了半个门楼，才变成这样了。

这个宅子是两进院落，前后院的西房为正房，各为五间，中三间正房前出廊，两侧为通间，无出廊。建在约80厘米高的基台上，屋高且进深大，冬暖夏凉。前院正房三间住着屋主是一位在中国书店工作的丁树家，家中好像6口人，一位老太太与小孙女住南侧间，房主夫妻住北侧两间，与大闺女、二儿子同住。对面一排临街东房，门道南侧三间房住二户，其中顶里边那间住二位老人，老头在南横街黑窑厂的一家豆腐厂上班，每天上夜班磨制豆腐，上下班都是半夜进出大门，常常夜深人静时听见大门响动，就是他进出大门。老太太特迷信，常来我家向母亲讲，老头下夜班，带回了不干净的东西，晚上通宵不敢睡觉。不久老人去世了，剩下老太太一人，再不久老家一个侄子来把老太太接走了。她家门前有棵大枣树，结的红枣可多啦，每到枣红了的季节，是前院人家最欢快的时候，我总要自告奋勇，与几个大点的孩子爬上树，或站在房顶，每人一根竹竿打枣，家人们在树下捡拾，放在一铁盆里，然后按家分。每次手、胳膊被枣刺划得东一道、西一道，伤痕累累，可吃起大枣感到格外的甜。院门北边三间，除去门房，那两间住着老两口和一位工作着的闺女，屋门正对我家屋前，前院向后院走的通道，道的北侧一排四间低矮北房，据说这前后院的过道，最初是会馆的马圈、大车棚，后来改建。我们住的前两间也就18平方米左右，前面一米的墙裙，窗台上是落台周边木框大玻璃窗，窗上至屋沿是糊高粱秆的木格窗。虽说是北房，门前是前院西正房高大的房山，整天难见阳光，只有临傍晚夕阳会光顾一会。我们搬走后，两间屋前被后居者在屋前延盖出一米多，仅剩了一米多宽的过道了。与我们同排北屋西临邻居，住着五口三

潘家胡同旧居

代人，平日老俩口在家带一小孩，夫妇上班。我们通道走到底是房基在半米以上的西房二间，住着陈姓四口人，老两口，一儿一女，"文化大革命"初女儿刚工作，在公交车上售票，儿子与我们同龄，上中学。与陈家同排南临的是后进院落北正屋五间，在高台基上。五间正房与前院正房相同，基座高、开间、进深都大。虽与陈家两间同排，但房山都比那两间高出一大截，所以这两间也是后盖的，进深也短，屋顶矮不说，门前脸也向后错了一截子。在两栋房之间有一窄过道，穿过过道是一个单人小厕所。男女共用，挂一门帘，如厕前先干咳一声，有人就退回。我们很少去这，一般是去胡同公厕。后院除了北房，就是南北相对两排配房，各两或三间记不清了，房子的高度、开间、进深，比西房小多了，但比我们这排略高略大。后院很少去，住几户不清楚。每轮到我家收水电费时，母亲让老大、老二哥儿俩先挨户去询问登记几口人、灯泡的总度数，那时住在大杂院的人家很少有电子管收音机、电扇的，更没有其他电器，所以很好统计，回来将当月水费单子开的总钱数按总人头一除，电费按总度数一除，算好各家总数，第二天晚上再各户去收，将其记在一个本上，交费后与收据一同交给下家，这样按户传一圈一年多吧。前后院共有十多户人家，后院住户虽不熟，"文化大革命"后期我重登这个院子时，到后院西正房的北边第二间，我两度拜访过两位收藏界重量级人物、当年父亲的朋友，他们是北京市文物商店地安门店经理秦公先生，和他的夫人——活跃在银屏的杂项鉴定专家张如兰女士。秦公先生后来为北京市文物公司总经理、翰海拍卖公司的创始人，当年为筹备一场拍卖会，过度劳累，献出了宝贵生命。之后我再未登临故居的院落。

在狭小的小北屋住过的几年，文忠、文进又相继出生。家中每天晚饭后，我们哥仨抢饭桌做作业，之后搭板子接床，几乎搭满。九口人睡的铺，空道很窄。屋中间拉一布帘，母亲带着新新、莉莉在里面。我们哥仨床横着睡挤进文忠，四个脑袋向外。半夜下地解手，迈着脑袋过。每天睡前母亲还要做的一件事，给父亲和我们备带第二天的午饭，每人一个铝饭盒，里面装上两个窝头和一些咸菜。门前房檐下有个大菜缸，一年四季腌满咸菜，主要是红、白萝卜和大白菜。逢到家里中午要改善伙食，我们中午就不带饭了。实际没什么特殊的，只不过经母亲做出来吃起来就是有滋有味。实际就是棒子面、白面，合起来的二面面条或嘎渣儿汤（烫硬玉米面，切成方丁，煮成稠糊糊的）。中午休息两小时，家离学校往返十多站地，下了课我一路小跑赶回家，吃一大碗母亲早已为我盛好的热糊糊的嘎渣儿汤，再踩着下午上课铃声冲入教室，一下午都在回味那碗嘎渣儿汤。当年配供的杂粮有黄豆面、大麦面等，大麦面蒸馒头、擀面条都发黏没法吃，母亲将黄豆面炒熟，再把大麦面用开水烫熟，蒸一下，黄豆面拌些红糖，铺撒在案板上，再将大麦面铺上，撒上黄豆面拍平，然后卷成驴打滚。这样，多达70%的粗杂粮，母亲都会想尽办法做成适口的美食。那个年代，家中的口粮，母亲都是计划着吃，比如那些年家中吃面条，母亲先用秤，称出面的总量，和好面再按人头分成剂子，每人一份，我们几个大的，

当年购买油盐酱醋的小杂货铺

自己手擀自己的面条，各人煮各人的。包饺子时也是，馅是我们剁好菜，母亲拌好一大盆。每人一份面剂子，先包父母和弟妹的。轮到哥仨了，自己给自己擀皮、自己包、自己煮。

三年困难时期过后，每逢过年，新华街从虎坊桥到和平门，从正月初一到十五，办起了厂甸庙会。我们赶庙会可太方便了，哥仨结伴前去看热闹，街两边多是京城各百货商场搭的棚卖年货，老字号卖小吃的，还有一些文艺团体搭台演出。平日母亲让我们去打酱油、醋时，找的零钱1分、2分，偶尔经母亲允许就留下攒起来，到过年时母亲再给我们换成毛票，最多也就是块儿八毛的，就成我们的压岁钱。我们商量着各出几毛，拼在一块买个空竹，回家一块玩。余下能买半斤瓜子，三人分别装进各自口袋里，边吃边逛看热闹，其他什么也买不起了。好景不长，1966年"文化大革命"来了，厂甸庙会也停了。

临院住着一位故事爷爷，每年夏天晚饭后纳凉，只要不是风雨天，晚饭后我们总是早早拿上小板凳，在大门外路边和一群上了中学的小伙伴们坐着等故事爷爷。等他拿着大芭蕉扇、一把大茶壶，有邻居帮他拿着大板凳，来到我们中间，喝足了茶就开讲。他是几十年背熟的聊斋故事，经他改编，年年拿出来，就一个旧皮箱故事，三年我就听了三遍。可是在座还有一些老人就爱听，他讲得有声有色，每天讲完故事大概九点，各自回家洗洗睡觉。

课余时间，我们哥仨经常到父亲工作的地方去，最早是去琉璃厂街原北京市文物商店一门市的后院，王德山带领几个师兄弟修复文物的作坊。那里有一台我国最早天津产的"北京牌"电子管电视机。冬天在室内，夏天在院子里，晚饭后去看电视，只有一个中央台，放的都是老电影。1958年后父亲的师兄弟们移师天安门内西朝房，原中国历史博物馆建馆初期的筹建处，1959年中国历史博物馆建成开馆，父亲的师兄弟移师馆内工作室，都是我们哥仨经常光顾的地方，每次去看父亲的师兄弟干活，特别感兴趣，尤其是在琉璃厂作坊，在院子里看他们铸铜补配件化铜水，还会搭把手拉风箱，呼啦啦挺好玩的。再者，看他们焊活，围着一个煤火炉，将多个铜烙铁，刃口朝外架在炉口，烧热一把，用手钳子夹柄，刃口抹镪水烫焊锡后焊接铜器，烙铁温度低了架到炉口重烧，另换一把烧热的用。现在看来他们当年土得掉碴的传统工艺，简陋的工作环境，练就了一身绝顶技艺，将一堆破碎铜片经师徒巧手化腐朽为神奇，不可思议。当时年幼好奇，虽未动手，但也看出很多门道。"文化大革命"期间，老大、老二每天随父亲上下班，学会了石膏模具、搪塑模具、乳胶模具、电解铜模具的制作，为之后走上文物修复这条路，奠基应用技能基础。

60年代中期最困难的那几年，父亲有时下班回家做副业，母亲趁家务空隙时间一起干活，以微薄的收入补贴家用。刚开始父亲拿回来的是供出口的仿商周古铜器的加工铜胚，用钢锉刀，锉下一层，再用砂纸抛磨光。当时下午放学到家，先帮母亲干手中的活，母亲腾出手来做一大家子的晚饭。这类铜活干的时间不长，父亲又带母亲去特艺公司的一个加工部培训，铁艺画散件的加工工艺。铁艺画是一门传统工艺，是用细铁丝捆扎成树形，或用细铁丝拍砸扁，以及薄铁片先剪成条，再弯成各式山水图案，拼焊在薄铁板上，涂上各色漆，装上木框，做成各式图案的铁艺画，供出口，人民大会堂迎客松即是铁艺画。我们每天放学后帮母亲做铁艺件，父亲每次取回一些材料和要加工的样板，我们用铁剪子剪，对着样板用钳子弯，反正是干一会儿手就酸得没一点儿劲了，时间不长，仅干了几批活，那家工厂饱和了，也就再没活儿干了。

担负九口之家吃喝，忙里偷闲的母亲，从不忘关心国家大事，做好自己应尽的事。"文化大革命"初期，潘家河沿分南段、北段居委会两个组，母亲是北段的宣传委员，除了街道开会，还负责街道宣传标语、宣传画的布置。我就成了她的义务宣传员，除了一些红红绿绿的标语外，还在半条胡同选了两处临街的东山墙，街道将墙面刷成两块大黑板，我按着报纸上版式画毛主席戴八角帽侧面头像，放大画到黑板上，另一幅也是侧面"毛主席挥手我前进"，画

贾莉莉回到潘家园胡同寻找曾经的住处　　　　潘家胡同旧影

得还挺好，几个月后风吹日晒不清楚了又重描了一回。之后搬到迎新街88号，母亲又在居委会担任治保委员，街邻的治安、邻里的纠纷她全出面管，她与街坊四邻的关系处得相当好，谁家有事都愿找她来调解。

1968年"文化大革命"期间，我和文超虽初中毕业，眼看着就业工作无望，父亲80元工资养活九口人，家境几乎到了崩溃边缘。我和老大做了牺牲品，远走他乡，开始是勤工俭学，短暂几个月刚学会自己养自己，随着全国上山下乡运动到来，从此我们开始了远离有母亲呵护的家，孤身在外漂流，过了很长一段艰辛苦难生活，从此改变了人生的命运。

1975年，家又一次搬迁，这次是往西相邻的二条胡同，果子巷口向南迎新街88号，刚搬来时是个大杂院，内有几十户人家，从西向东都是北房，每

当年的街牌

迎新街88号简易小楼，二层第二个窗户内曾是我们充满欢乐温馨的家。2007年重游南城，房子已被拆迁

家前面有一小块地，种些蔬菜，文忠也开始上南横街小学，只住了两年，即由房管所改建成简易楼，大约一年即完工，这一年暂时住平坦胡同，1975年一座"文化大革命"时的产物，当时为节约用材，用砖一平一立砌成空心墙的三层简易楼。按老地址是在张相公庙14号院旧址上盖的。我们住二层202号，两间半，与马连道住房相仿，半间是在阴面，大房的后面有约6平方米的小屋，能支一张双人铺，再放箱子就满了。这样父母住大房，新新、莉莉女孩单独住一间，文珊、文忠、文进三人住一间。门前楼道堆放蜂窝煤、菜筐杂物。房子的居住面积比潘家胡同两间小北房大了，主要是能分开住了。

1978年，唐山地震后父亲考虑离单位近些，又一次搬家，搬到了安定门内西城根胡同的一处小院西房二间。当时正修地铁二号线，安定门城楼、城墙都拆了，下面开挖大沟，土全填进护城河，工地一片繁忙景象。搬过来后离父亲上班的和平里南口北小街不远，但是文忠、文进的学校就远了。住得时间不长，又一次换房搬回原地。这次是兵马司前街19号，两间小东房，房子不大，但山墙的南侧，屋后夹

前兵马街门牌

道，南间屋的窗前都可以接盖油毛毡棚子，这一下房子扩大很多，哥几个都可以分住了。我们住的这个院落进门有一段很窄的夹道，侧面是街道办的制本厂，这样母亲就有活儿干了，经常用小车拉回折好页子的日记本，回家缝，活很苦，挣点小钱、干点副业，补贴家中开支。之后母亲又找来补花的活，特艺公司出口的桌台布，按设计图案贴好印色花片，用彩线缝起来。当年新新、莉莉到大兴插队，经常向生产队请假回家帮母亲缝补副业活。直到20世纪80年代初，家的主体结束了南城胡同生活，搬到了东北二环边的市美术公司刚建成分配的一套福利房，位于和平里南口附近的砖角楼南里，一套50多平方米的小居室。这次住进楼后不久，父亲说，你们母亲住楼后，长年住阴潮平房落下的老寒腿好了。父母晚年由10平方米的小平房一下子换成大几倍的楼房，又

有厨房、卫生间。虽都很小，却是父母奋斗一生得到的回报。

做仿古铜复制品，母亲除了铸造刻活，一般工序她全会，早年看着父亲干活她就学会了，60年代干过副业，不用专门给她讲怎么干，无师自通。晚年的母亲，儿女都已成家立业，没享一天清福，伺候了卧病在床的父亲十年，空余时间手不闲着还要干些副业，补贴家用。将铸好的复制品铜坯打磨，化学做旧处理等，观察处理每件艺术品，冒着刺鼻的化学药水味，没有一点防护措施，一般常人无法承受的气味她都忍受了，如今回想起来，令吾等晚辈无地自容。

这就是一部贾氏家族饱含艰辛的迁居史，从中处处体现着一位平凡女性——我们的母亲，以她终生坚韧的毅力支撑维系着这个家族的点滴故事。父母虽没给我们留下物质遗产，但父亲将技术传授给我们是我们各自的生存财富，而母亲将她平生为人处世、做人尊严，特别是逆境中求生存、困难面前不低头的坚韧的性格传给我们，才是我的最大的财富，受益终生。

母爱的伟大，兄妹七人感恩至深。

贾玉波（左二）和他的弟子们在颐和园

贾玉波在陕西乾陵留影

贾玉波晚年在北戴河疗养

王翠云与她晚年亲手制作的青铜器工艺品

贾玉波与自己复制的青铜器

1990年贾玉波、王翠云夫妇游大观园

贾玉波呕心沥血五十载

贾玉波简介

贾玉波，1923年12月17日生于河北省束鹿县，2000年2月10日在北京逝世。新中国第一代文物修复专家。中国文物学会文物修复委员会顾问，北京市文物保护协会科学技术委员会委员，青铜器修复专家。

1936年到北平在王德山门下学徒。40年代出师后，一直为琉璃厂的古玩铺

贾玉波在修复殷墟妇好墓出土的铜甗

修复青铜器。1947年参加革命，在琉璃厂以修复古铜器为掩护，为北平南城地下党做情报工作，北京解放初期进市军管会工作，后被派到北京市粮食局任干部至1959年。1954年公私合营初期，王德山师傅与几位徒弟的古铜作坊改为北京特艺公司文物加工部（仍在琉璃厂街）。后又属北京市文物商店，国庆十周年（1959）期间，北京市文化局又将其归并北京市美术公司。此时贾老重操旧业，干起了文物修复工作。

他从50年代末一直到"文化大革命"后期，参加了中国历史博物馆通史陈列的青铜器修复工作，同时兼为外省市送京委托修复了大批文物。此间还为山西、陕西、湖北、江苏、安徽、山东等省市培训了近20名文物修复专业人员。以后又参加了中国科学院考古研究所的河北满城汉墓的部分文物修复工作。80年代初退休后还为中国人民革命军事博物馆、中国农业博物馆、大葆台西汉墓博物馆等单位修复和复制了大量文物及陈列等。

贾玉波参与复制的商代后母戊鼎

贾玉波参与修复、复制的西汉长信宫灯

贾玉波参与复制的西周虢季子白盘

贾玉波复制的战国银卧牛

贾玉波参与修复、复制的商代龙虎尊

贾玉波在中国历史博物馆修复和复制青铜器龙虎尊

贾玉波修复石质佛像

中国老年文物研究学会研究部技术顾问聘书

北京文物保护协会科学技术保护委员会委员聘书

中国文物学会文物修复委员会顾问聘书

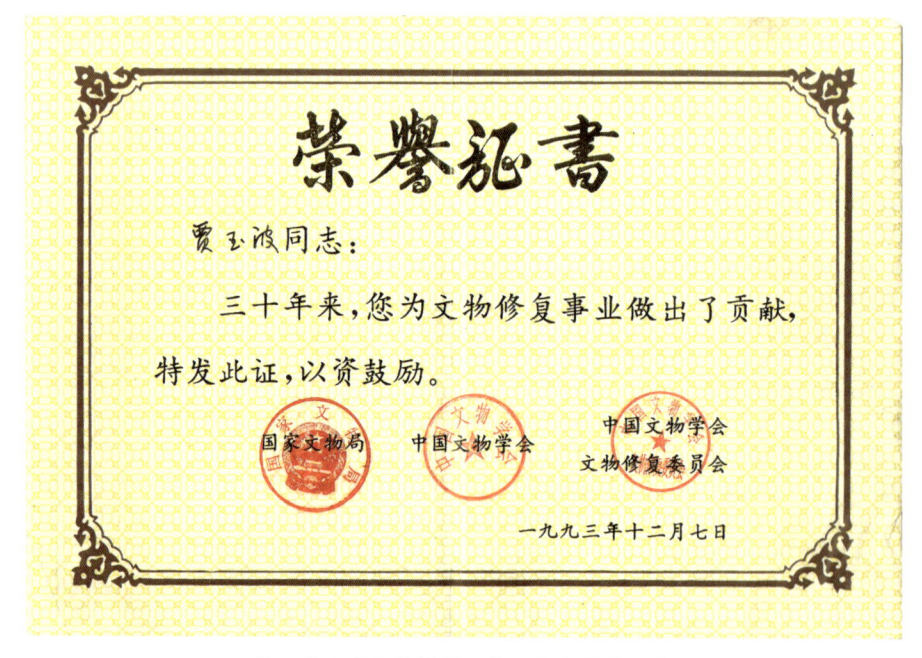

贾玉波从事文物修复工作三十年荣誉证书

练习本

历博

文物处技术组

工具用具借还登记本

修复室

1974年6月13日起

1975年1月份起 完成文物登计

湖南博物馆复制文物

秦权式铜权　　　1件　（锡制）
" 廿六年铜诏版　1件　 "
" 两诏量　　　　1件　 "
" 错金字虎符　　1件　 "
　阳陵

元月25日复制完工 交王玉兰

给历博复制铭文文物

秦二世元年铜诏版　1件

元月25日完工 交王玉兰

贾玉波历史博物馆工作笔记（节选一）

贾玉波历史博物馆工作笔记（节选二）

贾玉波历史博物馆工作笔记（节选三）

贾玉波历史博物馆成活册笔记（节选一）

特艺 复制陶瓷玉壶之物各件估工

1. 长役宫灯：及腊铸造15工，修错40工，鎏金绦旧75工＝80工。（材料80元）
2. 岁户灯：及腊铸造5工，错修作旧10工＝15工。
3. 羊灯：及模及腊铸造8工，错修做旧12工＝20工。
4. 者灯：及腊铸造5工，错修焊接做旧20工＝25工。
5. 错金博山炉：打模及腊铸造10工，错修画花烫鎏金做旧110工＝120工。
6. 熏炉：打模及腊铸造5工，错修即焊做旧22工＝27工。
7. 铜鼎：错修作旧30工。
8. 楚大官糟钟：及腊铸造5工，描池烙车烙金做旧20工＝25工。

9. 长乐宫钟：及腊铸造5天，描池铜錾做旧20＝25工。
10. 错金银乌篆铜钟：及腊铸造2工，花丝14工，烫鎏金做旧13工＝30工。
11. 中山内府铜钟：及腊铸造2工，车2工，做旧6工＝10工。
12. 中山内府铜钫：打模及腊铸造5工，做旧8工＝13工。
13. 铜链子壶：及腊铸造2工，车2工，链子做旧7工＝12工。
14. 双耳铜权（烫金）（4件老法做）。
15. 中山内府铜户：打模及腊铸造5工，错修做旧15工＝20工。
16. 带嘴工具：错修做旧7工。
17. 铜弋：模腊铸2工，错修鎏金做旧5工＝7工。

贾玉波历史博物馆成活册笔记（节选二）

贾玉波从事地下工作二三事

□ 张荣光

贾玉波同志，13岁时从河北束鹿来到北平，在一家古玩铺学徒，学的是修复铜器和做古铜器复制品，学了一套高超的绝技。他为人忠厚，对共产党有深厚的感情，与我是世交。1947年我来北平做地下工作，他冒着生命危险掩护我，关照我的吃住，为掩护我的身份给我找工作。中华人民共和国成立前夕的北平对敌斗争环境非常险恶、残酷，随时都有被捕的危险，他几次巧妙地掩护我躲过敌人的大搜查，并积极主动地帮助我顺利地完成党交给的地下工作。他是一位经过考验的、非常可靠的地下工作者。

一、掩护我顺利完成三项任务

解放战争初期，我从冀中区城工部调入华北局城工部。1947年7月，党组织派我到北平做地下工作。临出发前，在机关填表时，我写明住贾玉波处，当时考虑原因有二：第一，他住的房子原户主是我父亲，三年前我也在此居住过，派出所的底案里有我的名字，这样进城后便于报上户口，不会引起敌人的注意；第二，他是最可靠的亲友，我与他是父一辈子一辈的世交。

党组织派我进北平的任务有三项：一是接通失掉的原地下党组织关系；二是发展组织；三是宣传我党的方针政策。当时，恰是蒋介石撕毁停战协议，在美国的支持下准备内战的特别时期。我军以叶剑英为首的驻北平军调处撤出北平，党的地下组织遭到严重破坏。我来北平后的首要任务，就是尽快恢复和发展党的地下组织。进城后我就住在了贾玉波处，吃住都由他夫妻照料。首先他帮助我报上了户口，取到了居住证，使我行动方便了，然后又找他的

张荣光与贾玉波（左二）摄于1949年北平市军管会

朋友李凯商量，叫我到李凯在宣武门外教子胡同开的煤铺当伙友。这样，我以在煤铺干活作掩护，继续从事地下工作。煤铺这行敌人不太注意，工友们又都是同乡亲友，对我开展工作极为有利。贾玉波夫妻冒着生命危险掩护我，帮助我，使我顺利地完成了上级党组织交给的任务。按照华北局城工部的规定，贾玉波同志从那时起，便是我党的地下工作者了，正式参加了革命。1948年4月，我回城工部机关汇报工作，并参加了整党学习，在解放区住了6个月。

二、与敌人巧周旋化险为夷

1948年10月，平津战役前夕，东北野战军开始入关，北平城内处于白色恐怖之中，当时的国民党城防司令楚希春公布了"八大杀"，即"通匪者杀、造谣者杀、24小时不报户口者杀、没有身份证者杀……"。我党的地下组织再度遭到敌人的严重破坏，好多同志撤出北平回到城工部。党组织考虑到我在北平尚未暴露，决定派我再度进城，接通关系，迎接解放，任务既明确又艰巨。进城时，组织上考虑我到北平后一时难再找到工作，给了我足够的路费和生活费。进城后，我先与贾玉波取得联系，当时的环境更加险恶，几次遇险都是他帮助我化险为夷的。

进城的当天晚上，他安排我住在南新华街他的胞弟贾玉林（中华人民共和国成立后在公安部门工作）处，因我没有户口和居住证，当地保长通知派出所把我抓了去。审问时，我一口咬定，是从天津来的，在天津某电线厂当工人，被资本家解雇后，身份证也被资本家扣押了（这是在解放区就早已编好应付各种情况的口供）。见到贾玉波时，事先向他讲好这番话。贾玉波去派出所交涉，又去找来三年前我曾干过活儿的资本家，因他在当地相当有名望，由他到派出所把我保了出来。

北平解放前夕，国民党进行了三次大搜查。我来北平的第三天下午，派出所警察挨门挨户通知，"今天晚上，全城戒严，军、警、宪联合大搜查，谁家有符合'八大杀'的赶快想办法躲躲，别给我们添麻烦"。当时我和贾玉波商量，琉璃厂海王邨公园的保长，每天要各店铺出人到保里去值夜班，我去替他们值班，因海王邨的保长也认识我。贾玉波当即去找保长谈，保长非常同意。见到保长，我说，在天津被老板解雇了，回来又没事干，保里有什么事尽管讲，我随时都可以来帮忙。这样，我就顺利地混过了第一次大清查。

这次进城，三天连遇两险。没有户口和居住证，寸步难行，何况要开展地下工作。我在离开解放区时，组织上给了我居住证，只能应付在路上过关卡时用，进城后再不能用，因未注册户籍。当务之急是报上户口和领取居住证。

我与贾玉波商量时，想起我党地下关系中，某报社记者雷箴三同志，他和派出所所长很熟，贾玉波便很快将他找来，见到我再次进城他们很高兴，听我述说情况后，他立即与贾玉波去派出所，报上了户口，办了居住证。这样我们的心里都踏实了。

三、以毒攻毒，保护自己

北平临近解放，解放大军已将北平围得水泄不通，每天都可以听到隆隆的炮声。此时贾玉波的一位姓王的朋友是海淀区国民党三青团负责人，他怕攻城部队从海淀进城，逃进城里，也来到贾玉波处。当时我和贾玉波商量此人可以利用一下。当时住地的保长正在找我的麻烦，我和贾玉波把保长吃私贪污卖兵款的事向这位姓王的谈了，他与住地国民党主委很熟，由我写状纸，姓王的就把保长告倒了。国民党当局决定姓王的当了保长，这时我的住处成了王保长的办公处，安全多了，对我的工作更为有利。中华人民共和国成立后，王保长得知我的真实身份后，特别紧张，我告诉他要主动到当地政府坦白，并告知当地政府他掩护过地下工作者的事实，并由我出具证明，对其减了刑。

黎明前的黑暗最难熬，这段时间，对敌斗争的环境极为残酷，危险随时会发生，贾玉波掩护我一次次地逢凶化吉，躲过了险情。按照上级指示，"进城后将带来的钱，尽快买成粮食"，因粮价每天都在飞涨，也为了坚持长期对敌斗争的需要，不饿肚子。于是，我找到与我联系的张化令同志，因他是做粮食生意的，帮我买了足够吃的玉米面，使我们能够继续坚持斗争，在残酷的对敌斗争中，吃住都有了保障，胜利地完成了上级党组织交给我的任务，迎来北平解放。

北平刚解放，我带贾玉波到北平市军管会组织部报到后，他的关系转到前门区委，被分配在前门区粮食供销社工作。中华人民共和国成立后北京市政府为稳定市民，打击粮食投机商，把稳定粮食市场提到非常重要的地位，选派可靠的干部到粮食战线工作。由于贾玉波同志工作踏实负责，在成立粮食局时，组织上又把他调到局主管加工科科长。

贾玉波在山西晋祠留影

1959年，为筹备中国历史博物馆、中国人民革命军事博物馆等修复、复制陈列展品，他先被调入北京文物商店文物加工部，不久又去了刚建成的中国历史博物馆，干起了他的老本行，对国家的文物事业的发展做出很大贡献，培养了很多人才。

贾玉波夫妻，在环境极端险恶的情况下，冒着被杀头的危险掩护我，并协助我开展党的地下工作，他们对党的忠诚，对我的关怀，是我终生难忘的，因此我很敬重他们。

贾玉波老师与考古研究所的文物修复

□ 白荣金

得知近期将要出版一本《文物修复第一家》，心里非常兴奋，这表明文物修复工作在逐渐被社会承认，这是件值得庆贺的事，同时，也使我回忆起几十年来贾老师的为人以及与中国科学院考古研究所学习技术和文物修复的一些往事。

作为文物修复一代名师的贾玉波，自幼学艺，在自己的工作岗位上兢兢业业、勤勤恳恳、辛勤劳作，为我国的文物修复事业做出了很大的贡献。更为难能可贵的是，将技艺传授给了他的后代，贾氏三兄弟都能承袭家学，使独具特色的中国文物修复技术得到传播，并在各自的岗位上进一步发扬光大，取得

1965年7月摄于中国科学院考古研究所
前排右起：贾玉波、王德山、朱茂群、高英、刘增喆、钟少林
后排右起：王振江、白荣金、冯秉刚、左崇新、马宪印

了显著的成绩。这一点也反映出贾老师对自己所从事的文物修复事业的执着追求与深切的爱，这种精神是十分宝贵和令人敬佩的。

1959年在中国历史博物馆建馆时，得到了考古研究所的支援，我和王振江、左崇新三人被派遣在端门内西朝房，和张兰会、李庆和、李惠生等许多位师傅一起对确定展出的文物进行了修复与复制。当时，我们的技术根底尚浅。1958年一起在洛阳龙门学习过一段仿制唐三彩技术，王振江在陶器的修复技术上颇有独创。1960年，领导上为了进一步提高我们的技术水平，以适应工作不断发展的需要，即派了我们三人前往东琉璃厂震寰阁北京特艺公司外贸加工部，向各位技艺高超的老师学习各类文物修复与复制技术，当时辈分最高的是王德山和刘俊声师傅，另外则有贾玉波、刘增喆、左玉铂；祝茂群、赵侠飞、杨荣等老师们，通过学习，在师傅们毫无保留的帮助下，我们在技术上都不同程度地长进，在后来的工作中发挥了不少作用。那时的学习，手续上十分简单，单位开个介绍信，经过主管部门同意，就算联系成了，也无须交学费，天天到师傅工作间学习就是了，师傅们也毫无保留。不仅去琉璃厂如此，去北京和外地各处学习也都如此，有的还无偿地提供住宿。这体现出了社会主义制度的优越性，大家都不计个人得失，为了国家的建设而积极工作埋头苦干。

在琉璃厂的学习，另一个意外收获是从此与师傅们建立起深厚感情和工作上的密切联系，后来考古所几次重要的田野考古发掘所得文物的修复与复制工作，都得到了这些老师的大力支持与帮助。

下面简单谈两个例子。

1964年，中国科学院考古研究所与朝鲜社会科学院的考古学者联合对我国东北的旅大地区青铜器时代遗址、黑龙江宁安的渤海上京龙泉府遗址和吉林敦化的渤海贵族墓地进行了考古发掘，取得了十分丰富的收获。为加快完成对这批出土文物的修复和复制任务，除本所有关技术人员参加外，我们还邀请了中国历史博物馆的高英师傅和北京市美术公司的王德山、贾玉波、祝茂群、刘增喆几位老师参加此项修复工作。由于许多复制品要提供给朝鲜学者作为研究资料，在政治上有一定的国际影响，所以在质量上要求很高。各位师傅施展各自所长，有如八仙过海各显其能，最后高标准、高水平圆满地完成了这项任务，使领导非常满意，而我们在技术上也是一次很好的锻炼和提高，从师傅们的实践中受到了不少启发。

另一次是在1976年安阳殷墟妇好墓发掘后，除本所技术力量全力以赴投入外，贾老师等也曾支援此墓出土青铜器的修复，印象较深

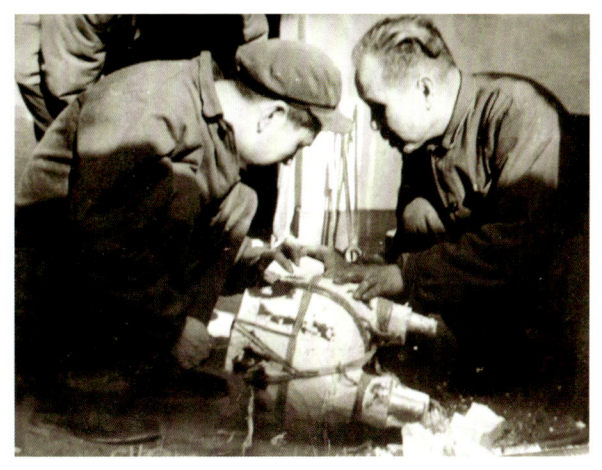

贾玉波（右）与徒弟王振江在中国社会科学院考古所研究翻制安阳殷墟出土青铜鼎模具

的修复过残破较重铜罍等青铜重器。妇好墓的女主人妇好，是第二十三位商王武丁的配偶，据甲骨文记载，她还是位能征善战的女军事家。规模不大的一座墓陪葬了许多珍宝，仅青铜器就有460余件。这在殷墟考古史上是个空前的发现。妇好墓的发掘与文物的修复和研究，对于研究殷代的历史文化、铜器的断代与组合、铸造工艺、牙雕、玉雕等传统工艺的发展水平具有极高的价值。

从以上事例可知，贾玉波老师对于考古所修复人员技术的提高付出过许多心血，对于考古所的文物修复工作付出过辛勤的劳动，我们在此谨表感谢和敬意。

这里还反映出一个问题：对于文物修复技术的学习，可有多种形式进行，如开办学习班讲课、参观交流、开研讨会、师傅带徒弟等，最重要的则是在工作实践中学习和提高，但最好的实践不是个人的单独实践，而应是集体的实践，特别是属于大规模的任务、艰巨的攻坚战斗中最能奏效，大家共同协作相互支援，在修复过程中切磋技艺、交流经验，最有利于提高技术水平和专业素质，最有益于培养人才和锻炼队伍。这种在文物修复实践中大协作的形式很值得在我们今后工作中予以倡导。

（作者：中国社会科学院考古研究所研究员）

贾玉波老师对中国历史博物馆的贡献

□ 葛述禹

70年代初，我参加工作，刚刚进入中国历史博物馆保管部，接触到的第一位启蒙老师就是贾玉波。我现置身于太平洋彼岸的美国，从事于古玩的修复，身虽在异国他乡，却时常怀念起与恩师相处的日子。

在我进馆不久就听说，在我馆长年从事于文物修复、复制工作的几位老专家，在50年代初就会集在琉璃厂的北京文物商店文物加工部，1959年通史

70年代中国历史博物馆保管部全体人员合影

前排左起：王玉兰、郝洪林、王喜瑞、杨政填
中排左起：宋　曼、王慈民、高　英、贾玉波
后排左起：赵家英、牛德良、杨志新、葛述禹、王赴朝

陈列工作开始筹备，他们应邀来我馆，投入大批珍贵文物的修复与复制工作中。不久北京市文化局将他们这批老专家划归到市美术公司工作，贾玉波被市美术公司派驻中国历史博物馆并任文物修复组组长。他带领的这批人少则几人，多则数十人，在我馆一干就是20多年。直到80年代，我们这几名学员在贾玉波老师和我馆的杨政填、高英老师的培养下，经过10年的磨炼，才开始独立操作，形成了自己的修复队伍。此时，贾玉波老师业已退休，将他的后半生全部奉献给了中国历史博物馆。他退休后不在家安度晚年，又应聘去了中国人民革命军事博物馆，将自己的技术无私地传授给了几位年轻人，为军博培养了一批修复人才，在这里他一干又是七八年。

贾玉波老师，是从旧社会过来的老一辈修复工作者中最具"创新"思想的代表，他无论是修复、复制、铸造还是打錾、鎏镀金银，样样都是高手。他为人和善、平易近人，整天谈笑风生，从未板起师道尊严的面孔，对待学生的请教，无论问什么技术问题，他总是有问必答，从不保守，所以，我们做学生的都愿意和他聊天，向他请教技术问题。在工作中，他从不墨守成规，而是不断引进吸收先进的技术、新的材料，为文物复制行业所用。对于一名从旧社会过来的身怀绝技的老艺人，确实是难能可贵的，给我留下难忘的印象。下面举几个事例。

一是他最早把橡胶、搪塑、乳胶模具的翻制技术引用到文物修复、复制上来，以取代石膏模。60年代末他就开始试验，当时文物界还没有从英国人手中学到使用硅橡胶技术，而且未证实在文物上使用是否可行，他刻苦钻研，使试验取得成功。70年代初，他用此技术在文物修复上补配残缺块的铸造使功效和质量都得到提高，从而取代了传统的手工打制和锡铅合金铸造补配，修复后的青铜文物纹饰更加精细逼真。

二是用电解镀铜代替失蜡铸造技术复制文物和无氰镀金等工艺。也是在60年代末，他购买了一套电解镀铜的设备，在市美术公司建成一间电镀铜实验室，用电镀铜的方法复制出青铜器或补配块，效果更加逼真，还用此设备试验着翻制成电解铜模具，用于文物的复制。

三是探索研究以化学镀金方法复制鎏金器，取代传统的"火镀金"工艺，获得成功，从而避免了汞毒对人体的危害。继而他又研究无氰电镀，取代化学镀金中氰化物对人体的危害。总之他一直在探索各项新技术在文物修复与复制工作中的应用。这一点体现出贾玉波老师难能可贵的一面。

值得一提的还有在模具翻制上。当年我刚来历史博物馆修复室时，很快发现了问题，大量的修复、复制工作主要依靠市美术公司的师傅们。当时历史博物馆修复人员仅有三四名，严重缺少，而且历史博物馆修复室包括老师傅在内只搞修复搞不了复制，除能翻制一些造型简单的而且很不规范的模具外，难度稍大的根本无法翻，因此翻制模具主要靠外援。当时，也未引进硅橡胶制模技术，所采用的牙胶模、油泥模失真率高。石膏翻模当时还是较理想材料，但它的致命弱点是分模线如选不好模块脱不下来，会使文物毁于一旦。所以，要求制模技术人员要经过较长一段时间的培训和长期的实践。这在美术院校专设有模具技师，属专一行业。复杂器物翻模，有的要分成上百块，难度可想而知，仅这一点就阻碍了历史博物馆自己的技术队伍难以独立。贾师傅带领的技术人员，长年传帮带，耐心指导，毫无保留地手把手教会我们翻模的每一步骤和技巧。历史博物馆的修复人员在贾师傅等的悉心培养和学员自己的刻苦钻研下，才逐渐形成自己一支技术全面的队伍，到80年代才完全独立，完全脱离美术公司的近20年的支援。这是贾老师不可磨灭的功劳之一。

今天贾老师当年协助历史博物馆所修复、复制的大量文物仍在历史博物馆展厅及全国各地数十家大中型博物馆展出，发挥着巨大的社会效益。目睹这些文物，不免使人回想起与贾老师朝夕相处的岁月。我们这些做学生的永远不会忘记贾玉波老师在中国历史博物馆付出的辛勤汗水和所做出的杰出贡献。同时也深切缅怀已故的高英老师和杨政填老师。

（作者：美籍华人，系中国历史博物馆文物修复科原科长）

风雨同舟五十载

□ 刘增喆

贾玉波与我有着50年的交往，相互非常了解。中华人民共和国成立前，在我学徒期间，我所在的古玩店经常有些青铜器，找贾师傅修理，他和我哥哥刘增堃是挨肩师兄弟。我们又曾同住海王邨内多年，可以说是同行加邻居，关系非同一般。

抗战初年，贾玉波来北平，在老"古铜张"派第二代传人王德山门下学徒，年仅13岁。40年代出师后，一直以为琉璃厂的古玩铺修复青铜器为生。他的师兄王长青，出师后几经周折，中华人民共和国成立后去了河南省博物馆。师兄王荣达出师后独身闯江南，在上海滩落脚，为古玩店修复青铜器为生，中华人民共和国成立后在上海博物馆搞修复工作。我哥哥刘增堃60年代去了河北省博物馆工作。在京的还有王德山、杨政填师徒，刘俊声、王喜瑞师徒，"古铜张"派的另一脉传人赵振茂、高英、王存计等，他们共同开创了我国的文物修复事业，各自带的许多名徒弟，遍布全国各地，成为中华人民共和国成立后的第一代文物修复工作者。王德山、贾玉波等

贾玉波复制秦铜车马车厢彩绘

师徒，高英、赵振茂这批人为中华人民共和国成立后的文博事业立下了汗马功劳，在文博界被尊为德高望重的文物修复专家。

中华人民共和国成立后，我才得知，他在琉璃厂古玩铺修复古铜器的同时，还从事地下党的情报工作。后来他先到了军管会，又到粮食局当了干部。50年代初，他原在的古玩铺归属于北京特艺公司文物加工部，又改为文物商店文物加工部。中华人民共和国成立十周年大庆期间，先后承担了中国人民革命军事博物馆、中国历史博物馆大量文物陈列品的修复、复制任务。由于任务重人手少，有关方面恳请他干回老本行，此时贾玉波弃官从艺，调回文物加工部干起了老本行。60年代初，北京市划分工业和商业，文物加工部主要从事修复铜器、陶器，因为还要烧制唐三彩，市文化局将其划分到局属美术公司文物复制厂，贾玉波担任铜器组组长。他刚从粮食局转来文物加工部，就应邀去了中国历史博物馆，参加通史陈列筹展工作，美术公司派贾玉波为历史博物馆复制组总负责人。历史博物馆从全国征集来大批珍贵文物，工作量相当大，由张兰会总负责，原则是从各省调集来的文物，修复后再复制一件，送还原省。他与王德山、杨政填、高英等人共同复制了著名的后母戊大鼎、四羊方尊、龙虎尊、虢季子白盘、大盂鼎、犀牛尊、越王勾践剑、石寨山贮贝器、铜漏壶及陶器、石器等大型珍贵文物数百件。为解决全国文物修复人员奇缺的问题，按文化部文物局要求，他们在紧张的工作之余，还承担了培养人才的重任。对由全国陆续选送来的一批年轻学员，贾先生总是悉心传艺，指导他们在"干中学"，边干边教，手把手的授艺，培养出许多学员，后来大都成了各省的文物修复专家。经贾先生妙手修复和复制的诸多展品，几可乱真，受到当时文化部文物局和馆领导的好评，现在这批器物仍在中国历史博物馆和各省市的博物馆陈列展出。

60年代初，他又应邀参与了中国科学院考古研究所修复、复制大批珍贵文物的工作。1964年应陕西省博物馆之邀，去该馆工作达半年之久。为该馆复制了多件金银器，复制的效果逼真，受到陕西文物界同人的赞许。"文化大革命"期间，他还参加了河北满城汉墓出土的大批珍贵文物的修复工作，受到文博界的好评。

在工作中，贾玉波同志对技术精益求精，对待文物复制品从不马虎从事。早在秦铜车马刚刚出土，二号铜车马正处于内部试验修复制定方案阶段，他前往参观后，面对未见雏形的残车断马，破碎的篷辐毂靷链，便向同行的同志讲，我可以在短期内复制出一套，后来他又先后去陕西看了两次，大概在1983～1984年间，用了不到一年时间复制完成，可以算是全国第一套铜车马复仿品，先在北京有关场馆展出。1986年，在香港文物展览中心展出时，国家文物局外事处处长金枫同志发现后，惊讶地以为是陕西的铜车马运来了。这表明贾老复制技术高超，已到了几可乱真的程度。该铜车马在香港展出期间，被日本有关人士以高价买去。

特种工艺品进出口公司，曾多次批量地向美术公司订购河北满城汉墓、中山国，陕西、甘肃等地出土的成组青铜器，尤其是贾玉波复制的鎏金长信宫灯、错金银博山熏炉、朱雀灯、长乐宫灯、错金银器虎口噬鹿、双翼兽、犀牛尊、铜貘和青铜器马踏飞燕、广汉铜立人等数十种，由于从器型到鎏金、嵌金银、铜锈层做旧等都相当逼真，一直受到客户的好评。在历史博物馆期间他专为国务院复制的青铜器，作为国家领导人赠送来访外国元首的珍贵礼品。

"文化大革命"期间，他从考古研究所以低价购进一套电解铜设备，研究出了用电解铜制作铜模具的技术。后来，他又探索化学镀金银技术改变了沿袭几千年的传统"火镀金"鎏金工艺，取得了一定的成绩。在探索青铜器的化学做旧方面，他又试验出多种方法，多种药液配方，毫无保留地传给了下一代。

如今，贾老师的几个儿子承袭了父业，在文物部门从事文物修复工作，且都取得了可喜的成绩。贾老已是桃李满天下，他的弟子遍布许多省市。我与贾玉波共事五十余载，谈及他对文物事业的贡献，功不可没，我由衷地为他感到高兴。

与恩师朝夕相处的日子

□ 左崇新

我在1959～1964年期间，三次向贾玉波先生学习青铜器修复、复制技术。先生给我上的第一课，就是毫无保留地传授给我怎样观察青铜器锈蚀内在的"本质"，也是技术上最高标准的基础。具体讲，只有对青铜地子、锈层观察透彻，复制出一件青铜器与原物摆放在一起对比，才能达到难辨真假的程度。仅这一点，使我受益匪浅，为我以后从事文物工作40多年打下了坚实的基础。回忆当初与先生朝夕相处的日子，令人终生难忘。

一、有幸三次向贾玉波先生学艺

我开始认识贾先生是在1959年。早在1958年，考古所技术室负责人王先生，为了尽快培养出一批自己的专业技术人员，尽快掌握各类文物的修复技术，派我和王振江、白荣金同志去洛阳学习烧制唐三彩技术。1959年，又派我去北京琉璃厂街的北京市文物商店文物加工部学习。当年这里会集了一批中华人民共和国成立前北平地区专门从事各类文物修复和复制的民间艺人。开始，我被分配在陶器组，学习陶器复制。后来，接触到王德山、杨政填、贾玉波等专搞青铜器复制的几位先生。当时，他们正为筹展中的中国人民革命军事博物馆复制手枪、地雷、红樱枪等一批兵器。在此期间，贾先生手把手向我传授了铁器文物的复制技术。

第二次向贾先生学习，是在1959～1961年期间，刚刚建成的中国历史博物馆开始筹展，全国各地大量的珍贵文物调集北京。同时，贾玉波、王德山、张兰会、杨政填、高英、李庆和等一批著名文物修复专家也会集在故宫午门外西厢房，后来移至新馆内。由张兰会负责，开始修复、复制这批调来的陈列文物。因当时，从各地调集文物的原则是，调来一件，给当地送还一件复制品。所以，我们工作有两大任务，第一修复，第二复制。由于工作量相当大，人手又少，各省市派来一些年轻学员，借此机会边培训、边操作。实践证明，这批学员基本功打得扎实，后来在青铜器锈蚀的辨别、修复、复制等技术方面均成为本省的技术骨干。

第三次，是在1964年，考古所决定向墨西哥赠送一批原始社会的彩陶、商周时期的青铜器、唐代的唐三彩等我国历代出土的珍贵文物复制品。当时我们特邀贾玉波、刘俊声、史忠信、刘增喆等先生来共同完成。我至今仍保留着当年我们共同复制的这批礼品的照片。

二、言传身教，受益匪浅

我求教于贾先生的最深体会是他对技术精益求精，一丝不苟。当初，我年仅19岁，贾先生特别向我讲述，他开始拜王德山老师时，只有十二三岁，王先生对他要求特别严，技术上只是点到为止，全靠自己在实践中琢磨、体会。如老师要他动手复制完成一件铜器时，与真品摆放在一起，从不同角度对比检查，达到真假难以分辨的程度，这才是技术上的最高标准。用这条标准，逼着你去钻研，苦练基本功。贾先生也同样要求我们这些学员趁年轻在学技术中，基本功一定要练扎实、过硬。做每一件复制品，都要以最高标准要求自己。他教我们技术，不是只教我们怎样复制的方法，而是教我们首先如何观察分析所要复制的原器物，观察器物表面的地子、锈蚀的不同层位、锈斑色泽的变化及生成原理。并让我们特别注意每层锈色变化、部位、锈斑大小和轮廓线，都要观察准确，印在脑子里。具体讲到青铜器地子时，他说一件青铜器铸成后经过了一段时间后，表面会形成氧化层，埋入地下上千年，由于埋藏环境不同，地子的润色程度不一样。复制时一定要忠实于原物，对比着做地子色，按观察地子颜色取中，这是铜器的基本色。色做出后，一定要耐心磨光，用玛瑙碾子赶压出铜质感。只有功夫下到，地子色泽效果才会逼真。第二步，做锈层时，将观察的基础色调配好，保留地子部位用泥巴盖上后用牙刷弹色。再根据不同部位的不同锈色，分别做上，需保留底锈的部位盖上泥，然后弹拨第三层锈色。总之，一层层地对照原器色斑、层位、轮廓线细心地做。贾先生就是这样毫无保留地将自己多年积累的实践经验，传授给我。他传授给我的做青铜器锈色，想让我们趁年轻，尽快掌握技术，能独立工作，要求我们在学习阶段，就以最高标准要求自己。复制的每件器物，都能取代真品陈列。他实际是从我国的文物保护事业出发，以这种有效的方法，解决了文物安全之忧，又弘扬了祖国文化瑰宝，对于广大人民群众，同样起到了宣传爱国主义的教育作用。我认为，尽管现代先进的科学技术，已广泛应用于文物保护、修复工作中，但是，对于我国悠久的传统工艺应当加以保护，万万不可丢失。特别是青铜铸造工艺，是我们文明古国悠久的象征，伴随而诞生的传统修复工艺，与各类传统工艺应等同于保护文物一样，写进《中华人民共和国文物保护法》。

对我感受较深的还有一点，贾先生在生活上非常朴素，工作中平易近人，团结同志，上尊师下爱徒。当时，他的师傅王德山、师兄杨政填和高英等人及我们这批学员在一起工作。他对我们从不以专家自居，卖弄自己，在师傅、师兄与学员之间关系处理得十分融洽。对学员抱着就像当年自己学技术的心情，启发引导，让我们尽快掌握技术，能独立操作。生活上，他当时家庭子女多，负担重，但从不影响工作，遵守馆规，每天早来晚归。午饭带的两个窝窝头，就着咸菜喝口开水，然后拼上几个凳子午休，从未计较个人名利与得失。回忆与贾先生相处的日子，确实令人难忘。

草就此篇，感谢恩师授艺之恩。

（作者：中国社会科学院考古研究所研究员）

向恩师学艺琐记

□ 陈新娟

结识贾老，是在首都唯一的汉代地下宫殿——大葆台西汉墓博物馆。那时，我在文物修复研究室工作，贾老被聘请来做顾问，我有幸得到他的亲手指教，论辈排下来，我应是他的关门弟子。与他一起工作了几个月，学到了许多文物修复知识，深为他精湛的技艺和对文物修复事业的酷爱及他朴实无华、默默奉献的人品所打动。

没有结识贾老以前，已耳享了许多关于他的"故事"。诸如他年轻时如何以修复青铜器为掩护，为北平地下党做情报工作；他复制的"文物"被文物局局长转送外国友人后，被海关当成文物扣留而不准出境；等等。如此这般传

贾玉波（左一）为大葆台西汉墓博物馆复制铜车马等文物

奇式的人物，第一次出现在我面前时，竟然是一位极平凡的老人。一件洗得发白的浅色衬衫，配一条普通的蓝布裤子，一头灰白的头发及布满皱纹的脸上已分明写满了沧桑，只是那双充满神采的眼睛及走路的神态，看上去要比实际年龄年轻些。当馆长为我做了介绍后，我甚至忘记了我们之间可曾有过寒暄，只记得贾老回报我一个慈祥的微笑……

贾老径直走进文物修复研究室，便默默地穿起蓝大褂，开始了工作。他亲自动手准备工具、原料，却让我们站在一边，边看他示范，边详细介绍如何翻模子，如何做旧，语气中充满了诚恳，动作中流露着熟练。看着他简单的几道工序之后，刚才还是面粉样的石膏粉，已凝固成我眼前的一尊白马，神气活现地高昂着头，似要跃跃欲试地驰骋千里。紧接着，工作台上又出现了相同大小、相同神态的几匹马，俨然一支威武雄壮的军阵。我问贾老："您怎么像个魔术师啊？"贾老不紧不慢地笑道："这不是魔术，是实实在在的文物复制，现在咱们国家专职从事这行的人也就是200多人，可中国有那么多珍贵文物要修复，以后就全靠你们这些年轻人了。"

不善言辞的贾老一谈起本行就滔滔不绝起来，我听得有些不耐烦了，开始心不在焉起来，忽听贾老对我们说："咱们休息会儿吧。"

趁着贾老到室外休息了，我对同事老曾说："贾师傅出去了，'真'师傅在，咱们试试，看他那几下也没什么深奥的。"我们模仿着开始动手，不想一盆搅拌好的石膏还没灌进模具中，已凝固了，想象中的白马成了垃圾箱里的废物。我不甘示弱地再试，不料石膏又太稀了，久久地不凝固，任我急出一脑门儿的汗，我又失败了。为了掩盖我的无能，我让同事帮忙赶快收拾"现场"。"刚才看他做挺简单呀！"我百思不得其解。"是啊，它就好比是一层窗户纸，一捅就破，没什么复杂的。"贾老微笑着走进屋来。我的脸在发烧，一定是红透了。我恨不得有个地缝钻进去，以解尴尬和窘迫。

贾老并没有看我，边说边收拾被我搞乱的工作台，又说："年轻人，别急，只要有耐心，熟还能生巧呢。"我欲言又止，只在心里默默地感激。

以后的日子里，贾老照旧是边理论边实践地认真教，我因那次教训，再不敢妄自尊大。休息之余，有时与贾老扯些家常，不想我们竟攀上了老乡，这使我们之间又亲近了许多。

贾老在大葆台西汉墓博物馆期间，总要起个大早，从京城东北方向的和平里，辗转几趟车赶到公主坟，再搭班车，才能到达位于京城西南郊的单位。风尘仆仆地穿越繁华的京城，往返路程近百里，这距离的遥远，对于一个70岁左右的老人，如果不是对文物事业的痴迷，为培养年轻的修复人员的责任感，谁又会付出如此的代价？加之当时单位条件艰苦，午餐问题解决不了，又因地处郊外，附近除了空旷的田野，连个像样的饭馆都没有。贾老只好每次身边携一只沉甸甸的饭盒，一路风尘，来回奔波，为着他所执着的事业。

在此期间，贾老帮助大葆台西汉墓博物馆汉车陈列室配展，复制完成了1/5秦陵铜车马一号、二号车各一套及其他青铜器。1990年6月11日至7月11日，为弘扬我国传统的文物修复技术，为文博单位培训更多的修复专业技术人才，北京文物保护协会与北京市大葆台西汉墓博物馆联合举办"文物修复实用技术"培训班，特聘贾玉波为顾问，学员分别来自海淀区文物管理所、石景山区文物管理所、颐和园管理处等，并修复了青铜方鼎、青铜鎏金鼎、铜镜、铜编钟、瓷枕等文物。在结业座谈会上，北京市文物保护协会副会长陈英、赵学勤等同志听取了学员们的学习收获和建议，对培训的成果给予了充分肯定。

1990年9月18日，正值亚运会召开前夕，北京东南角城楼正式对外开放典礼上，北京大葆台西汉墓博物馆的"复仿制文物展览"同时展出，展品为贾老先生及其次子贾文熙先生亲自指导历经半年之久制作的40余件复仿制文物，年代涉及商、西周、西汉、东汉、唐、宋、明、清等各代，内容包括青铜器、陶器、石器、木器等各类及制作精美的秦陵铜车马（1/5），出席开放典礼的北京市原副市长何鲁丽、市人大常委会主任黎兴、北京市博物馆学会理事长陆禹、市政协副主席甘英、国家文物局局长张德勤、北京市文物局原局长王金鲁及古建专家等，参观了展览并对展品作了高度评价。其间还接待了成百上千的各界人士及旅游者，人们深为那精湛的工艺所折服。

展览结束后，我曾登门拜访贾老。走进那间不大的房子，看到陈设简单而普通，一如贾老的为人，透出几分清贫，然而门的上方赫然挂着一块"金石世家"的牌匾，上面金光闪闪的几个大字出自著名古文字学家大康先生手笔，不大的牌匾为小屋增添了难以言表的文化氛围，也是对贾老培养年青一代的充分肯定。几年之中，我曾先后结识了贾老的长子——现在故宫博物院科技部的贾文超；次子贾文熙，现工作在西安市文物保护考古所；任中国文物修复委员会秘书长、现在中国农业博物馆的贾文忠等，他们个个是文物修复的高手，大有青出于蓝之势，唯有那朴实、忠厚与随和及对文物事业的钟爱与贾老相差无几。以后的日子里，我曾因工作变动，以及琐事繁忙，加上距离较远，更确切地说是因惰怠，再没有光顾贾老那间小屋，只是偶尔打打电话，拜托他的孩子们——我的小贾师傅带去问候。贾老几十年如一日从事文物修复工作，为全国各地培养了几十名像我一样年轻的修复人员。现在贾老毕竟年事已高，不能更多地从事具体工作了，但曾有多少国宝级文物在他手中起死回生，有多少"废物"经他的双手变为珍品，我难以说清，而他为祖国培养的人才是无价的财富，他自己是真正的活着的国宝。这样正经地论排下来，我应是贾老的关门弟子。

（作者：大葆台汉墓博物馆）

忆贾玉波师傅

□ 王赴朝

贾玉波师傅和我的师傅（杨政填）在中华人民共和国成立前曾是一起学徒的师兄弟，即拜王德山为师父，学徒修整古董铜器的手艺。王德山曾有过好几个徒弟，贾玉波、杨政填是其中的两个。若论辈分讲，贾玉波应是我的师伯或师叔。中华人民共和国成立后北京市政府成立了北京市美术公司，贾玉波师傅就在该公司铜器组上班，时为该公司的老一辈（包括王德山、王喜瑞等）的专家级职工，并带有年轻徒弟多名，如刘宝同、骆雷、周一杰（女）、金玉蓉（女）、贾文进（贾玉波之五子）等。

我是1975年到中国历史博物馆（现为中国国家博物馆）文物保管部文物修复技术组学习文物修复与文物复制技术的，当时20多岁，杨政填师傅和高英师傅就已在中国历史博物馆工作多年了，他们既是我的师傅又是我的同事。

为了筹备我馆《中国通史陈列》展，需修复大量的各类文物，我馆技术组人手不够，特请来北京市美术公司铜器组全班人马帮助我们工作，其中就有贾玉波师傅。

贾玉波师傅当时50多岁，平易近人、和蔼可亲，总是笑呵呵的，说起话来慢条斯理的，为老师傅们当中最易接近者，在他们那一辈老师傅当中也是"好人缘"，他们老一辈的手艺人脾气个性都很强（这是手艺人的共性），是当时的社会环境和学徒生活造成的。老师傅们一般不轻易表扬徒弟干的活儿，顶多就说几个字，如"还行""行""再找补找补"，这已经就是最好的表扬了！而贾师傅看过之后总是笑着夸奖说："不错不错！"受到夸奖后我们当徒弟的心理特有成就感！有时他干脆把徒弟快干完的活儿拿过来再帮你"找补找补"，这时我们当徒弟的心里特别感激！因为当时学徒有个潜规则，即少问话、多揣摩，少待着、多干活儿，师傅们也不擅说教，你问多了他就烦了，都在一个大屋子里干活，有时干一天活儿下来也听不到几句说话声，听到的就是叮叮当当的錾花声、整形敲打声、磨挫声，所以干手艺活儿讲究的就是一个"悟性、眼力、眼里有活儿"。这是做手艺人的基本素质。

贾师傅没有当师傅的架子，遇到重活轻活和我们年轻人一起干。记得有一次和我一起去美术公司拉陶泥，陶泥是一种像煤一样黑的泥坯，经塑制成器物后晾干，再经焙烧即成灰白色陶器，犹如新石器时代的白陶器文物，我们用它来复制古代的白色陶器文物，我刚见到这东西时甚为惊奇，心想这东西是黑的怎么就变成白的了？陶泥我们还用它来做翻制石膏模时用以围挡石膏浆的围边，以替代油泥围挡（因油泥少，不够用）。陶泥、油泥、胶泥是文物修复与文物复制中常使用的基本材料，少了它这活儿就没法儿干了！当时美术公司就有这东西，遂与贾师傅去公司拉，我蹬着馆里的三轮平板车在后，贾师傅骑车在前带路。（当时北京城里是没有什么快递业务货运公司的，像这种小活儿都得自己干，当时北京城里蹬的三轮平板车拉货的很多，戏称"板爷"，记得以前《北京晚报》曾登过一篇文章叫《板爷黄傻子》，说的就是黄傻子怎么做"好人"的事迹。）当时蹬三轮平板车在长安街上跑是很平常的事，我们做小徒弟的都常当"板爷"，但现在可不行了，城管人员会认为你是收废品的，将你"驱逐出境"。

由长安街去美术公司这道儿可不算近，美术公司在东直门内北小街的一个胡同里，到公司后找人、出料、装车、出场门一路"绿灯"，免去了厂长批条子、总务出票子、财务买单子等手续，享受了一次 VIP 待遇。贾师傅在公司真可谓有面子、"好人缘"，所以有他在时想办什么事都方便，大家都敬重他。

在运回馆里的路上，因我们俩当时都穿着深蓝色老式的劳动布工作服（这在当时很普遍，面料有些像现代的牛仔服，那时可没见过牛仔服是什么样儿的），又拉着一车黑泥（像刚和好的煤泥），路人见之曰："嗨！二位师傅是摇煤球的吧！怎么着？上我家院来摇一车？"他把我们俩当成摇煤球的送煤工了（那时送煤工常蹬三轮平板车满胡同串着给各家摇煤球，送煤球和蜂窝煤）。我不悦地回他道："你这儿泥、煤都不分，摇你个头啊！"遂与师傅远去。回到博物馆后，武警门卫又把我们俩当成摇煤球的了（那时技术组也请过工人来摇过煤球，生煤球炉子烧烙铁，焊活儿修铜器用），不让进去，后来技术组组长王玉兰来接，这才进去了。

那时贾师傅岁数也挺大了，仍不辞辛苦地和我们小伙子一起干，他的敬业精神令人敬佩！

贾师傅是1975～1981年期间和我们在中国历史博物馆一起工作的，我和他相处时间也不算短，使我受益匪浅。老师傅们当中技术各有特长，如：杨政填师傅錾活儿最好，每每錾出花纹来甚是精美漂亮；高英师傅干的活儿精细入微，铁器复制做色惟妙惟肖，把原件与复制品放在一起比对极为相似，令人瞠目惊奇；王德山老师傅更是技高一筹，竟用烟灰香灰来做旧，这是谁也想不到的，后来我们竟也学着用尘土、脏泥、灰土等做脏旧，效果极好；王喜瑞师傅在陶器复制品做色上也有一招，竟揩自己脸上、鼻头儿上出的油往陶器上抹之、揉之、蹭之，使其"变"为"熟坑"传世的把玩之物，真叫一绝。使我们感悟到，干活儿中是"窍门满地跑，看你找不找"。如找到了，则豁然开朗也！真是"八仙过海，各显神通"！感到师傅们的手艺功底深厚。

贾师傅则是干啥活儿都成，翻模、铸造、修胎、錾刻、焊接；陶器、铁器、铜器、石器活儿等都能干，真可谓"来者不拒"。看师傅们干活儿，真是惊奇不断、目不暇接，技艺大长呀！

贾师傅给人的印象是平日里老是穿着一身"中山装"，就是70年代至80代满大街人普遍常穿的那种，深蓝色平纹布、上衣四个兜、左上兜插一支钢笔的那种老式服装，多年不曾改，有时还戴个帽子，当摘下帽子时露出灰白色的向后背的头发时，特有风度！彰显老师傅、老专家本色。面容和善，言语不多，时而抽支烟（老师傅们可能都抽烟），后来我们当徒弟的把这"手艺"也学来了，也许是用烟灰儿能做旧用的缘故吧。

贾师傅爱吃饺子，那时候都兴上班带午饭，人人都带个铝饭盒或不锈钢的。贾师傅的饭盒里带的是饺子，今天是饺子，明天是饺子，天天是饺子，他人羡慕不已，说他老伴真好，天天给他包饺子吃，那时候是用粮票和各种票证的时代，吃顿饺子就像是过年了。

贾师傅爱吃饺子，那时候我们不理解，他老吃这个也不腻呀？现在我理解了，师傅当时是年岁大了，肠胃功能减弱，牙口不好，吃点稀软的饭菜肚子里舒服，我现在就是这样，也常想着吃点稀软饭菜肚子里才舒服！看来贾师傅真是有福气，天天像过年。

贾师傅在中国历史博物馆工作期间，修复了很多文物，如后母戊大方鼎、虢季子白盘、越王勾践剑、大盂鼎、四羊方尊、秦兵马俑等。曾参加修复过河北满城汉墓、殷墟妇好墓、大葆台西汉墓出土的文物修复工作，前后20年间参与为《中国通史陈列》展修复与复制文物的工作，等等。真可谓一生都为了国家的文物修复事业兢兢业业。

至今我们仍想念和他在一起干活时的快乐时光！

贾玉波师傅于2000年2月10日在北京逝世，享年77岁。

贾玉波师傅遗体告别仪式是2000年2月14日在北京第六医院举行的，我们都前去向他悼念告别了。

贾玉波师傅，安息吧！我们永远怀念您！

2019年10月19日忆

（作者：中国国家博物馆研究馆员，青铜器修复专家）

记父亲的几件往事

□ 贾文珊

从我记事时起,大哥、二哥少小离家,在我们贾氏兄弟中,我在家中居住的时间最久。父亲中华人民共和国成立前后的一些古玩界朋友,经常来家做客,在客人与父亲的闲谈中,断断续续的我了解到了一些有关父亲的片段往事,后来也先后目睹了父亲在六七十年代所经历的一些事情,将其记述如下。

一、少小跻身古玩行

家父出生在河北束鹿辛集赵古营村的一个普通农民家庭。我的爷爷贾献瑞在村族中威望很高,被村民们推举为抗日村长。日伪时期,他经常带领全村老少与敌人周旋,掩护八路军武工队员,打击敌伪军、特务,在村民和党的地下组织中德高望重。家父自幼在家务农,念私塾读到高小,时年13岁。当时,一直做古铜器买卖的"通古斋"掌柜乔友声,回乡访亲时,

贾献瑞

将父亲带到北平学徒做古玩生意。"通古斋"原为"尊古斋",由黄兴甫家祖孙三代经营了60年。始由清末举子黄兴甫创办,后交于侄黄溶(字伯川)经营。黄伯川人称黄百万,早年就读于同文馆,后进入北京大学,通晓德、英、法三国语言,是琉璃厂中新派古玩商的代表。他因经手倒卖孙殿英盗东陵的国宝,发了洋财,因此声名远扬。由于国民党政界的压力,他隐退出古玩界,将店名

改为"通古斋"。后由徒弟乔友声任掌柜，实则还是黄家的基业。"通古斋"店铺后，即是"黄家大院"和花园（我在后文中还要讲到黄家大院的事）。乔友声常年与古铜器打交道，买进卖出，收购来破残的古铜器就送到王德山的古铜铺去修。由于生意上的往来，乔友声便将父亲引荐在王德山门下，拜他为师。当时讲究，学到一门手艺，可以吃一辈子的传统观念。这样，父亲从13岁开始跻身古玩界。

乔友声

旧社会学徒可是个苦差事。开始，师傅根本不叫你接触技术活，俗话说："师傅领进门，修行在个人。"一开头全是给师娘干家务杂活，抱孩子、倒痰盂、洗碗等。起最早，睡最晚，反正是伺候老板一家人和师兄们安睡后，自己才能休息。父亲只有抱孩子时才有机会偷看师兄怎么干活，暗记在心里。有时由于偷学技术误了家务活，常常遭到打骂，有一次脑门都被打出一个青包。父亲哭着跑回到"通古斋"，哭闹着死活不回去。乔友声和肆文堂书店掌柜张连仲拉着父亲一同找到王德山，碍于人情面子，王德山便开始让父亲跟师兄搭下手学干技术活。

二、从修复角度鉴定

家父的文物修复手艺在修复界被公认是个多面手，他不光是修复手艺高而且与众不同，鎏金银、镶嵌金银、翻模、铸造、錾刻、做旧等样样精通。干的活多了，接触的器物多了，一般器物的真伪、年代都打不住眼，一看便能说个头头道道。父亲说："在旧社会，为了生存，多学一些手艺，艺不压身；修复是鉴定基础的一个方面，相当重要的一个方面，修复能看到器物本质的东西，不搞修复的人很难看到这一层。"记得孩提时，我在课余时间常去中国历史博物馆找父亲，他在工间休息时，领我在展厅中转着指点着哪件是原物，哪件是复制品，并逐件给我讲，从锈色纹饰、铭文字口等多角度的细微之处如何辨别真伪。从那时起，我特别佩服父亲的高超鉴别力。后来，我多次见到父亲的朋友登门请教，偶有拿件从古玩摊买来的器物，请父亲给看看，父亲均能从器物的真伪、年代、名称和用途，讲得头头是道。

三、积累拓本资料

"文化大革命"前，我家唯一像样的家具就是在墙角立着的一件楠木大立柜，样子很破旧。这不起眼的破立柜中，还真藏着"宝"。大半个柜子都存放的是父亲的半生"心血"。当时，我年幼，根本看不懂那叠摞着一包包、一捆捆的纸片是干啥用的，只见父亲经常取出把一包一捆的纸片解开，摊在桌面上，对比着端详。我凑上看时，只见有些已发黄的宣纸片片，全是墨印上去的，墨黑乎乎地一片儿，黑墨间露出花纹道道。父亲不许我们动他这些东西。后来，还是母亲给我讲："这叫拓片，是你父亲修过的青铜器，蘸着墨将花纹拓印下来。"以后我才懂得这叫积累资料。父亲从学徒起，师傅就将传拓技术传给他。当年，对文物断代、辨别真伪的书籍很少，所以，只能在"干中学"，多积累资料，每件器物的纹饰修好后将其拓下来，供以后修复和复制时对比着参考。从一片片巴掌大的拓片中领悟出许多师傅没有教的东西，可谓"师傅领进门，修行在个人"。听父亲讲，他年轻时曾与师兄结伴，夏季去荒野郊庙拓碑，带上一卷凉席、一条床单和几天的干粮，生活条件特别艰苦。在父亲保存的拓片中也有一些碑帖，就是那时拓的。可惜，"文化大革命"期间，母亲原在街道居委会任治保委员，街道上刚传达了"破四旧"的通知，回家后，她就和我一起把柜中父亲的拓片一把火统统给烧了，记得还有一些成匣的《红楼梦》等线装古书。待父亲下班回家得知后，难受了好几天，柜子也被骡马市口的旧家具店给了30元钱拉走了。

四、图片资料的积存

父亲学徒的年代,正是帝国主义列强侵略中国、中国的文化遗产被大肆掠夺的年代。古玩商的洋庄生意兴隆,由于出土铜器大多有毛病,父亲只知道给人家修活,从不过问来龙去脉。一些流传后世的珍贵文物都是经他们的手修复的。父亲他们从学徒时起,凡修好的铜器都留照片资料,每修完一件就请照相铺的人来拍成照片,大件珍贵的单独拍,为了省钱,一般鼎、爵、鬲等器物摞起来几件拍一张,从20年代至40年代共有上千张之多。这是我家唯一珍藏下来的父亲从旧社会带来的东西,至今玻璃底版还有300余张。50年代,他曾让考古界专家陈梦家先生挑选了一部分底版,约有600张。经陈先生考证后有些编印在《美帝国主义劫掠我国殷周青铜器集录》图集中。照片中的器物大部分流散到西欧的英、法等国,有一部分现在一些西方国家博物馆中展出。美国弗利尔美术馆出版的《馆藏中国青铜器录》中,有很多件能与我家收藏的旧照片底版相符。我家珍藏的是当年的原始照片。

五、大铜钟的故事

王德山生前,父亲年年都给他拜年。80年代中期,一次我陪父亲去先农坛南门附近的一座简易楼,给老先生拜年。老人已病卧床榻,见我们来了,半坐起来与父亲相互问候后,拉起师徒往昔情话,提起了一些往事。我随便插了一句话,问:"王老您一生见过最大的青铜器有多大?"老人略加思索眼中闪着兴奋之光,说:"一组八件的特大型编钟,那是40年代的事,记不准了,我和你爸爸、杨师兄(正填)都见到过。当时,北京最有钱的古玩商黄伯川,因转卖孙殿英盗东陵的国宝,而被阎锡山治罪入狱三年,出狱后将古玩店转让给徒弟乔友声经营。一天,乔掌柜来找我说有一批'铜活'需除锈,活要得急,师徒都去连夜干完,将我们从后门领进黄家大院。见到院中有几个大木箱,当打开木箱,我们见到好像是河南'彰德府'出土的八件青铜大编钟,带着墓土的潮湿气味。最大的一件直径和高度有八仙桌那么大，相当大，桌面宽径和高度在 1 米左右。其实，这批编钟锈蚀并不严重，我们只将内外附着的墓土清除了一遍，又让我们将其装进木箱。后来听说他们是从河南某地从盗墓人手中买来，连夜又运往了上海，卖给了上海禹贡古玩店老板叶叔重，行里人叫他'叶三'。古玩界人都知道，初时，上海人吴启周与美籍华人卢芹斋在美国合办了一家古玩铺'吴卢公司'，因吴年事已高，便由其外甥叶叔重做了掌柜。吴卢公司起源于法国巴黎，第一次世界大战后迁到美国纽约的东五十七条街。卢芹斋是浙江吴兴人，他经营中国文物 50 余年，商周青铜器可能有千余件。陈梦家先生编著的《美帝国主义劫掠我国殷周铜器集录》一书中，就记载着经他手买卖的竟多达 312 件。民国时期流失美国的青铜器大部分是叶三倒卖出去的。在我们给'通古斋'除锈处理后，运往上海的八件大编钟，不久被古玩界传说，叶三将国内收集的一大批国宝在上海装船，在运往美国途中海上遇难沉船，估计这八件大编钟也在船上，后代人再也未见到这组大编钟。古玩界也流传叶三'盗宝船'之谜一说。叶三在中华人民共和国成立后被上海市人民政府镇压了。"

六、去西安碑林复制金银器

记得在 60 年代，大概是 1963 年，父亲离家几个月，听母亲说，坐火车去很远的地方"出差了"。虽然当时我并不理解什么是"出差"，只知道是去很远的地方给别人干活，晚上回不了家，却想不通父亲晚上在哪睡觉。后来，我长大后想起当初的想法挺可笑。我记得，父亲去了很长时间才回来，我问他去了哪，才知道去了陕西，应陕西省博物馆之邀，为该馆复制了几件鎏金盘和其他金银器物。

七、毛主席像模具之源

"文化大革命"开始，文物成了"四旧"，文物工作者有的忙于搞阶级斗争,有的闲下来无事可做,有的挨批斗。父亲他们忙得一天也没闲着。当时"全国山河一片红",毛主席像被请进千家万户,墙上挂着,堂桌上供着,每人胸前佩戴着,机关单位门前广场上站立着。北京自然成为毛主席标准像的"发源地"。听说,雕塑家们创作的毛主席像都要经中央有关部门审查通过后,方可批量翻制。父亲从中国历史博物馆回到北京市文化局美术公司,又忙于主席像模具的翻制。他们生产的主席像大多是由雕塑家张松鹤教授("文化大革命"后期调入中央美术学院)创作的。父亲配合他们翻制模具。因为全国各地都在制作主席像,来京定做标准像和模具的踏破门槛,父亲他们有时还要加班。大型塑像翻成石膏模具不必说了。50厘米以下的小型塑像,为了翻制方便和不易走型,父亲找了几本有关塑料制品的技术书,参照其中的材料配方和设备情况,自己摸索着调整配料的软硬和耐老化程度,又到北京的几家塑料玩具厂考察,购置和动手改造了几台简易设备,成功地试验出适合主席像模具制作的一套工艺。他还将文物复制中的技法、应用制作在搪塑模具上。如将芯型以铅锡合金铸型,再以錾刻技术修刻型芯,低熔点合金型芯在烘箱中加温易于涮沾塑料配料糊,烘烤成型快。后来,他又试着做出电解铜模,以此模制成夜光主席像。

当年,我本该进入中学了,但学校正处于停课闹革命高潮,我年龄小父母不让出去"串联",在家中无事可做,父亲便经常带我去上班,看他翻制石膏像模。有时去雕塑室看张松鹤等人雕塑主席像。我围着张松鹤的雕塑转,看他正在雕塑一尊一米多高的斯大林像,旁边还有一尊毛主席穿着大衣的站立像,似为两位伟人并立的像。有时他凝神雕塑一会,又离开雕塑台远点不同角度端详一阵,然后再回到雕塑台前。有时向泥像喷些水,每天下班前又用塑料布围罩起来。这间雕塑室挺大,还有父亲的一些同事,也在创作不同的毛主席像。那时,父亲他们还常常到一些大专院校和党政机关去塑造大型水泥毛主席像。在我的记忆里父亲第二次出远门"出差"是1967年,去了湖南。回来后他讲,与广东美术学院等单位的艺术家合作,为韶山塑建了一座大型"毛主席去安源"的塑像。

贾玉波同志逝世

新中国第一代文物修复工作者贾玉波同志因病医治无效，于2000年2月10日在北京逝世，享年77岁。

贾玉波1923年12月17日生于河北省束鹿县，13岁到北京琉璃厂学徒修复古代青铜器，40年代出师自立修复过许多商周青铜器。1947年参加革命，在琉璃厂以修复文物为掩护，为华北局城工部作地下情报工作，为北京的和平解放做出了贡献，北京解放初期进北京市军管会工作。1959年为筹建中国历史博物馆调入北京市美术公司从事文物修复工作，前后20年间参与为《中国通史》陈列修复、复制文物工作，修复了大量国宝如司母戊方鼎、大盂鼎、虢季子白盘、秦兵马俑、四羊方尊、越王勾践剑等，曾参与过修复河北满城汉墓、殷墟妇好墓、大葆台西汉墓出土文物的修复工作。

贾玉波几十年来兢兢业业，文物修复、复制技术高超并有所创新，他毫无保留地将修复技术传给后人，为国家培养了大量技术骨干。为适应改革开放，传播中国文化，他复制过大批中国文物到世界各国展出，如：陕西秦始皇陵出土铜车马，甘肃武威出土马踏飞燕，满城汉墓出土的鎏金长信宫灯、错金银博山熏炉、战国中山王墓出土错金银噬鹿、陕西出土犀牛尊等，深受各界好评。

80年代初贾玉波退休后还为中国革命军事博物馆古代兵器馆、中国农业博物馆农史馆及北京大堡台西汉墓博物馆等及各地文博单位修复、复制了大批文物及陈列品。

原载于《中国文物报》2000年2月20日

贾玉波（前排右五）出席北京市文物局举办的青铜器培训班结业式

贾玉波（左二）出席北京市文物局举办的青铜器培训班结业式

贾玉波（后排右四）参加北京市文物局组织文物科技专家考察延庆工作照

贾玉波（前排右一）参加北京市文物局组织文物科技专家考察延庆文物工作照

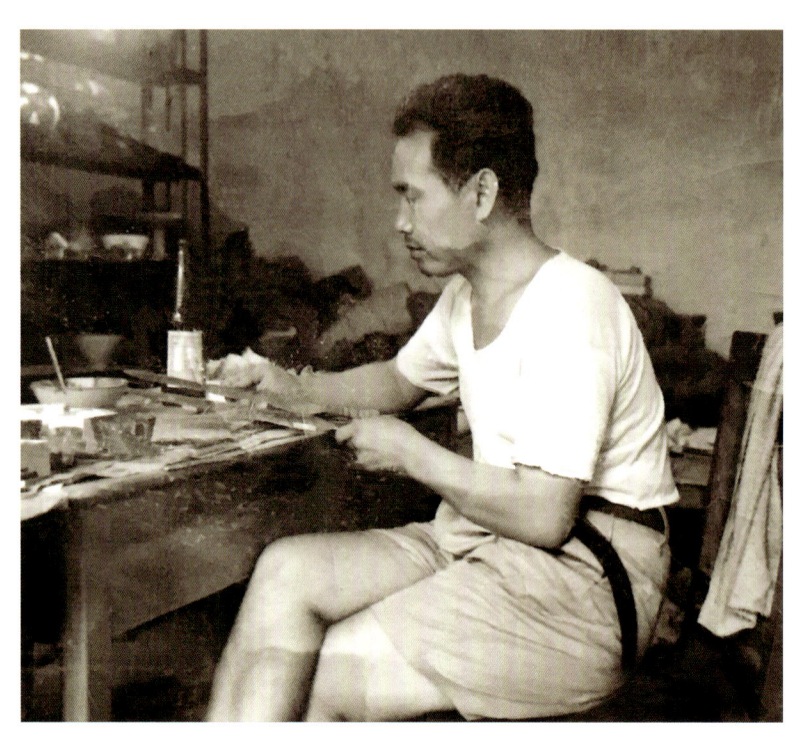

贾玉波修复青铜剑

贾玉波在工作室修复文物

贾玉波修复秦俑头像

贾玉波复制青铜器

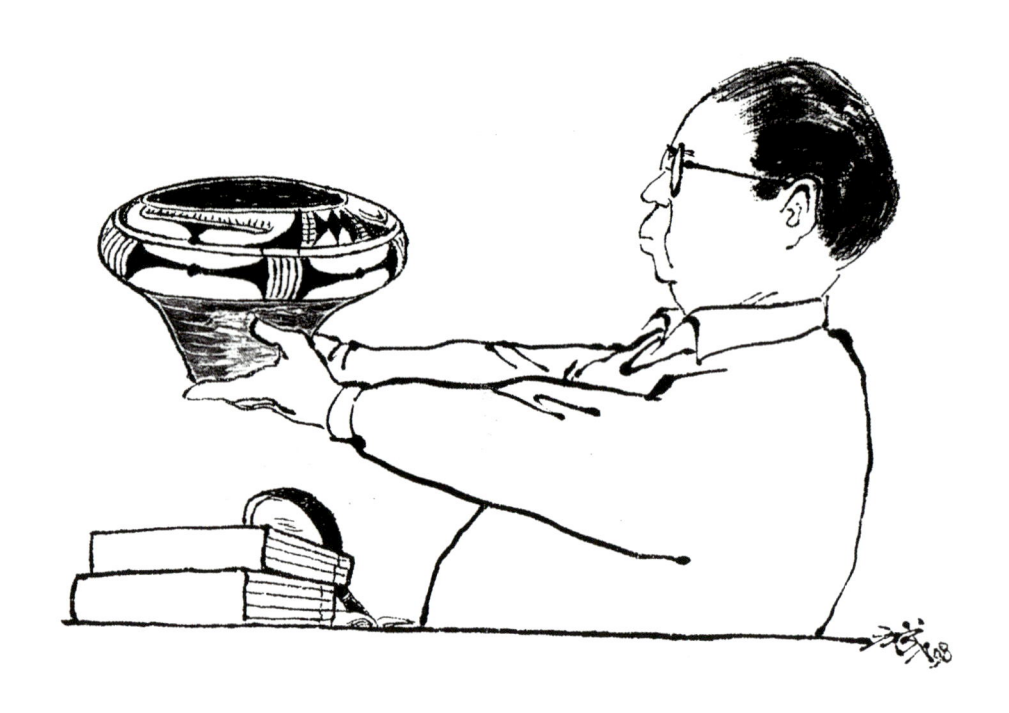

贾玉波修复文物图　方成画

贾氏五兄弟

贾文超

贾文超

贾文超是贾氏五兄弟中的老大,生于1948年。故宫博物院副研究馆员、中国文物学会文物修复专业委员会理事、文物修复专家委员会委员、中国博物馆学会会员、北京市文物保护学会会员。

1966年,贾文超到父亲的单位学习文物修复技术。1968年,贾文超到河北保定一家工艺厂上班。1974年初,调到北京市园林局,当砖瓦工。1979年初,调入故宫博物院,在工程队工作。工作两年后,经故宫博物院青铜器鉴定专家王文昶和故宫博物院陶瓷鉴定专家耿宝昌的推荐,院领导批准贾文超到故宫博物院文物修复厂工作。

为了进一步提高修复技术,他拜赵振茂先生为师。在父亲的影响下和师傅的悉心传教下,他一步步成为文物修复专家。在几十年的岁月中,他参加了故宫东南角楼的鎏金和钦安殿宝顶的镀金工作,为英国复制青铜器的任务。他参与修复了重要的文物一、二级品百件之多,如山东大方铜镜"汉代镜王"、江西新干大洋洲出土的青铜器数十件、司母辛方鼎、春秋楚国升鼎、贵州连枝灯、河北青铜马、山字器、内蒙古铜腹、金杯、鹰形金冠饰、淄博鎏金银盘、河南仰韶文化彩陶双连壶、敦煌文物等，还有铜镜、铜剑等三级以上珍贵文物四五百件之多。经他修复过的文物，由于手艺高超和精致，几乎看不到修的痕迹，多件到其他国家和地区展出，如美、英、法、日、德、新加坡及中国香港等。

他为故宫和全国各地博物馆修复的文物，常常得到领导和专家的好评。多年的工作中，他带了很多学生，并为北京大学资源文物学院、东方大学、国家文物局、中国文物协会举办培训班等授课，许多人已经成了文博单位的工作骨干。

故宫博物院2006年通过贾文超的青铜器修复传承影像录制与工作总结申报"青铜器修复及复制技艺"，被国务院公布为国家级非物质文化遗产。

文物修复工作

1988年10月1日　中国文物报

记青铜珍品马踏飞燕的修复

赵振茂　贾文超

名扬中外的青铜工艺珍品、汉代的马踏飞燕，曾被称为"铜奔马"、"马超云雀"等。它的侧视图像还被确定为我国旅游标志。这件东汉青铜雕塑，是我于1971年夏天修复的。

它是1969年在甘肃省武威县雷台汉墓出土的，由省博物馆派专人送故宫博物院修复。同时送来修的一批文物还有铜车马、骑马俑及铜俑约20余件。它们都是同一个墓坑出土的。每件文物或多或少有断裂及残缺不全。因为展出的需要，时间紧，多没有翻模铸造，只做上了青铜锈色。有几件铜马、铜俑腹内都是空的。原件都不大，均只有六或七毫米厚度。

这件马踏飞燕，充分体现了老祖先们高超的铸造技术，马身高34厘米，身长44.5厘米，宽13厘米。它别致极了，三足腾空，以一足踏着飞燕着地。把一个躯体庞大的马踏在一只正在疾驰的小燕背上，小燕子吃惊的回过头来观望。天马行空，多么大胆的构思，浪漫的手法。造成了惊心动魄之感。它是那样的新颖、奇妙，让人叫绝，引人入胜。

它送来修复时，腹内铸造时的泥子早已掏出了。因为泥子在腹内器物不能站立着，古人把泥子掏出来后，它才可以站立了。这里充分显示了古人的聪明智慧。

另外有几件四腿着地，拉车的和骑着武士的铜马腹内泥子未掏出。当时修复时，本想掏出，这样拿着轻多了，正掏着一件铜马的一半泥子时，掏出了熟铁打的铁棍，所以其它的铜马的内模泥子就未掏。

这件铜奔马造型奇特，但残缺不全。马的颈脖部有1公分平面大小的洞孔数个，马头及尾巴上几绺鬃毛掉下，奔马的三个马蹄心朝上空着。修复时，将马头和尾巴上掉下的几绺鬃毛断处，使用小喷灯烤亮，用400度的红铜电铬铁焊接。有断铜的接碴处抹上熟盐酸。电铬铁加热后，使用六成的焊锡起焊，使焊锡咬住铜，马头上和尾巴上的鬃毛焊接后很结实。

修复奔马的颈部数孔也是这样。先将孔边缘打磨亮，见新铜。用电铬铁先镀上锡，电铬铁热镀时将孔边上和锡焊接住了。数个孔都这样焊补严实了。锡焊完工后在清水里浸泡几个小时，防盐酸腐蚀。用木锉小刻刀把焊锡刻平再用沙纸磨光，与原物接上碴。然后将氯化铵和硫酸铜、铝粉用白酒调均浸泡，20多个小时后涂抹锡焊处，这样把铜焊处咬成旧色了，再用清水刷洗干净后，做与奔马同样的地子和锈色。

做旧，首先用漆片300克，装在玻璃瓶里，倒入250克酒精，泡24小时，就成了漆汁。用漆汁调立德粉与黄土细粉的稠泥，填抹焊锡的缝隙处抹平，干燥后，用刻刀和沙纸细磨平。做地子和锈，也是用漆汁调砂绿、立德粉、石黄、章丹红、群青、黑烟子、红土子、珠砂、细黄土粉等矿石颜料。这些颜料，可以调出古代铜器上的各种地子及锈色。铜奔马的地子比较少，颜色差不多都是兰绿深浅的旧色。把鬃毛焊接处及小孔处全部做上原物色地子，然后用细黄土粉，对进清水调成浆稠状，用牙刷沾泥喷拨在做的地子处。锈多的地方少喷泥，需要锈少的地方多喷泥。泥干后，用漆汁调与原物一样的砂绿，少放点石黄、立德粉，加些细的黄土粉的泥充当锈喷在泥上。待干后用水刷绿，将原物的泥点刷湿，漆汁调的锈挂不了。湿了与原物的锈不一样，发白些，干后就一样了。再用毛笔沾点漆汁调颜料做之。便做的与原件一致了。

后来，我看奔马的三个马蹄空着，这样展着，这样展出时不雅观，就用漆汁调合土对章丹红，好似铸模一样填满，经修饰与原件的铸模泥子便一样了。

这件奔马经过人的精心修复后在全国出土文物展览时期，中外人士都高兴的称赞，中国不愧是历史悠久的文明古国，中国的祖先就是伟大。

贾文超执笔，师傅赵振茂口述，修复著名国宝马踏飞燕过程

贾文超（左一）与师傅赵振茂

贾文超参与修复的江西新干出土商代卧虎柱足大方鼎（修复前、后）

赵振茂指导贾文超（左一）为中国社会科学院考古研究所修复商代司母辛铜方鼎

商代司母辛方鼎修复前、后

商代伏鸟双尾青铜虎（修复前）

商代伏鸟双尾青铜虎（修复后）

贾文超修复江西新干大洋洲墓出土商代伏鸟双尾青铜虎工作照

贾文超修复江西新干
大洋州出土商代铜鼎

贾文超修复河南三门峡出土西周青铜器工作照

贾文超参与修复西汉矩形龙纹大铜镜 　　　　　铜镜拓片

赵振茂指导贾文超复制西汉矩形龙纹大铜镜
（左起：贾文超、赵振茂、吕团结、毕思良）

　　西汉齐王墓发掘出土的矩形龙纹大铜镜，长115.1厘米，宽57.7厘米，厚1.2厘米，重56.5千克。背部有五个环形弦纹钮，饰有龙纹图案，形象生动，神采飞扬。如此大的铜镜，在世上绝无仅有，堪称铜镜之王，现藏于淄博市博物馆。

河南上蔡郭庄楚墓出土的升鼎（修复前）

贾文超修复河南上蔡郭庄楚墓出土的升鼎（修复后）

贾文超修复文物工作照

故宫东南角楼金顶鎏金（修复前）

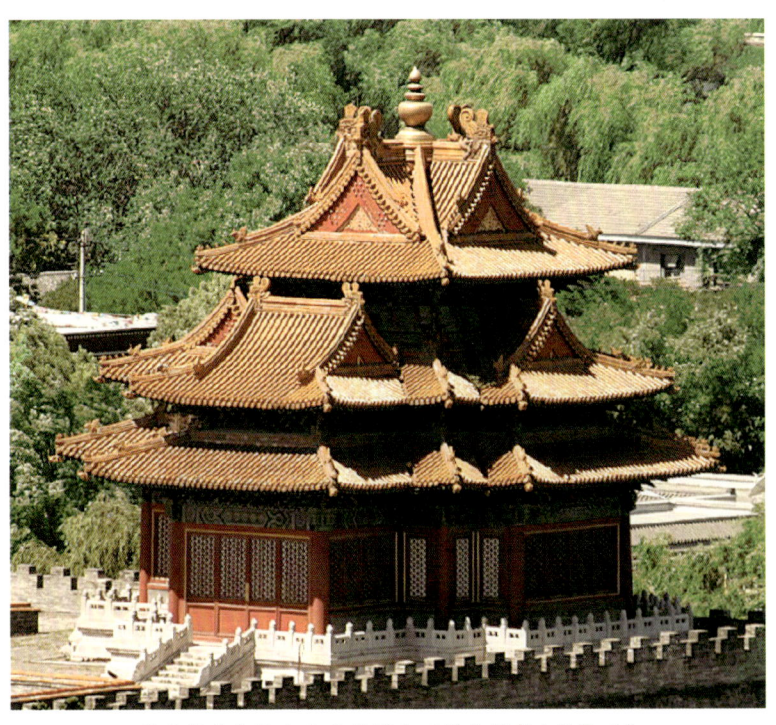

贾文超参与故宫东南角楼金顶鎏金修复（修复后）

贾文超参与修复故宫钦安殿宝顶鎏金

贾文超参与修复故宫钦安殿宝顶鎏金

故宫钦安殿宝顶修复施工现场

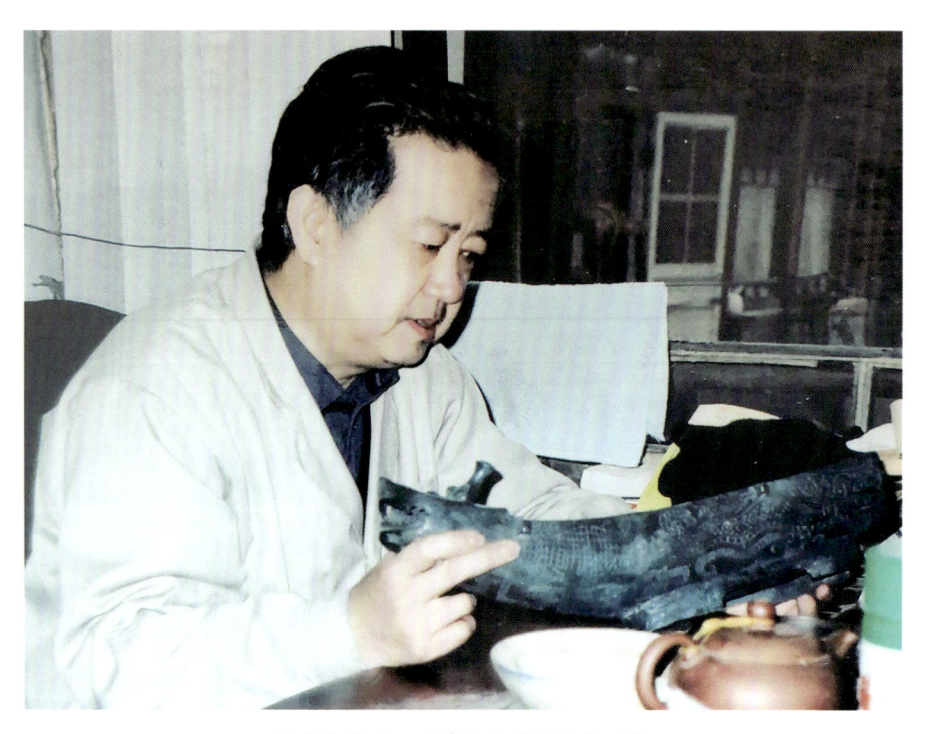

贾文超复制山西博物院藏商代龙形觥

贾文超修复江西新干大洋洲出土商代铜镈（修复前、后）

贾文超修复青铜鼎（一）

贾文超修复青铜鼎（二）

贾文超修复青铜鼎（三）

贾文超修复新石器时代双耳双口红陶壶

1987年内蒙古博物馆建馆三十周年，出版图录《内蒙古历史文物》，封面为贾文超修复整形的战国鹰形金冠饰

贾文超修复战国铜联罐

贾文超复制汉代中阳铜漏

贾文超修复北魏双耳铜釜

贾文超修复青花瓷罐

贾文超为中医博物馆复制清代
锡壶（右侧：复制品）

贾文超为中医博物馆复制清代锡制熏眼器
（右侧：复制品）

故宫藏清乾隆瓷班簋(修复前一)

故宫藏清乾隆瓷班簋(修复前二)

贾文超修复的故宫藏清乾隆瓷班簋(修复后)

山东齐国故城出土汉代铜方炉（修复前）

贾文超修复的山东齐国故城出土汉代铜方炉（修复后）

贾文熙

贾文熙是贾氏五兄弟中的老二，生于1950年。大专毕业，从事文博工作40余年。1968年离京去陕西，早年在西安文物保护考古研究院，从事文物修复保护与考古现场技术起取保护工作。20世纪90年代初，应邀参与全国重大考古发现，河南三门峡虢国西周墓地、平顶山应国西周墓地发掘现场出土文物的抢救性修复与培训学员教学工作近三年。2002年6月内退返京，次年应聘首都博物馆技术部专家工作至今。十余年修复与技术性保护处理上展金石杂项类文物数百件，其中一、二级珍贵文物近百件。

贾文熙

贾文熙为国内外多家文博单位复制过数百件文物。为西安中国书法艺术博物馆筹展复制文物数件，如西周青铜器何尊、史墙盘，秦石鼓，汉代朱书陶瓶、秦汉瓦当、汉建章宫脊饰等。为中国古代科技展复制文物展品，在美、英、日等多国展出。其中有赵州桥模型、汉代计时铜滴漏壶、西汉天文帛画、商代干支甲骨等十余件文物。1985～1986年期间，为中国农业博物馆"中国农业史"筹展修复、复制石器、骨器、陶器、铜器、铁器文物数十件。

应邀参与西安交通大学文物考古研究中心与陕西考古所联合复制的多套仿秦始皇陵出土原大铜车马，主要为其彩绘做旧。其中一套二号车为上海博物馆定制，在上海博物馆展出后受到好评。其后为中国人民革命军事博物馆定制一、二号车各一套。另制一套一号车赠送台湾交通大学珍藏。

曾任中国文物学会理事，文物修复委员会常务理事、专家组成员。中国收藏家协会专家委员，陕西省收藏家协会理事，青铜艺术委员会副主任，中华民间藏品鉴定委员会专家委员，中华收藏家鉴定委员会专家，中国文化促进会文物传播专业委员会副会长等职。

2003年以来在多所大专院校兼任文博专业研究生、本科生的"历代铜器鉴定与辨伪""文物保护修复技术"课程的教学工作。其中，曾任首都师范大学历史考古学院研究生导师，中国社会科学院研究生院续教学院"考古与鉴定"硕研班客座教授，北京联合大学应用文理学院历史系、北京电影学院（黄岛校区）现代创意媒体学院、北大资源文物学院，北科文物艺术品学院、北京城市学院、北京东方大学文物学院等多所大学客座教授，讲授专业课程。

曾任国家人社部指导就业中心，文化部人才中心的鉴定师资质、艺术品评估人才培训专家。20世纪90年代以来，多次应邀在北京老首都博物馆、大葆台西汉墓博物馆在河南新乡、三门峡、西北大学、北京农业展览馆等地举办的文物保护技术培训班上向来自全国文博系统数百名学员讲授文物保护修复技术。

近十余年来应邀在中央电视台《鉴宝》《我有传家宝》，广东电视台《岭南鉴宝》，云南电视台《斗宝》，北京电视台《财高八斗》，河南电视台《一拍即合》《华豫之门》栏目中担任鉴宝专家，参与做客山东电视台、安徽电视台等十多个地市电视台的鉴宝专题节目。应邀在中国30余个城市参加"鉴宝"活动，鉴定藏品上万件。

曾任《中国文物通讯》执行主编，负责编辑出版了《中国文物通讯》《中国文物修复通讯》两刊共近30期。曾任《城乡生活报》《铁道旅行报》特邀记者。现任西安交通大学主办《人类文化遗产保护》刊物副主编，负责组稿、约稿、审稿工作。历年来撰写的考古、文博方面文稿百余篇，分别在《中国文物报》《中国博物馆》《文物保护与考古科学》《文物修复研究》《文物工作》《艺术品鉴赏》《收藏》《东方收藏》《收藏快报》《人类文化遗产保护》《西安晚报》《三秦都市报》等刊物刊载。共出版文物鉴定与修复类著作7部。

文物修复工作

贾文熙在三门峡虢国墓地指导修复工作（左二）

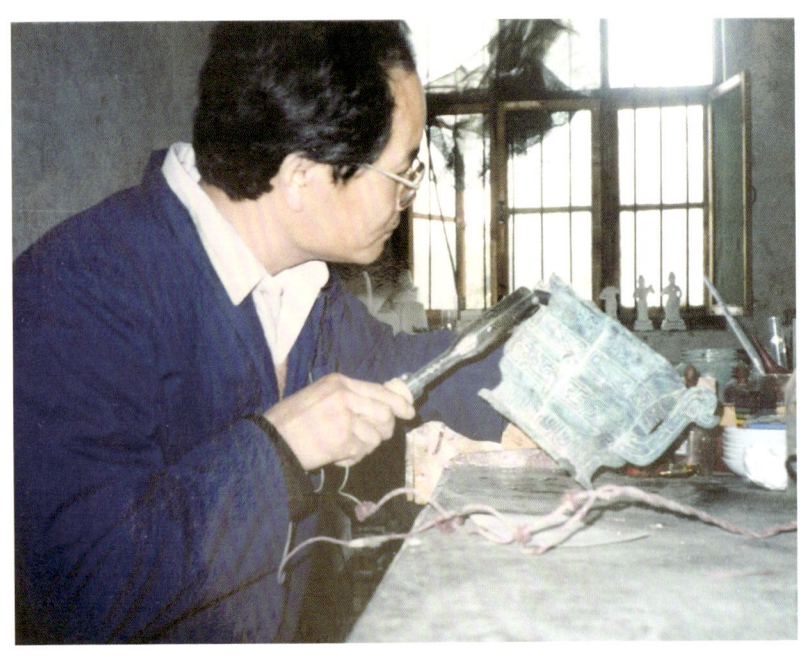

贾文熙 修复三门峡虢国墓地出土青铜方甗

贾文熙修复三门峡虢国墓地出土青铜簋

贾文熙修复三门峡虢国墓地出土青铜壶

战国时期三角云雷纹豆(修复前)

贾文熙修复工作照

贾文熙修复的战国时期三角云雷纹豆
(修复后)

贾文熙修复平顶山应国墓地出土应伯盨

贾文熙修复平顶山应国墓地出土西周柞伯簋

贾文熙为中国书法艺术博物馆复制秦石鼓做色

贾文熙为军事博物馆复制秦铜车马1号车厢彩绘

贾文熙为发掘唐代李过折墓揭取壁画

贾文熙在元代壁画墓现场封护

贾文熙在发掘清理唐代墓道

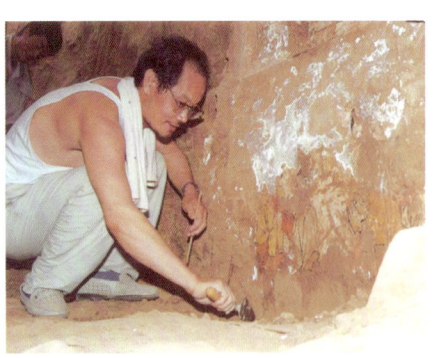

贾文熙在发掘清理墓葬

贾文熙在清理元墓壁画地杖画面

贾文熙（左一）修复战国错嵌铜壶

贾文熙修复辽代砖雕

贾文熙（左二）在贵州博物馆指导修复青铜鼓

贾文熙修复清代文房石砚及竹笔筒

贾文熙修复玉石嵌饰插屏

贾文熙修复西周青铜尊 　　　　贾文熙修复西周青铜鼎

贾文熙修复金代银壶 　　　　　贾文熙修复金代银盘

贾文熙修复西周班簋 　　　　　贾文熙修复鎏金器

贾文熙保护处理商代三羊罍

贾文熙保护处理西周围方鼎

贾文熙修复战国青铜鉴

北京琉璃河出土西周时期贯耳壶，出土时破碎为 54 片

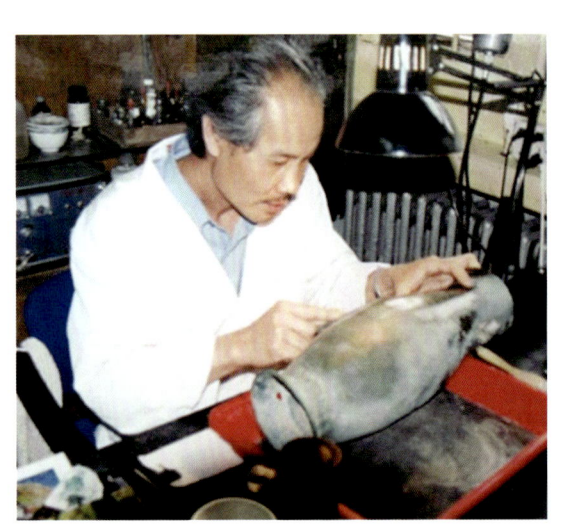

贾文熙修复工作照

贾文熙修复北京琉璃河出土西周时期贯耳壶（修复后）

清代象足熏炉修复（修复前）

贾文熙修复的清代象足熏炉（修复后） 　　贾文熙焊接修复清代象足熏炉

制作青铜器

20世纪90年代,在研究古代造型艺术的基础上,创作了一批大型 2～10 米高大型仿古青铜城市雕塑。在祖国山川多处景区、大厦厅堂,有些已成地标性纪念雕塑,有的跨越大洋远赴美国,成为中美友好的使者,永驻美洲大陆。

贾文熙为中国人民革命军事博物馆复制的两套秦铜车马

贾文熙创作的象尊运往美国前的送行场面

贾文熙创作的为美国波特兰市政府广场雕造的 4.2 米高青铜象尊

贾文熙与美国莱克星顿市市长米勒合影

贾文熙创作仿唐仕女打马球工作照

贾文熙与其创作唐仕女打马球雕塑作品

贾文熙为江西新干商代青铜器出土地设计大型壁雕

贾文熙为灵宝黄帝铸鼎塬轩辕庙设计"天地人"三大鼎

贾文熙仿制的战国犀牛尊雕塑

贾文熙为中央电视台世纪之交夜（2000年1月1日零点）直播现场创作的两条世纪飞龙雕塑

贾文熙为甘肃武威雕塑仿制大型东汉车马仪仗俑阵

贾文熙仿制甘肃雷台东汉墓出土部分车马造型铜车马

贾文熙为西安交通大学百年校庆塑造纪念宝鼎工作照

贾文熙与西安交通大学百年校庆塑造纪念宝鼎合照

学术和教学活动剪影

贾文熙2018年在新文化文博论坛做专题发言

贾文熙带学生动手修复实践

贾文熙在北京联合大学讲授青铜器修复

贾文熙参加全国部分高校博物馆专业硕士研究生教学研讨会

贾文熙担任清华大学艺术品人才高级研修班讲师

贾文熙给学生讲古钱币化学除锈

贾文熙在大学讲授铜器鉴定课

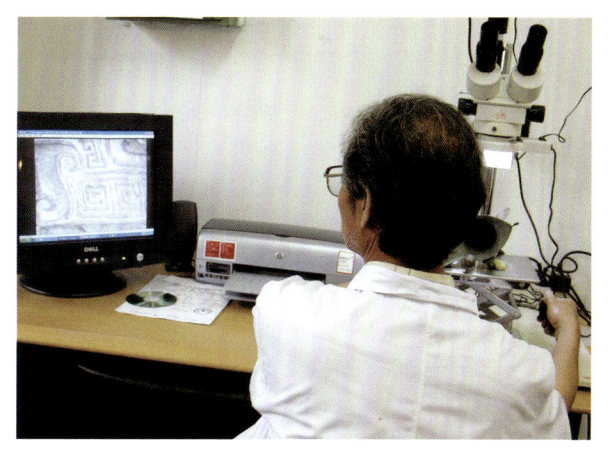

贾文熙利用显微镜观察文物器表病变

贾文熙与国家文物鉴定委员、中国古钱币博物馆戴志强馆长出席学术会议

鉴宝活动

贾文熙担任中央电视台《鉴宝》特邀专家

贾文熙担任北京电视台《才高八斗》特邀专家

贾文熙担任河南电视台《一拍即合》特邀专家

贾文熙在包头市鉴定活动现场

贾文熙在天水市为市民鉴宝

贾文熙在合肥市"文博会"为市民鉴宝

贾文珊

贾文珊是贾氏五兄弟中的老三，生于1953年。中国文物学会文物修复专业委员会会员。贾文珊从小对民间工艺有浓厚的兴趣，喜欢追逐走街串巷的民间手艺人，门口来个吹糖人或是捏面人、锔盆补锅的艺人，他同一群孩子追在人家后边看，能跑上好几条胡同。贾文珊聪明伶俐，爱动脑子，十几岁时，自己组装的矿石小收音机，能收听好几个台。有时候他看到街上那些匠人修补碗盆，手脚发痒，回家后就模仿摆弄，把好端端的铝盆砸个洞，再用铆钉铆上。好好的凳子，他把四条脚拆下再重新装上。一次，他把家中的老座钟拆了，零件散了满桌，最后一个零件一个零件地组装回去，这些没有少挨父母的训斥。

贾文珊

贾文珊小学毕业，遇上了"文化大革命"，无事可做，就经常去看父亲干活，看父亲怎样用石膏翻制毛主席像，常常在旁边搭把手。

中学毕业，他被分配到了一家汽车修理厂当修理工。那时，修车除主机外，许多零部件都要自己按照原件加工，汽车修理工要求车、钳、铣、刨、磨、钣、焊、锻、喷漆等手艺样样都要学。贾文珊用心地向师傅学习，很多活儿师傅一教就会，很快就能独当一面。车修好后要试车，自己又学会了开车，成了一名优秀的司机，开了十几年的车，跑了无数次长途，从未出过大小事故。

父亲退休后，在中国人民革命军事博物馆等单位当顾问，但大多数时间是在家里，手闲不下干些活，有空余时间，贾文珊就来帮父亲干活。他用自己当汽车修理工时扎实、娴熟的技术，帮父亲翻制模具、修刻铜胎等。他还参考秦铜车马的照片，按比例缩小，制作出1/5的一号、二号铜车马等多种文物复仿制品。

文物修复工作

贾文珊仿制的秦铜车马

贾文珊錾刻青铜器纹饰

贾文忠

贾文忠是贾氏五兄弟中的老四，生于 1961 年。北京大学考古系"考古学与博物馆学"在职研究生毕业。1978 年参加工作在北京市文物局文物复制工厂从事文物修复与复制，1983 年调首都博物馆保管部从事文物保护修复研究等工作。1987 年调中国农业博物馆从事农业文物保护、修复、征集、鉴定、研究、农业考古、农业文物、农业民俗研究等工作。现为九三学社中央教育文化委员会委员，硕士研究生导师，中国农业博物馆研究馆员。2002 年入选中国文博界百位"学术成就显著，具有创新精神"的专家学者。2014 年获得国务院政府特殊津贴。

贾文忠

贾文忠是我国著名文物修复专家和青铜器鉴定专家，被誉为"文物郎中"，也是我国当代传统文物修复和鉴定行业的领军人物。非物质文化遗产金石全形拓技艺传承人。中央电视台《东方之子》、《人物》、《走近科学》、《科技人生》和凤凰卫视《天地人》等栏目均对他进行过专题报道。《人民日报》、《光明日报》、《北京日报》、《经济日报》、《中国文物报》、《北京晚报》以及纽约《侨报》等各类报纸杂志对他进行过专访。

学术研究方面：2009 年参与了国家十部委组织的"指南针计划"中"农业文物保护研究"、"重要农业文物数据库"和"博物馆展示"课题。2011 年主持了"中国农耕文化与民间剪纸"课题。主持2005年国家文物局"文物修复标准、文物修复师资格认证"课题等。出版《文物修复与复制》《古玩保养与修复》《鉴宝专家——贾文忠说青铜器收藏》《青铜艺术：中国国粹艺术读本》《青铜器修复与鉴定》《贾文忠金石传拓集》《贾文忠全形拓精选集》《金石永年——贾文忠全形拓》《贾文忠金石艺术集》等20部著作。发表各种论文100余篇。

文物修复方面：1985年修复北京孔庙九块皇帝御书大匾。1990年参与修复全国重大考古发现江西新干大洋洲出土商代青铜器。1991～1993年主持修复全国重大考古发现河南三门峡西周虢墓地西周青铜器。担任中国国家博物馆、金属文物保护国家文物局重点科研基地学术委员会委员。

文物鉴定方面：从长期的文物修复工作中，尤其是青铜器的修复工作中，总结出一整套鉴定方法，创办全联民间文物艺术品商会中国青铜专业委员会并任会长，中央电视台《鉴宝》《寻宝》《我有传家宝》栏目青铜器首席鉴定专家，随央视《寻宝》10年走遍中国，寻找中国民间珍宝无数，受到全国收藏爱好者欢迎。参与每年度民间国宝的鉴定与评审工作。中央电视台《国宝档案》《一槌定音》特邀专家。担任文化部艺术品评估委员会委员及国家级、省市级博物馆鉴定专家、嘉德拍卖公司鉴定顾问等，为国家征集文物进行鉴定。

全形拓方面：是我国当代青铜器全形拓名家。国家文物局曾将其传拓的国宝《伯矩鬲全形拓》作为国礼赠送给法国总统希拉克，中国农业农村部部长韩长赋赠送美国农业部部长珀杜《大鸡图全形拓》。2012年"青铜器修复技艺"和"青铜器全形拓技艺"在文化部举办的全国非物质文化遗产保护性成果大展中展出。由文物出版社出版的《贾文忠全形拓精选集》是我国当代唯一一本宣纸线装全形拓专著。2017年7月，在恭王府举办"金石永年——贾文忠全形拓展"吸引了30万观众参观。2019年元旦、春节期间，在北京颐和园举办"吉金祥瑞——贾文忠全形拓展"。2019年1月，贾文忠全形拓作品受邀中国国家博物馆"新考工记中法手工之美"参展，并入藏中国国家博物馆。2019年5月18日"国际博物馆日"，在山东曲阜孔子博物馆举办"簠斋遗韵——贾文忠全形拓展"。2019年6月"文化遗产日"，在河北霸州市博物馆举办"金石萃影——贾文忠全形拓展"。2019年9月27日，在河北定州举办"吉金永年——

贾文忠全形拓艺术展"。2019年12月28日，在甘肃省博物馆举办"金鼠臻祥——贾文忠全形拓艺术展"。2020年1月10日，徐州博物馆举办"吉金献瑞——贾文忠全形拓艺术展"。在清华大学、中央美术学院、广州美术学院等大学开办"金石学与全形拓讲座"。

队伍建设方面：1991年，发起成立了中国文物学会文物修复专业委员会，并任副会长兼秘书长。团结了全国文物修复工作者，改变了修复队伍青黄不接的局面。主持策划了19届全国范围的各类文物修复技术研讨会，主编出版了8本《文物修复研究》论文集。

人才培养方面：策划"文物修复与鉴定专业"并获得国家教育部批准，在高校中设立文物修复与鉴定专业(全国招生)，使文物修复走进大学课堂。2017年被聘请为北京联合大学"青铜器修复"硕士研究生导师及"金石全形拓"硕士研究生导师，清华大学国家文化产业研究中心特邀研究员。曾在北京大学考古系、清华大学美术学院、南京大学国学教育中心等高校举办的"文物艺术品研修班"讲授青铜器鉴定与艺术品收藏。为国家文物局、中国博物馆学会、中国文物学会、中国收藏家协会等策划各种文物修复培训班，并亲自授课。指导全国文物单位开展文物修复工作。

获2014年国务院颁发政府特殊津贴

北京市文物事业管理局先进工作者

北京市文物事业管理局先进工作者

首都博物馆工作期间奖状

文物修复工作

贾文忠（左一）修复北京孔庙九位清代皇帝大匾工作照

贾文忠修复北京孔庙九位清代皇帝大匾工作照

商代铜方鼎（修复前）

商代铜方鼎（修复后）

贾文忠修复江西新干出土商代铜方鼎工作照（1990年）

贾文忠研究修复新干大洋洲出土青铜鼎（1990年）

贾文忠修复三门峡虢国墓出土西周青铜鼎（1991年）

贾文忠修复三门峡虢国墓出土西周铜壶（1991年）

贾文忠修复三门峡虢国墓出土西周编钟（1991年）

贾文忠焊接修复西周青铜簋（1993年）

贾文忠焊接战国青铜簠

贾文忠修复汉代青铜鼎

贾文忠修复战国青铜罍

贾文忠修复汉代彩绘骑兵俑（修复前、后）

贾文忠修复汉代陶楼

贾文忠修复粉彩瓷器大盘

贾文忠复制木简

贾文忠为国家文物信息中心修复磁州窑大罐

国宝文物鉴赏

贾文忠鉴赏国家博物馆商后母戊鼎

贾文忠鉴赏首都博物馆西周伯矩鬲

贾文忠鉴赏国家博物馆西周虢季子白盘

贾文忠鉴赏国家博物馆西周大盂鼎

贾文忠2015年鉴赏纽约佳士得商代皿方罍

贾文忠2017年鉴赏纽约佳士得商代铜罍

担任中央电视台《鉴宝》《寻宝》《一槌定音》《我有传家宝》《国宝档案》等栏目特邀专家

贾文忠为国家文物局征集太师虘簋等九件青铜器鉴定

贾文忠为少林寺鉴定文物

学术活动剪影

中国文物学会文物修复委员会成立合影

1991年11月28日贾文忠组织成立中国文物学会文物修复委员会并在会上发言

贾文忠在首届中国古陶瓷修复技术研讨会发言 　　中国书画装裱修复艺术研讨会发言
（前排右）

贾文忠"国际博物馆日"讲文物修复与复制 　　贾文忠教授瓷器修复、青铜器修复课程

贾文忠（左一）受聘中国国家博物馆专家 　　贾文忠（后排右六）受聘恭王府文物鉴定专业委员会专家

贾文忠2019年7月清华大学艺术馆讲座 　　贾文忠2012年10月北京大学百年纪念讲堂讲座

贾文忠 2017 年参加国际博物馆高级别论坛

贾文忠（前排中）在河南省青铜器保护修复培训班授课

贾文忠（右八）2018 年受文化旅游部干部学院邀请为非洲国家文物修复技术人员培训

贾文忠作为毕业生受邀参加北京大学考古 90 周年、考古专业 60 周年庆典

贾文忠主持第十三届全国文物修复技术研讨会开幕式

贾文忠（后排右六）担任国家文物保护科学和技术创新奖评审专家

贾文忠题署

贾文忠题露秋亭对联（全国农业展览馆内）　　贾文忠题鲁班祠东配殿牌匾（北京高碑店）

贾文忠书铜牛铭（全国农业展览馆内）

贾文进

贾文进在贾氏兄弟姐妹中排行老七，年纪最小，生于1963年。中国文物学会会员，中国文物学会文物修复专业委员会会员。

上小学时，学校经常停课，他便跟父亲去上班，看父亲干活。贾文进在父亲手把手的传授下，很快学会了翻模、补配、错嵌金银、做旧等文物修复的技术活。高中毕业那年，正赶上父亲退休，他就接班干起了文物修复与复制这一行。他在北京市文化局美术公司文物修复厂一干就是30多年。他继承了父亲的传统修复技术，拿手的是错嵌金银器和錾刻青铜器纹饰、青铜器化学与传统做旧技术。

贾文进曾参与中国历史博物馆部分展陈文物的修复，经他参与复制的大批珍贵青铜器，多次参加文化部、北京市政府等有关部门组织的对外"中国古代艺术珍宝展"等展览，在中国港澳台地区，以及日本、欧美等地展出，备受观者青睐。1998年元月，随文化部"中国文物大展"赴韩国汉城艺术殿堂展出，由他参与复制的秦始皇陵出土一号、二号原大的铜车马等多件珍贵文物艺术品，受到参观来宾的一致好评，为国家赢得了荣耀。

文物修复工作

贾文进复制秦始皇陵出土一号、二号原大铜车马

贾文进錾刻镶嵌青铜器

贾文进錾刻青铜器纹饰

贾文进修复古陶瓷

贾文进修整青铜器蜡模

贾文进焊接修复青铜鼎

贾文进（第二排右五）为大学生讲瓷器修复与石膏翻模

贾文进之女贾培对青铜奔马仿制品做色

贾氏第三代 文物修复有传人

贾 汀

贾汀，贾文熙之女，1977年生于北京，贾氏文物修复之家第三代传人。现为北京服装学院民族服饰博物馆副研究馆员、副教授。服装设计专业大学本科毕业，从事古代丝织品保护修复研究工作。自幼在文博之家的熏陶下，耳濡目染，在酷爱古代传统艺术的基础上，学到了很多历史、文物、修复方面的知识。2004年在筹建新首都博物馆之时，调入首都博物馆，拜文博界著名文物

贾汀

保护专家王勉为师，学习古陶瓷修复技术，之后又拜著名丝织品保护专家王亚蓉为师，学习并从事丝织品保护修复研究工作。2017年12月调入北京服装学院民族服饰博物馆，从事纺织考古与纺织品文物保护及教学工作。在从事古代纺织文物保护修复的工作中，多次参加全国文保专业学术研讨会，撰写专业文稿十余篇，并在《中国博物馆》《文物修复研究》《文物保护与考古科学》等刊物及学术论文集上发表。参与并出版专著《文物修复学基础》《文物养护工作手册》《历代铜器鉴定与辨伪》的撰写工作，并担任《洞藏锦绣六百年——河北隆化鸽子洞洞藏元代文物》副主编的工作。参与并完成"首都博物馆馆藏出土纺织品保护研究""中国古代纺织品研究""河北隆化鸽子洞洞藏纺织品保护研究""河北滦平出土纺织品保护研究""北京石景山清代武官墓出土纺织品保护研究""民族服饰博物馆馆藏元代冠服修复保护与研究"等课题项目。

瓷器修复研究

2004年8月至2006年4月，为首都博物馆新馆成立备展，古陶瓷器文物上展达170组件，需要保护修复的古陶瓷文物达百余件。得王勉老师教导，在学中做、做中学。参与修复古陶瓷文物20余件，其中破损严重的7件。复制陶质文物12件。建立相关文物修复档案。参与首都博物馆新馆古陶瓷文物修复室的建立，通过学习实践，熟练掌握古陶瓷文物修复保护的清洗、拼对、粘接、补缺、打磨、上色、绘花纹、上光等步骤。熟练使用各种日常修复与研究古陶瓷文物的先进仪器设备。对库房和展陈文物的保存环境提出整改意见，并参与展厅文物的上展和定期清洁工作。对修复过的文物进行工艺等方面的研究。

纺织品文物的修复及研究

2006年5月以来，在首都博物馆文物保护中心从事馆藏纺织品文物的修复与研究工作。这期间主要工作内容包括使用科学的保护与修复技术对馆藏及出土纺织品文物进行修复、学习并熟练使用先进仪器设备对馆藏纺织品文物进行检测、收集纺织品文物的相关资料和修复保护技术相关资料、详细记录并保存文物修复档案、对库房和展陈文物的保存环境提出有效建议和整改意见并负责展厅文物的上展和定期清洁工作。参与修复馆藏纺织品文物千余件，其中出土纺织品文物50余件。在文物修复方面能全面掌握国家文物局规章制度与标准，准确有效地将科技检测技术手段与纺织品文物保护有机结合。经过长期的工作经验积累，能独立完成前期勘察、修复方案制定、筛选试验、影像记录以及档案填写等规范流程的工作能力，并能正确掌握多种状况纺织品文物的揭取、清洁、整形、加固等修复技术方法；保护研究方面，在王亚蓉老师的带领下，承担或参与完成了"北京石景山清代武官墓出土纺织品保护研究""江西赣州慈云寺塔出土北宋暗龛供养出土文物""河北隆化元代鸽子洞洞藏纺织品文物"河北滦平出土清代纺织品文物"的十余项国家文物局纺织品文物的考古发掘抢救性保护项目及馆藏纺织品文物修复保护项目。参与完成北京市科委的重大课题两项。参与修复馆藏文物千余件，出土纺织品文物30余件。发表专业论文十余篇，担任《洞藏锦绣六百年——河北隆化鸽子洞洞藏元代文物》一书的副主编工作，负责全书的资料汇总、整理、部分内容的编写工作。

纺织品文物保护教学工作

北京服装学院缺少从事纺织考古和保护修复的人员，学院及博物馆的领导希望能加强这方面的力量。经王亚蓉老师推荐，贾汀于2017年年底正式调入北京服装学院民族服饰博物馆。在学院的大力支持下，2017年纺织品文物修复保护实验室建立，2018年10月成功申请"可移动文物修复资质"，2019年6月成功申请"文物与博物馆"硕士专业学位点，2020年9月北京服装学院将迎来第一批学生。

在民族服饰博物馆，贾汀主要负责馆藏纺织品文物保护研究及从事相关教学工作，目前主要是协助王亚蓉老师和贺阳馆长带纺织品文物保护研究方面的硕博士研究生，以及学院博士研究生的相关课程。

除上述修复与研究工作之外，贾汀跟随王亚蓉老师先后帮助国家博物馆、湖南省博物馆、西藏博物馆、河北隆化民族博物馆等兄弟馆建立纺织品保护修复工作室及培养专业人员队伍。另外还培训各大院校文博专业实习学生数百人。2016年初跟随王亚蓉先生赴北京服装学院民族服饰博物馆，负责筹建民族服饰博物馆修复工作室的具体工作，经过一年的策划、筹备，修复室已基本建成。其间她根据实操场地情况带领修复人员进行了待修文物筛选及分配；对修复人员及学生修复方案撰写的培训，文物绘图的培训，检测取样的培训，记录方法、内容的培训；学生方案的修改；对待修文物的部分项目的科学检测等前期的修复保护工作。并多次参加文物保护修复专业学术研讨会，在会上宣讲近年研究成果论文。

文物修复工作

贾汀讲授"古代纺织品保护与鉴定"博士课程

贾汀复制明代定陵出土十二章衮服

贾汀修复故宫清代条屏

贾汀绘制苗族蜡染图稿

贾汀局部清洗明代龙纹缠纱绣拼片

贾汀学习王亚蓉老师讲授的明代龙纹缠纱绣拼片

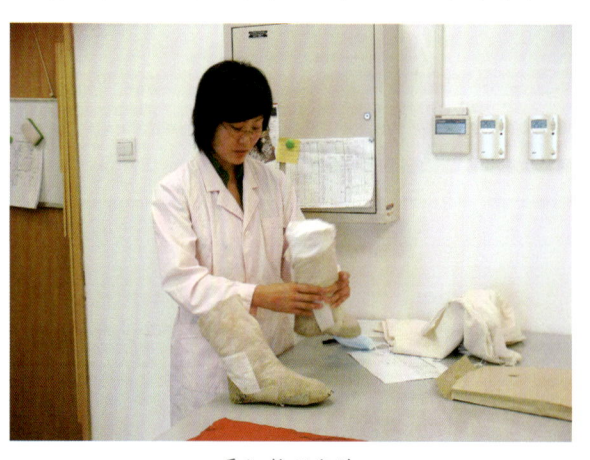

贾汀整形靴袜

贾汀（左二）清洗北京石景山清代武官墓出土花绫长袍

贾汀清理北京石景山清代武官墓出土龙袍

贾汀教学示范取样规范

贾汀（左一）指导硕士研究生加固丝织品文物

贾汀（左一）指导硕士研究生修复元代罟罟冠罩

贾汀（左一）指导学生进行文物生物霉菌检测取样

学术活动剪影

贾汀(左一)参加中国文物学会纺织文物专业委员会第二届学术研讨会与王亚蓉合影

贾汀参加全国文物修复技术研讨会并发言

贾汀参加中国社会科学院考古研究所2017年纺织考古研究会并发言

郭　玢

郭玢，贾莉莉之子，生于 1986 年 3 月，贾氏文物修复之家第三代传人。文博专业大学本科学历，中国文物学会文物修复专业委员会会员。2004 年进入首都博物馆从事文物修复工作。十余年来青铜器、金银器、陶器、石器、砖类、木器类文物都修过，最拿手的是纸质文物保护、古籍善本修复、古旧书画的装裱和修复。闲暇时间，在自家的工作室，从事艺术品的保护与研究工作，并对商周青铜纹饰、历代铜镜镜纹、砖石瓦当古陶文、古钱币极具兴趣，所遇之器，大多将其纹饰拓下研究收藏。2018 年进入北京乐石文物修复中心任书画部主任至今，修复了全国各大博物馆馆藏的大量书画、纸制品文物。2018 年拜书画装裱与修复国家级非物质文化遗产代表性传承人徐建华为师。

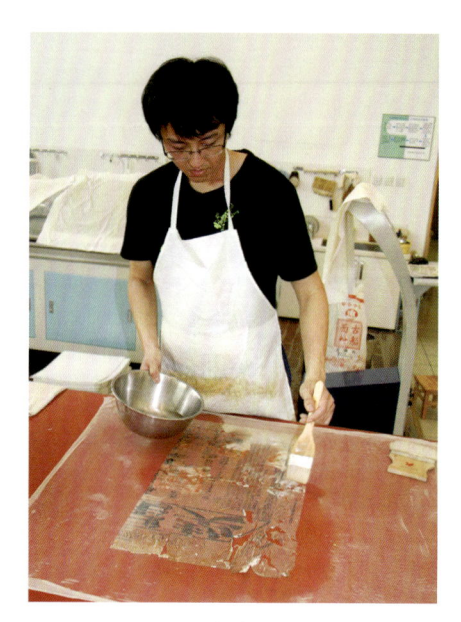

郭玢

初入文博之行——彰显身手

生于文物修复世家，初入文博行业之门，对一般的文物并不陌生。郭玢在工作学习的成长之路上从不缺少汗水和奋斗。在首都博物馆工作的第二年，边工作边学习，深造就读了北京市委党校文物保管与鉴定专业，放弃了三年所有休假时间攻读了大学本科。在此期间，郭玢先在青铜杂项组向多位老师学习文物修复技能，他恪守家训、兢兢业业，认真负责地完成领导安排的每一项任务。参与并独立修复完成馆藏青铜器、金银器、玉器、木器、金铜佛像、砖石陶类文物数百件。初出茅庐，"英雄有用武之地"彰显了身手，如今首都博物馆展厅里每天面对广大观众的文物，很多是他亲手修复的。

2005 年，首都博物馆部门负责人安排郭玢清理修复一批准备上展的小型石雕文物与城市展的砖石古建饰件。其中石雕文物有新石器时期的石斧、石核、刮削器；西周时期的石锤、石斧、石镰；西晋北朝以来至隋唐、元代的陶制佛造像砖、刻佛砖、石雕佛造小石碑、石佛头、小佛龛等佛教雕刻文物，以及石雕十二生肖像、石鸡、石牛、石猪、石磨、石灶、石楼等。古建砖瓦件有柱础石、圭顶石、石桥栏板、瓦当、滴水、刻花传、琉璃瓦脊兽饰件等近百件文物。

古旧书画修复——功绩卓著

2006 年，迁入新首都博物馆后，技术部领导为了加强传统书画装裱修复力量，将他调入书画修复室，跟楼朋竹老师学古书画装裱。自从干上这一行，他就爱上了这一门传统技术。十余年来，他刻苦地练习纸质文物修复、古旧书画传统装裱基本功，成为功底扎实的古旧书画修复师。拜访名师之余，多次参加国家级古籍修复、纸质文物修复培训班，不断拓展视野、求新探索，业精于勤，精湛的技艺、出色的成绩是郭玢十年文保之路最好的印证。文物修复保护工作全凭一颗心、一双眼、一双手，这终日面对古书画文物的漫长岁月，对于一个年轻人而言需忍耐多少平淡与寂寞。回首走过的岁月，郭玢流露出坚定的信念："我们的修复工作是'悄声无息'的，也许完全不留下修复者的痕迹。我修复的作品，不一定被展出，但还是给我很强的成就感。那种成就感不是名和利可以衡量的。这就好像是我延长了它们的寿命，甚至于将其又救活一次，我觉得这是一件伟大的事情。"

在纸质文物修复方面，对古旧书画、古籍善本等文物共计保护修复数千件，并对馆藏的 5000 余张地契进行了修复，参与帮助国家博物馆、门头沟博物馆、延庆博物馆、大兴博物馆、奥运博物馆、现代文学馆、北京古玩城、滦平县博物馆等兄弟博物馆及地方博物馆多项文物修复、复制工作。十几年间，共保护修复古旧字画、古籍善本类文物 2000 余件，参与修复国家一、二级文物百余件，发表文物保护修复论文数篇。

在完成每天基本工作的同时，郭玢还参与了各项国家级重大课题的研究工作，如"清史经济类文书课题"地契修复工作、2014"首都博物馆馆藏经卷修复课题"、"生物酶揭展剂在书画中的应用"等，在这些工作中，郭玢充分展示了精湛的修复技术，同时锻炼了组织协调工作的能力，为今后进一步开展文物修复工作提供了理论支持和技术支持。

任何一项修复工作的展开和进步，都离不开一个永恒的主题——传承。郭玢一边不断提高自己的修复技术，一边对于向他请教的人知无不言，他坚信文物保护是人类共同的责任和使命，只有思想上先做到无私，将自己的修复技术和钻研成果毫无保留地传播出去，文物修复这项技艺才不会断层，并且在与他人交流的过程中自己的技术也会不断进步。带着这样的想法，郭玢负责众多高校实习培训基地工作，共培养北京大学、首都师范大学、北京联合大学、北大资源学院、洛阳博物馆和西藏博物馆等单位学生、学员近百人。因授课经验丰富，也多次受邀为现代文学馆、首都图书馆、北京师范大学、北京古玩城等相关文博单位授课。

千古技艺传拓——继承家学

郭玢的姥爷与几位舅舅因工作性质，经常会到考古第一现场做文物出土修复拼接、整理等工作，练就了制作拓片的高超本领，尤以四舅贾文忠的全型拓最为传神，并被评为国家级非物质文化遗产传承人。郭玢自幼热爱传统文化与手工艺，十几年的文博工作，在业余时间对金石拓片做了刻苦的钻研，并经常向几位舅舅学习探讨拓片的制作工艺、方法，也练就了一手拓片的绝活，对经手过的几百件金石砖瓦器物制作了拓片，为今后学习研究留下了宝贵的资料。

文物修复工作

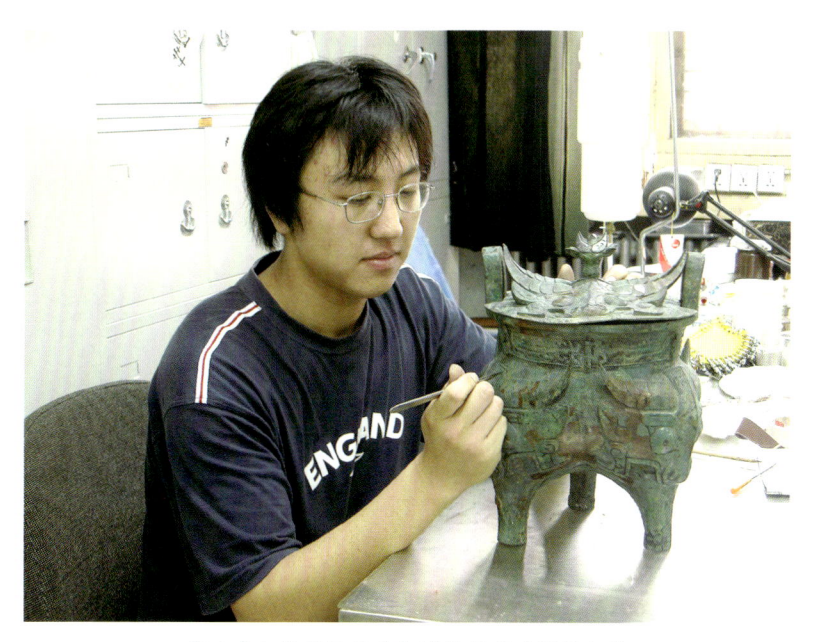

郭汾参与修复保护首都博物馆藏西周伯矩甗

郭汾(左一)与贾文熙共同修复清代象足熏炉

郭玢修复清代清溪外史花鸟画轴

郭玢修复青海玉树清代大藏经

清代人物画像（修复前）

郭玢修复清代人物画像（修复后）

贾氏第三代 文物修复有传人／

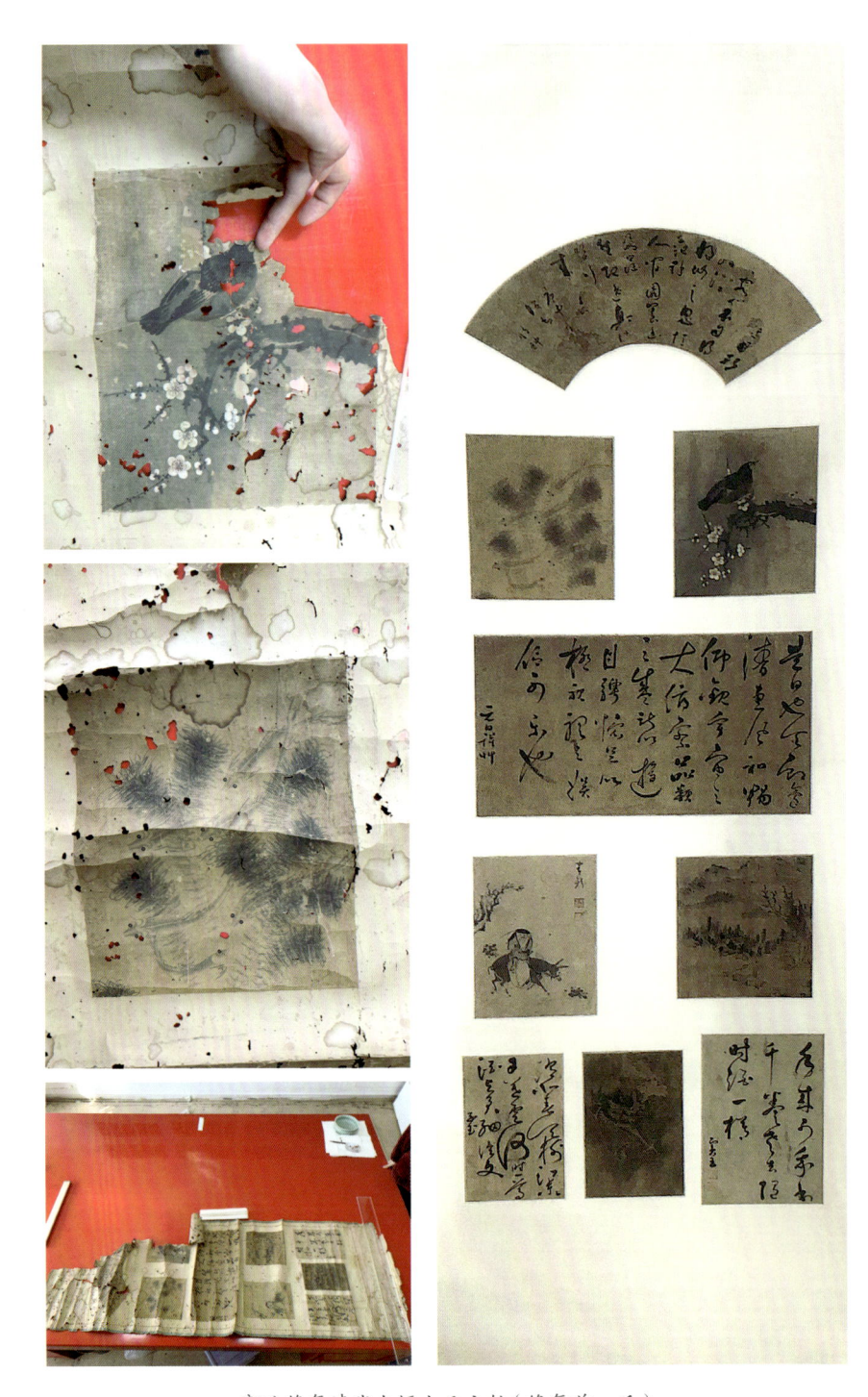

郭玢修复清代九幅小品立轴（修复前、后）

郭玢修复清代胡郯卿师狗画轴（修复前、后）

清代傅雯指墨钟馗图轴（修复前）

郭玢修复清代傅雯指墨钟馗图轴（修复后）

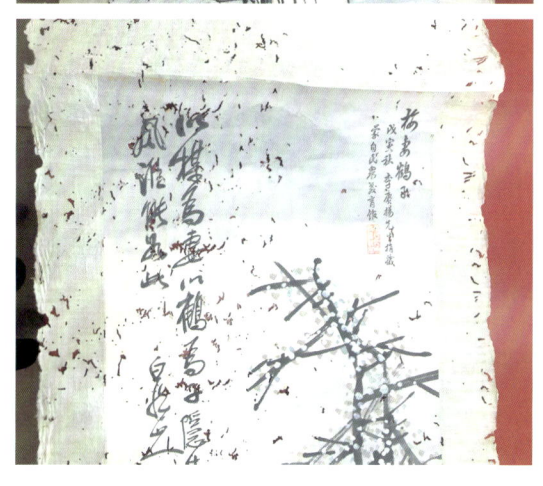

郭玢修复王震梅妻鹤子图（修复前、后）

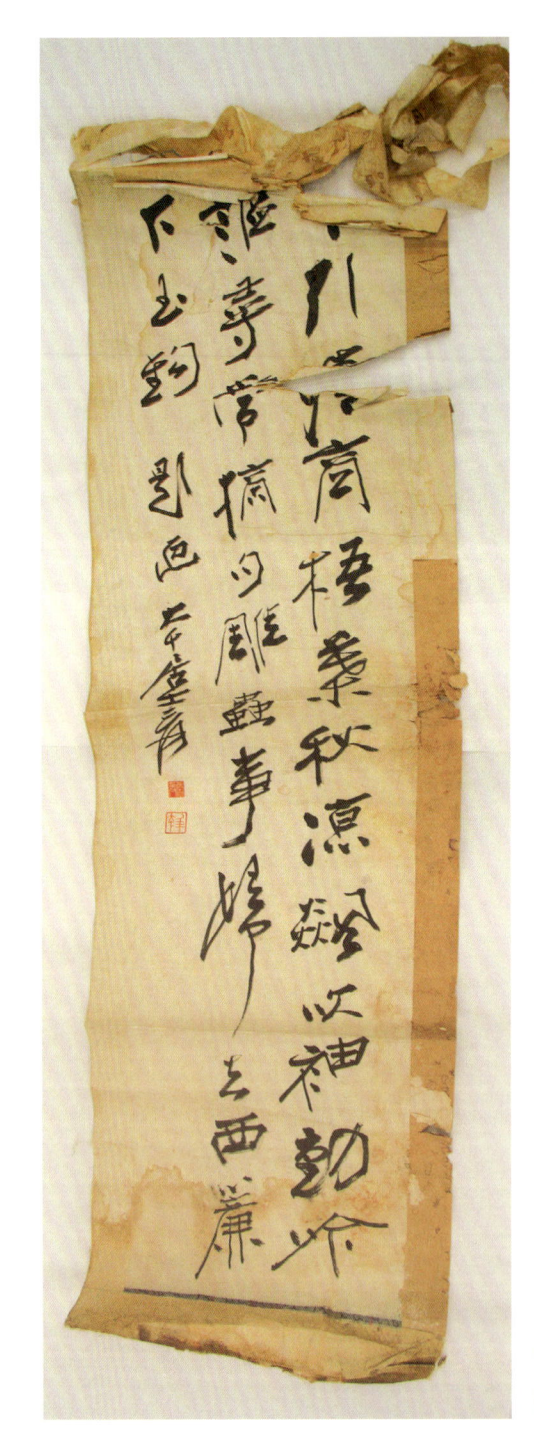

郭汾修复张大千书法（修复前、后）

学术活动剪影

郭玢在第十二届全国文物修复技术研讨会上发言

郭玢在第十四届全国文物修复技术研讨会上发言

郭玢在北京博物馆学会保管专业第十三届学术研讨会上发言

郭玢（左一）参与北京博物馆学会保管专业学术研讨会第十四届会务工作

拜师仪式

故宫专家徐建华老师

1951年出生，故宫博物院古书画修复专家，古书画装裱修复国家级非遗传承人。

曾参与修复《清明上河图》、《游春图》、《五牛图》等国宝级古代画卷，被称为"故宫画医"。他是裱画科里年龄最长、资历最老的修复师，也是故宫古书画修复技艺的第二代传人、国家级非遗大师。

徐建华老师介绍

郭玢拜师仪式合影

2018年10月20日，郭玢（左一）拜师仪式上与师傅徐建华及师娘合影

拜师帖

徐建华先生：

  弟子 郭玢 久仰师傅徐建华先生德艺双馨，多次聆听教诲，虽未正式行礼，已得先生指点多年。先生于故宫从事古书画修复已40余年，修复抢救过众多珍贵文物，经验丰富，技艺高超。同时先生处世为人更是为人楷模。学生愿执弟子之礼，诚心投入师傅门下为徒，谨遵师教，刻苦钻研，学习传承师德与技艺，身受训诲，没齿难忘，情出本心，绝无反悔。

  恳请先生依允所请，不胜感激之情。

弟子 郭玢 拜上
2018年10月20日

回徒帖

  此弟子因慕我门技艺，投我门下，奉我为师，我念其敏而好学，且具诚意，乐以授之。为师之道在于传道授业解惑启志，为徒之道在于戒骄戒躁尊师好学，即入我门我必善待之，倾囊相授，今日立此为证。

  吾立 郭玢 为门下弟子，望其刻苦勤学，早日学有所成，成为此行骄傲，将文物修复事业发扬光大。

师傅 徐建华 示
2018年10月20日

贾 树

贾树，贾文忠之子，1987年生于北京，贾氏文物修复之家第三代传人。大学本科学历。2010年入职中国国家博物馆从事文物修复工作。中国文物学会文物修复专业委员会会员，中华木工委学术委员会委员。

主要业务工作：

参与国家博物馆多个展厅文物修复工作，对古代中国展厅、青铜器展厅、佛像展厅、国礼展厅、非洲木雕文物展厅的部分文物进行修复和保护。涉及青铜器、佛像、石刻、木雕、瓷器等各种质地文物。

参与复制后母戊鼎。青铜器后母戊鼎，是国家博物馆的镇馆之宝，是目前已知的中国古代最大最重的青铜礼器，通高1.33米，口长1.10米，口宽0.79米，重达830余公斤。对这样大的文物进行复制，要保证复制品与原物锈色一致的效果，难度极大。需要长时间认真看原物，观察和牢记每一个部位的锈色特点和分层情况。复制品做锈的过程中，反复与原物进行比对，确保复制大鼎的逼真性。复制工作其间，参与后母戊大鼎原件的称重工作。先后完成三件后母戊鼎的复制工作。

参与国家博物馆藏大批杨家湾出土汉代骑兵俑及陶仓的修复工作；参与修复烟台博物馆藏青铜器修复项目。其中，修复国家一级文物秦始皇铁权。此权是秦始皇统一度量衡的代表实物，上阴刻秦始皇二十六年诏书文字，为烟台市博物馆镇馆之宝；参与滕州博物馆、鄂州博物馆、章丘博物馆等各地博物馆青铜器修复项目。自参加工作以来，共修复完成一百余件国宝级文物。

2019年，参与中南海丰泽园毛主席故居的文物整理工作。

学术研究：

在完成基础工作的同时，贾树也十分重视理论学习及个人经验的总结与学术研究，主要学术成果：参与复制后母戊鼎、修复国博"血肉长城"浮雕，总结并在《国家博物馆馆讯》发表了2篇独立署名的文章；从事修复文物工作，总结修复过程并加以研究，在文博类刊物发表10篇论文；出版文物艺术类著作10部。2019年3月，中国国家博物馆举办2014～2018年度科研工作大会，贾树著作(与贾文忠合作)《吉金萃影——贾氏珍藏青铜器老照片》获评优秀著作奖。

文物修复工作

贾树参与国宝后母戊鼎复制（2010年）

2011年国家博物馆修复室人员与后母戊鼎称重工作合影（右三：贾树）

贾树（左一）观国家博物馆传拓名家傅万里（左二）拓制后母戊鼎

贾树（左一）观国家博物馆传拓名家傅万里（左二）拓制大盂鼎

商代青铜圆罍(修复前)

贾树修复殷墟妇好墓出土商代青铜圆罍(修复后)

贾树清理青铜方缶有害锈

贾树清洗石刻佛造像

贾树复制嘉祐铜则（右侧：文物原件）

贾树修复西周青铜觚

贾树修复汉代青铜壶

贾树修复新疆民俗文物

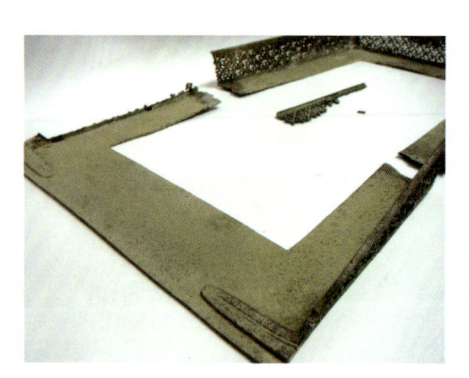

战国青铜箕形器（修复前）　　　　战国青铜箕形器（修复中）

贾树修复战国青铜箕形器　　　　贾树带女儿贾如到国家博物馆看自己修复的文物

贾树修复烟台市博物馆镇馆之宝——秦权

贾树修复滕州博物馆青铜豆

贾树修复章丘博物馆汉代铁器

贾树修复国家博物馆藏明清木雕天人像

明清木雕天人像（修复后）

贾树修复国家博物馆藏宋代彩绘木雕菩萨头像

宋代彩绘木雕菩萨头像（修复后）

贾树修复国家博物馆藏明代彩绘漆金木雕菩萨坐像

明代彩绘漆金木雕菩萨坐像（修复前、后）

贾树修复明代永宣佛造像

贾树修复保护明代铜文殊菩萨坐像

西汉彩绘陶骑兵俑(修复前)

贾树修复西汉彩绘陶骑兵俑(修复中)

贾树参与修复西汉彩绘陶骑兵俑(修复后),现陈列于国家博物馆古代中国展厅

局部修复前、后

贾树参与修复国家博物馆大型陶釉浮雕壁画《血肉长城》

贾树修复非洲木雕文物（一）

贾树修复非洲木雕文物（二）

2019年5月13日至8月11日，"大美亚细亚——亚洲文明展"在中国国家博物馆举办。作为亚洲文明对话大会的重要文化活动，本次展览汇集包括中国在内的亚洲全部47个国家及希腊、埃及两个非洲文明古国伙伴，共400余件组文物。贾树参与部分上展文物的修复保护工作。

培训学习剪影

2012年国家文物局石质文物保护修复行业标准培训班合影

2012年国家文物局石质文物保护培训班贾树（左一）作为优秀学员在主席台做结业汇报

贾树在桥陵现场绘制文物病害图

贾树在乾陵学习石质文物保护

贾树在顺陵学习石质文物保护

名家题词

贾树同志留念

行成于思

谢辰生
时年九十又三

谢辰生题词

继承传统
开拓创新

贾树小友勉之

罗哲文 丁亥初春

罗哲文题词

贾树小友：

与时俱进

孙轶青题

2006.8.19

孙轶青题词

敏而而学

至善至美

贾树同志留念

张文彬赠

一月

张文彬题词

博学求知

贾树勉之

吕济民

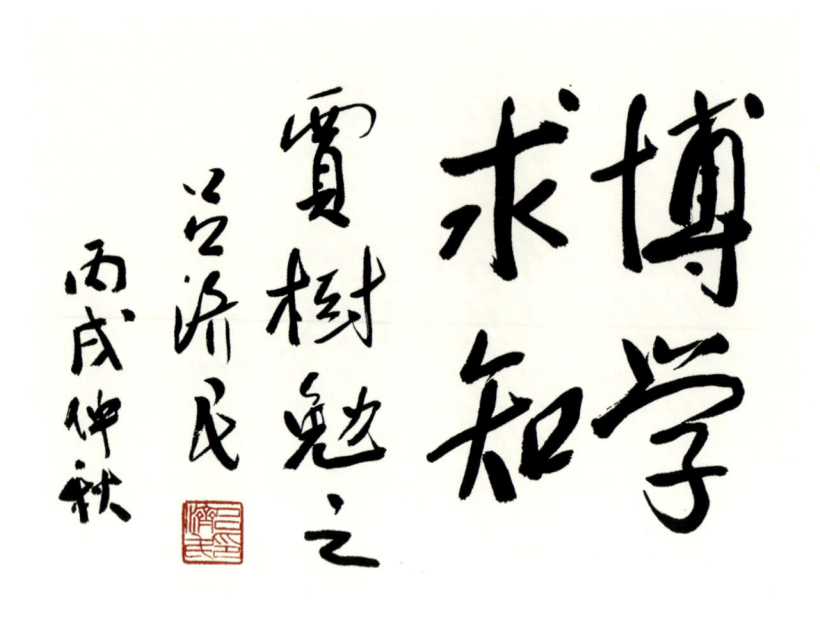

丙戌仲秋

吕济民题词

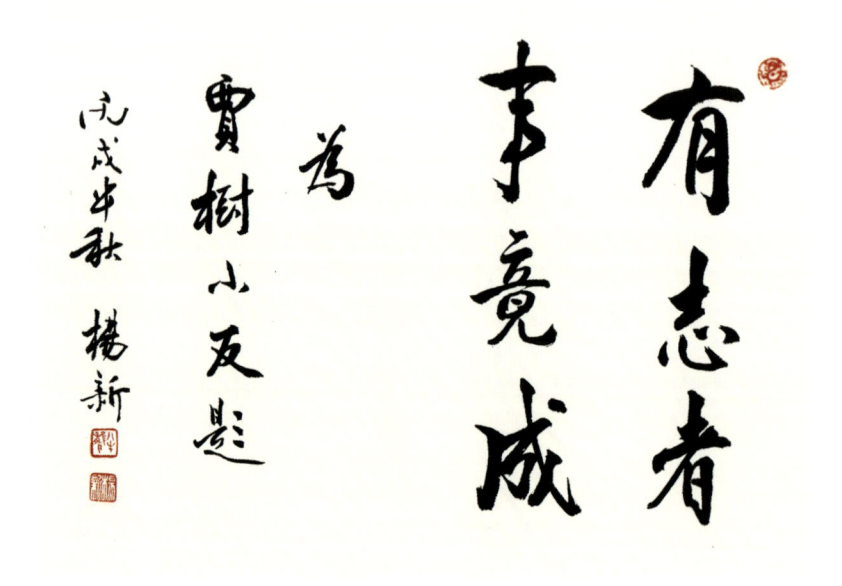

有志者事竟成

为贾树小友题

戊戌中秋 杨新

杨新题词

镂而不舍
金石为开
李学勤
二〇〇六.四.九

李学勤题词

实践出真知

章津才
2006.7.19.
赠贾树小友

章津才题词

后皇嘉樹

嗟兩幼志
有以異兮
獨立不遷
豈不可喜
兮深固難
徒兮蘇世
求兮廓其無
獨立橫而
不流兮閒
心自慎終
不失過兮
秉德無私
參天地兮

節錄屈大夫橘頌名句以贈
雪樵世兄三十初度并用其題
歲在丁亥春正日拈樹節
金運昌於建業城南之殿

金运昌题词

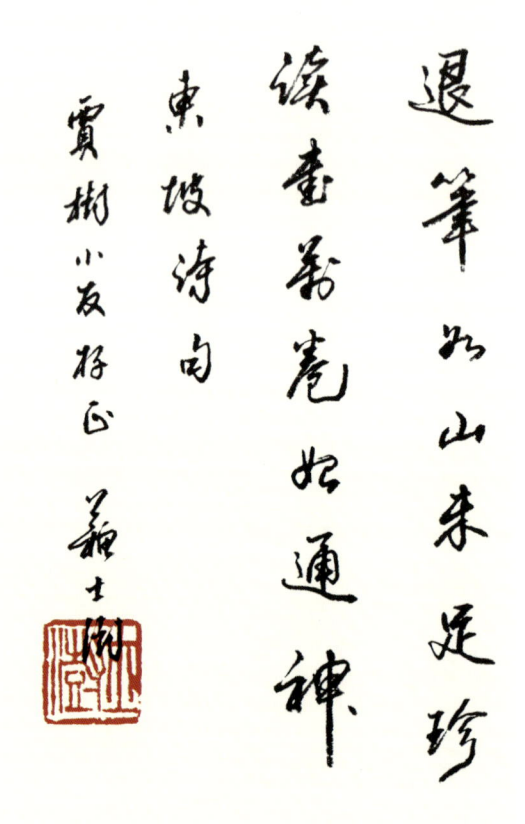

退筆如山未足珍
讀書萬卷始通神
東坡詩句
賈樹小友拄正
蘇士澍

苏士澍题词

嘉树堂剪影

嘉树堂书房

嘉樹堂

甲午初冬
謝辰生題
時年九十三

谢辰生题堂号

嘉树堂主人——贾树

贾氏第三代 文物修复有传人

贾树带女儿贾如（出生两个月）参观国家博物馆后母戊鼎

贾如三岁学习拓片

贾树与妻子制作铜镜拓片

文博名家为贾氏出版物题序题跋

《文物鉴赏与修复》序

□ 吕济民

我看到贾文超同志编著的书稿《文物鉴赏与修复》，很是高兴。这是作者近些年来发表的论文的结集，共80余篇，洋洋大观，包括了对青铜器、玉器、金银、象牙、宝石等方面文物的鉴赏和修复知识。其中，特别对我国古代青铜器的鉴别、赏析和修复技法的文章较多，内容丰富，有独到的认识，这是作者的专长。

文超同志现任职于故宫博物院科技部，我在任国家文物局局长故宫博物院代院长期间，与他共事多年，知道他是一位有专长、有技艺的专家。他的家庭可以说是文物修复世家，他的父亲贾玉波是一位长期从事文物修复工作的老专家，他们兄弟四人也都子承父业，各有成就。文超同志从小接受家庭影响，耳濡目染，潜移默化，对文物的鉴赏和修复工作培养了浓厚的兴趣。参加工作以来，他积累了丰富的实践经验，又潜心求学，提高了文物鉴赏能力，总结了文物修复技法，不仅在文物修复的实际工作中成绩突出，而且写出了大量的文章，获得了实践与理论的双丰收。

我国有着光辉灿烂的文化传统，文化积淀和文物遗存都是非常丰富的。人们常说中国是一个"文物大国"，这当然是真的。但我们还应清醒地看到，我国的文物藏品却不是十分丰富。这是因为，我们文物的地下遗存还有待开发，例如举世瞩目的秦始皇陵和武则天墓等等，都还沉睡地下。而出土文物的流失、现存文物的自然变损和人为破坏，都令人忧虑。因此，重视和加强文物的保护和修复工作，是十分需要和迫切的。

文物修复，以高超技艺的文物修复工作者将破损的文物整旧如旧，复现珍宝的艺术光彩，对文物博物馆事业做出了特殊的贡献。大家知道，埋藏于地下千百年的文物，常常自然损坏严重，在出土时许多已残破得面目全非，字画成了烂纸团，古鼎成了碎铜片，经过能工巧匠的修复，则重现了翰墨精品、青铜古物的风采。本书中有文记述了青铜珍品马踏飞燕的修复过程，令人认识到文物修复工作的特殊价值。

　　本文集的主要内容，就是深入浅出地介绍了有关文物修复的知识和实用技法，既有知识性和趣味性，又有实用性。对专业文物修复工作者有借鉴价值，对广大读者有普及文物知识的作用。除了关于文物修复的理论与技法外，本书还有一些关于文物鉴赏的文章，如对古玺、古镜、古鼓的赏析，对青铜器录文、甲骨文的介绍和研究，都能引导读者兴致盎然地来欣赏文物，也有着学术价值。

　　为此，我写了这篇小序，以支持和祝贺本书的出版。愿贾文超同志再接再厉，今后取得更大的成就。

（作者：原国家文物局局长）

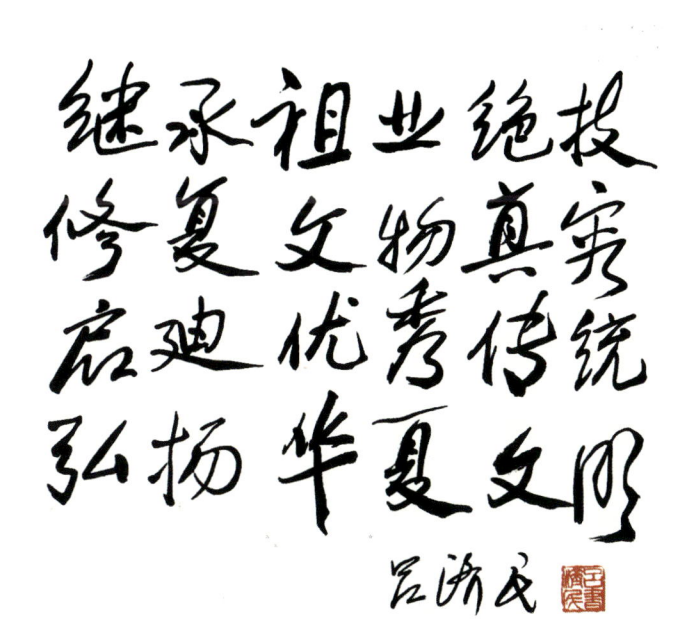

继承祖业绝技
修复文物真容
启迪优秀传统
弘扬华夏文明

吕济民题词

《文物养护复制适用技术》序

□ 吕济民

贾文熙同志近期编著了一本《文物养护复制适用技术》，由于约我作序，有机会先睹为快，深感这是他多年实践经验和技术研究的丰硕成果，也是他多年从事文物修复和复制工作的集中汇集，读后由衷地感到高兴。

贾文熙同志出身于文物修复世家，他的父亲贾玉波是一位老文物修复专家，曾参加过中国历史博物馆通史陈列、中国人民革命军事博物馆、山西、山东、广东、安徽、江苏、陕西、河北（满城汉墓）等全国各地出土的大批珍贵文物的修复、复制展品工作。他们兄弟四人都从事文物修复工作。贾文熙同志排行第二，从幼年起便耳濡目染父亲的修复技术，并实际操作仿效。后来参加了文博工作，曾修复和复制了众多的珍贵文物，积累了丰富的经验，近年来，他如同文物战线上的一位"赤脚医生"，在河南、陕西的多处考古工地，配合考古发掘，在极其简陋的条件下，凭纯熟的技艺，抢救性保护修复了许多珍贵文物，使一些酥脆见风即化的出土珍品得以保存，残破病态的器物得到及时医治"康复"，杜绝了后患。特别是参与列为1990年、1991年全国十大考古发现的平顶山应国墓地出土大批西周青铜器的抢救性修复工作，为研究和考证工作提供了可靠的实物资料。本书第一章就是他关于考古发掘现场及各类器物腐蚀机理与抢救性修复养护知识的汇集。他还以理论联系实际，曾在首都博物馆、大葆台西汉墓博物馆、河南三门峡虢国墓地发掘现场、西安等地登台讲授文物修复技术；向来自全国十余个省市的文博单位学员传授实际操作技法。第二章的主要内容就是他的部分培训讲义。十多年来，他先后为中国农业博物馆、西安中国书法艺术博物馆、陕西省科协举办"中国古代科技史出国展"，为西安地区的一些文博陈列馆、西安交通大学考古研究中心等单位，复制陈列品数百件。第三章就是他的各类器物修复、复制技法的经验总结。这本书不仅为文物保护、修复工作者提供了可资借鉴的经验，也为广大的文物收藏家、修复爱好者提供了保护、修复、复制方面的常识，具有很大的实际应用价值。

文物养护、复制工作是保护抢救文物的一项重要措施，不仅是国家收藏（包括博物馆收藏）不可缺少的业务工作，也是民间收藏（包括私人收藏）应该学习掌握的技术知识。尤其是当前文物市场极不规范，文物造假蜂拥而起，文物赝品几乎达到以假乱真的地步。这种状况损害了国家收藏和民间收藏，损害了正常的文物养护、修复工作，也损害了广大群众的利益。因而在整顿加强文物市场管理的同时，还必须重视和加强文物养护、修复工作。无论是国家收藏，还是民间收藏，收藏界中必须有众多的人掌握文物修复技术和文物辨伪知识，才能揭露和打击那些制造和销售假文物的犯罪分子，才能更好地整顿文物市场，才能避免受害。文物修复专家不仅熟知文物的造型、纹饰、色彩等外观，还对材料质地、制作工艺有深入的了解。一般的文物鉴赏家只从外观研究文物，而文物修复专家是内外结合，以宏观和微观相结合的角度，去研究、鉴别文物。在文物修复工艺过程中，补配、修饰等工序以假乱真的技巧是文物修复的绝技，但"乱真"只能乱了不知情者，而对掌握文物修复技术的专家来说，是很容易辨别真伪的。因此，学习和掌握文物修复技术和知识，就能提高文物鉴别水平，揭露和打击"假文物"的欺诈，使国家收藏和民间收藏能朝着健康的方向发展。

（作者：原国家文物局局长）

《文物修复与复制》序

□ 孙轶青

最近,贾文忠同志编著了一本书——《文物修复与复制》,我作为一个老文物工作者,由衷地感到高兴。

什么叫文物?一言以蔽之,文物是历史的遗存。文物大都具有历史的、艺术的、科学的价值,我们有责任加以保护和充分利用,因为是遗存,不能再生产了,坏一件便少一件,所以,保护更显得特别重要。而随着时间的推移,大自然的剥蚀,人为的损伤,文物变质,破损,丢失,是常有的事。这就需要不断有所整理、修复。文物修复的功能有三:一是恢复原貌;二是延长寿命;三是扩大效益。文物修复工作的重要性是文物自身的特点决定了的。有文物,就得有文物修复。文物修复是保护文物和利用文物不可或缺的重要手段。

给我印象最深的,是关于出土文物的修复,1982年,秦始皇陵侧发掘出土铜车马时,我去看了。在发掘坑内,当时看到的只是一堆"废铜烂铁"。可经过修复,人们看到的却是两辆威武雄壮、工艺精美的铜车马,是举世罕见、价值连城的历史文物。

如果人们到历史博物馆参观,也会看到,有相当多的出土器物原已破损不堪,只是经过修复,方始以完整展品形式呈现于人们的面前。

古旧字画的装裱,也是一门复杂的修复技术。有些字画,千百年来,由于虫蛀、受潮、霉烂,已变得残破不堪,面目全非。可凭装裱师的精湛工艺竟可整旧如新,重新展现原来的艺术风采。所以,我曾以《咏装裱艺术》为题写了一首七绝来歌颂可敬的装裱师们:

> 人善着衣方入时,古今字画重装池。
>
> 装成宛似花常艳,香溢千秋永解颐。

文物复制，也是一种修复技术。因为是复制，不是原物修整，其质量要求却要达到"可以乱真"地步，这就增大了技术的难度，无论设计、选材、施艺，都必须力求准确、合理、精细，稍有不慎，便难以"乱真"。而唯有"乱真"，方能达到原有文物的观赏效果。

　　总之，不但出土文物需要修复，古旧字画需要装裱，若干文物需要复制，其他如古建筑、古陶瓷、石窟寺等，也都有修复的问题。

　　所以我认为，文物修复工作是文物博物馆事业不可缺少的重要组成部分，它的重要意义和作用是任何人也抹杀不了的。我们应当大力支持文物修复工作，尊重文物修复工作者的知识和技能。从某种意义上说，文物修复工作者是文物的医生，是文物的保护神，是民族文化的弘扬者，是抢救国宝的活着的国宝。

　　严格地说，文物修复是一门科学。它包含了很多学科和实用技术。在学科方面，有历史学、考古学、博物馆学、鉴定学、金石学、化学、金属工艺学、美术鉴赏学等；在实用技术方面，有钣金、铸造、鎏金、油漆、陶瓷、造纸、电焊、石刻、色彩等。一名称职的文物修复工作者应当牢牢掌握这些方面的有关学问和技术。

　　时代在前进，随着考古发掘、文物普查、文物市场经济的发展，文物修复的任务会越来越重。修复文物既需要努力继承传统经验，又需要引入现代科学技术，不断推向新的水平。

　　贾文忠同志出身于文物修复世家。他的父亲贾玉波是一位文物修复专家，曾参加中国历史博物馆通史陈列的文物修复复制工作，他们兄弟四人也都从事文物修复工作。他从幼年起便耳濡目染其父及哥哥们的修复技术。近十年来，他还修复过许多珍贵文物，积累了丰富经验，并与文物修复界建立了广泛联系。

　　《文物修复与复制》这本书，集中体现了贾文忠的实践经验和研究成果。这本书的出版，不仅为文物修复工作者提供了可资借鉴的经验，也为为数众多的文物收藏家和文物爱好者提供了保护文物、修复文物的必备常识。因此我认为，此书的出版，是对文物事业的一个积极贡献。

1995 年 7 月 10 日于北京

（作者：原国家文物局局长）

《贾氏文物修复之家》跋

□ 孟宪珉

《贾氏文物修复之家》得以出版，我作为一个多年从事文物行政管理的工作人员，由衷地感到高兴。

贾玉波老先生和他的几个儿子文超、文熙、文忠等长期从事文物修复工作，大家称誉他们为贾氏文物修复之家。贾老先生修复文物的经验十分丰富，言传身教，培育了他的后代。贾氏兄弟则出蓝胜蓝，不辞辛劳，奔波于祖国各地，在修复了大量重要文物的同时，还潜心于传统和现代的文物修复理论的学习和探求，著书立说、传道授业。为促进祖国文物修复整体水平的提高，他们还热心从事社会活动，和一些同人一道，积极促成了中国文物学会文物修复委员会的成立。

文物修复是文物考古和博物馆工作的基础内容之一。没有文物修复工作者的智慧和努力，许多文物无法取得和保存，文物考古的研究和博物馆的文物展陈无法进行。读贾家父子和其他许多文物修复专家们写的文章，都能感到文物修复工作的重要性，体会到一种这项工作亟待加强的紧迫感。

自从"保护为主，抢救第一"的文物工作方针提出以后，极大地促进了古建筑的"救命治病"工作。一些地方从旅游业开展的需要出发，对古建筑的保护付出了很大努力。但长期以来，对考古发掘现场的遗迹保护，出土和馆藏文物的修复，大型古代遗址的保护，等等，却没有更多的关注和投入，成为文物博物馆工作的薄弱部分或环节。好在 1997 年国务院发布的《加强和改善文物工作的通知》和国家文物局制定的文博事业"九五"规划和 2010 年远景目标，都对这些因无明显效益而未引起十分重视的工作，给予了特别的强调。这就预示着我国文物修复这条战线可能会像期待的那样"火"起来。

谨以此短文，祝贺《贾氏文物修复之家》付梓，祝愿贾家父老兄弟在 21 世纪到来之际，为祖国文物博物馆事业做出新的贡献。

（作者：时任国家文物局文物保护司副司长）

《古玩保养与修复》序

□ 吕济民

贾文忠同志出身于文物修复世家，他的父亲贾玉波是老一辈文物修复专家，在国内外有很高的知名度。人民日报出版社 1998 年出版了《贾氏文物修复之家》一书，比较全面地介绍了贾氏一家人为中国文物修复事业做出的巨大贡献。

我与贾氏一家相识既久，因而对文忠昆仲亦比较熟悉。文忠的大哥文超任职于北京故宫博物院科技部，我在任国家文物局局长、故宫博物院代院长期间，与他共事多年并多有接触，他是一位有专长、有技艺的专家。我曾为他撰写的《文物鉴赏与修复》一书作序。文忠的二哥文熙在西安文物考古研究所从事文物考古与保护工作，并负责主编中国文物学会会刊《中国文物通讯》，他曾出版过一本专著《文物养护复制适用技术》，我亦为之作序。

文忠同志自幼受家庭的熏陶，热爱金石书画、文物修复与复制，先后师从著名鉴定专家、篆刻家傅大卣先生，著名版本学家、画家魏隐儒先生，古文字学家、著名书法篆刻家大康（殷康）先生，学习书画和篆刻，他的作品曾多次参加书画篆刻大赛和展览并获奖。他把金石艺术融入文物修复当中，使这门技术发扬光大。1996 年他出版的《文物修复与复制》，《人民日报》曾登载了题为《化腐朽为神奇的学问》的书评，称赞这是中国第一本关于各类文物修复与复制的专著，填补了文物修复领域的空白。

文忠同志 1979 年参加工作，先后在北京市文物局、首都博物馆和中国农业博物馆从事文物的保护、修复、复制、征集、研究和鉴定工作，曾修复过北京孔庙大成殿内清代九位皇帝御书的大匾，国家重大考古发现工程江西新干出土的商代卧虎铜方鼎、国家重大考古发现河南淅川下寺出土的楚国青铜重器，并担任国家重大考古发现河南三门峡西周虢国墓地出土文物的修复主持人，修复了几十件国家一级文物。近年来他又涉足于青铜器鉴定领域，将文物的修复和复制技术原理融入文物鉴定，走出了一条从修复角度进行鉴定的捷径。文忠同志编著的《古玩保养与修复》，就是他多年实践经验和技术研究的成果，也是他继《文物修复与复制》和《贾文忠谈古玩赝品》之后的又一部力作。文忠同志热爱并关心中国文物修复事业的发展，1991年由他发起，得到国家有关部门支持成立了"中国文物学会文物修复委员会"。该会成立近十年来由于他的不懈努力，做了很多工作，推动了中国文物修复事业的发展。近年来文忠同志首倡将文物修复专业引入大学课堂，自编教材自己主讲，现海淀走读大学已有三届学生学习了此门课程。今年又被国家教委批准正式在海淀走读大学、中国传统文化学院成立了文物保护修复专业。古玩的收藏是一门学问，简单地说收藏应当包括两个方面：一为收，二为藏。作为收藏家，不管你收集到了多么有价值的古玩，如果保藏不好，也可能会一文不值，所以文物古玩的保养非常重要。文忠同志长期从事此工作，对此有很深的研究，他将多年积累的经验结合现代科学技术写成本书，是对收藏事业的一个贡献，对收藏家大有裨益。我希望有志于此的同道，都来做这方面的工作。是为序。

2000年8月

（作者：原国家文物局局长）

《贾文忠金石传拓集》跋

□ 熊传薪

贾文忠先生是我的挚友，他是我国当代一位著名的金石学家和青铜器研究专家。贾先生金石传拓集出版，我特别高兴！

墨拓，始于六朝，最早是用来拓汉魏石经及秦刻石的。唐代以后盛行，宋初，遂用以拓古器文字。到了清代晚期，随着金石学研究的盛行，墨拓的应用更为广泛，对于传承我国古代优秀文化起到了很好的作用。但在那时，主要是用于拓印平面的碑刻。贾先生之全形拓，是继承并发展了晚清以来的高超墨拓技艺。他的全形墨拓，显得很细腻，富有真实感，更为完美。他的全形拓是一项立体感很强的墨拓技艺，其墨拓难度远远超过了过去的平面墨拓。全形拓虽然始于清代晚期，但后来由于种种原因，技艺改进缓慢。而贾先生之全形拓，无论在墨拓之浓淡和器物之完美上，都超过了清朝晚期金石学家之全形拓技艺。以贾先生的商代晚期猪形尊全形拓为例，形态逼真、造型独特。他将猪形尊复杂的纹饰进行了全方位的墨拓，从而使拓后所展现出来的猪形尊，不仅造型很逼真，其纹饰和装饰也很美，给人一种真实的美感。这种高超的墨拓技艺，是贾先生长期对古代青铜器造型特征、铸造工艺和纹饰特征的研究结果，也基于他长期修复青铜器所积累的深厚功底和美术修养。贾先生之全形拓，不仅是对国宝级器物的全形拓印供人欣赏，而且还通过全形墨拓进行二次创作，其作品严谨深刻、古朴浑圆、疏拓秀美。在全形拓拓本中，充分利用拓本之空间，将当代名人名家对所拓器物的题跋，一并附印，显得所拓之器物更为珍贵。这不仅是一种器物与人的合一，古与今的合一，而且体现了一种传统文化与传承相结合的理念，富有新的时代感。而且，这种全形拓技艺，对文物保护事业做出了一种新的贡献。因此，观赏贾先生之全形拓作品，是对我国优秀传统文化艺术的享受。今天，作为传统文化技艺与古代艺术珍品的完美结合，这种技艺用纸墨传拓历史珍藏，尤为珍贵。

2010 年 10 月

（作者：原湖南省博物馆馆长）

《贾文忠全形拓精选集》序

□ 李学勤

贾文忠先生精选其全形墨拓作品，辑成一集，将由文物出版社出版。我非常高兴能有机会在这里写几句话。

墨拓技艺是我国古人的一项重要发明，其起源可能很早，至少到北宋已经相当成熟和普遍了，翟耆年《籀史》所记仁宗皇祐三年（1051）诏即是证明。曾有学者以为墨拓与印刷术的发展有密切关系，是不无道理的。这种技艺的流行，在文化的传承方面起了不小的作用，直到今天，尽管有了摄影等现代技术，墨拓由于具有特殊的不可替代的优点，仍然为考古文物工作所不可或缺。特别是在青铜器、甲骨、石刻等项目的著录和研究中，断然离不开墨拓。

全形拓在墨拓技艺中要求最高，不妨说是其最高境界，一贯被学术界、艺术界共同重视。有文章指出："因全形拓是一种以墨拓作为主要手段，要求传拓者具备素描、剪纸等技术，将青铜器的立体形状复制表现在纸面上的特殊传拓技法。传拓青铜器物立体全形拓是各类传拓技法中最难的一种，它要求拓工具有丰富的平面传拓经验，因此历来善拓者不多。"全形拓之受人尊重，缘由正在于此；也因为这样，全形拓在墨拓技艺中的出现是最晚的。

是谁最早做到了全形拓，在一些论著里有不同说法。比较流行的传说，是清中叶嘉庆时的僧侣达受。达受，号六舟，确以精于墨拓著称，有"金石僧"之目。但他不是全形拓的创始者。容庚先生在1941年出版的名著《商周彝器通考》中，指出："彝器拓全形始于嘉兴马起凤。"并引《金石屑》所收汉洗拓本，马氏题于嘉庆三年（1798）戊午六月十八日，证明了这种技艺实起于乾嘉之际。1998年出版的马子云先生《金石传拓技法》叙述"传拓青铜器略史"，也有同样的记载，六舟不过得其传授而已。

至于全形拓的具体技法，晚清金石大家陈介祺在致潘祖荫的书札中有详论，见于潘氏刊刻的《传古别录》。2004年，陈氏裔孙陈继揆先生将之录入《簠斋鉴古与传古》一书，大家很容易读到。

《商周彝器通考》中说："近日拓全形者首推周康元。"实是公论。马子云先生也讲到周氏"研究传拓铜器器型，因他学了透视，故拓的器型较为合理"。周康元先生，字希丁，对全形拓技艺多有改进，在文物界有盛名。贾文忠先生正是周氏及其弟子傅大卣先生一脉的继承人，对全形拓的发展做出了创新性贡献。

容庚先生还说："全形拓本之长处，在能依原器之大小，使形状花纹展现于纸上。加以题识，补以花卉，即是一轴最佳之美术品。"贾文忠先生的全形拓即是技艺和美术兼臻上乘的创作。记得2008年，农历值戊子，贾文忠先生以陕西眉县出土西周逨盘全形拓为中心，邀名家题跋，裱为"鼠年大吉"立幅，一时轰动。嗣后几年之始，其类似作品都刊在《中国文物报》，见者无不欢喜赞叹。

2011年年末，我应命为贾文忠先生写序，随即幸获他的新作"龙年大吉"，极觉精彩，谨附此致谢。

2012年5月13日

（作者：清华大学历史系教授、著名历史学家、古文字学家）

《贾文忠全形拓精选集》跋

□ 李伯谦

以田野调查发掘为特征的近代考古学传入以前，我国有悠久的金石学传统，宋、清两代更形成高潮。与金石学历史几乎同样久远的，便是金石传拓技术，运用纸、墨两种材料通过捶拓将金石器物的形状、花纹、文字拓于纸上，使之得以永久流传，对我国优秀传统文化的继承和发扬发挥了重要作用。诚如清代硕儒阮元在其《积古斋钟鼎彝器疑识序》中所言："古器虽寿，然至三四千年出土之后，转不能久，或如经兵燹损坏，或为水土之沉埋，或为伧贾之毁销，不可保也。而宋人图释各书反能流传不绝，且可家守一编，然则聚一时之彝器摹勒为书，实可使一时之器永传不朽，即使吉金零落无存，亦可无憾矣。"

金石学在发展，金石传拓技术也在发展，金石传拓技术发展的高峰，即是贾文忠君继承发扬而来的全形拓。全形拓约兴起于清代乾嘉之时，其与以前最大的不同是运用透视技法将平面变成了立体，观摩文忠君收入本书的作品，轮廓分明，字迹清晰，主体花纹和地纹的墨色浓淡、深浅有别，凹凸之感，跃然纸上。尤其是动物类造型铜器，如湖南省博物馆所藏商代猪尊、江西新干出土的商代双尾虎、陕西岐山贺家出土西周牛尊、山西曲沃出土西周兔尊及战国虎钮錞于、汉代羊灯上的虎与羊等，件件形神兼备，而更突出了神采，虎和猪的造形狰狞威猛，牛、兔、羊的造形温顺可爱，真可谓活灵活现。这些作品是惯常技术之作，但又不是一般的技术之作，而是作者在对原器把玩摩挲基础上，通过重新构思、提升进行艺术再创作的产品。

近代考古学兴起以后，伴随着照相、实测等技术的发明，对出土文物的描绘表现手段越来越多，也越来越精，但传统的传拓表现技法并未降低自己的作用。照相、测绘的科学性是提高了，但突出什么、强调什么，选择的余地也小了。墨拓则不同，它可以根据研究者、欣赏者的需要，选择重点，分别施墨，或深或浅，或浓或淡，甚至舍弃一些你认为可以省略的部分。尤其是好的全形拓，其艺术韵味更浓，和好的摄影作品放在一起，会各擅所长、相得益彰。因此，传统金石传拓技术，对于文物考古学科来说，不是可有可无的问题，而是如何发扬光大的问题。照相、测绘的手段在发展，传拓技术也应该借鉴吸收照相、测绘手段的优点，不断创新，不断发展。"欲穷千里目，更上一层楼。"我衷心祝贺文忠君取得的成就，也期盼文忠君再攀高峰！

2012 年 5 月 25 日

（作者：北京大学考古文博学院教授、著名考古学家、历史学家）

《吉金萃影——贾氏珍藏青铜器老照片》序

□ 李学勤

我第一次有机会看到贾文忠先生珍藏的古代青铜器老照片和玻璃底版，算来已经是二十年前的事了。1995 年，我应贾文忠先生之邀，到他的寓所铜斋，蒙以一部分照片底版赐示。这些材料的丰富精彩深深吸引了我，诧为奇观。当时贾文忠先生谈到希望能把这些照片辑成图录出版，我极为赞成支持，同时也觉得这需要做大量整理研究的工作，不是短时间能够完成的，特别是他日常任务繁重，实现这一理想谈何容易。但我没有想到，贾文忠先生与其哲嗣贾树锲而不舍，通过多年努力，终于编成这部厚重的《吉金萃影》，现在即将由文物出版社印行，实在是值得祝贺的。

应该指出，青铜器老照片传世数量甚少，尤其玻璃底版更是难于保存，所以我们必须认识到这批材料自身已经是珍贵文物了。至于将之汇编为《吉金萃影》，其价值和意义，窃以为至少有下列三个方面。

首先，记录流散器物。

青铜器是中国古代文物最重要的门类之一，实际上早在秦汉以前，也就是青铜器仍在使用流行的时候，已经备受当时人们的珍视。唐宋以后青铜器的收藏蔚为风气。及至清末以至民国时期，社会陷于动荡，盗掘、私掘青铜器盛行，大量珍贵器物出土后流散到各地，其间精品多散播到国外，如日本、欧美，为数实难确计。这一时期著名的青铜器出土地点，可以举出：殷商青铜器：河南安阳殷墟；西周青铜器：陕西宝鸡斗鸡台、戴家湾，河南洛阳马坡，河南浚县辛村；春秋青铜器：河南新郑李家楼；战国青铜器：河南浑源李峪，河南洛阳金村，安徽寿县朱家集。这些地点(李家楼、朱家集除外)的青铜器精品，大多已流藏国外。当时究竟多少青铜器经过所谓"洋庄"散出，目前留存在什么公私藏家,是学术界迫切需要了解的问题。《吉金萃影》的老照片及其编纂工作,为此找出了不少宝贵线索。

其次,是提供研究资料。

经过众多专业学者的共同努力,近年青铜器研究已发展到新的阶段,取得许多重要成果。最近我在北京大学一次青铜器及金文的研讨班上讲过,青铜器研究新阶段不同于过去的一个特点,就是以考古发掘材料作为主要的基础,从而导入考古学的方法和手段。考古发现的青铜器,有出土记录,有层位关系与伴出器物,这些当然和流散的青铜器有别,但是还必须说明,这绝不意味着非考古所得的青铜器就不重要了。这一点,可以从量和质两方面来说。由著录文献可知,自宋朝以来,青铜器的发现数以万计,有图像记载可查者,数量恐过于近几十年考古工作所得。至于散藏各地,还没有为学者所知的,便更不必说了。还必须考虑到,青铜器有相当大的部分是古代匠师的创造,与其他艺术品一样,凝聚着他们的智慧和心血。若干精美绝伦的杰作,每每是独特的,不会重复出现。有些非常珍贵的器物,一旦消失,就没有可能找到替代。《吉金萃影》中相当多的器物,目前已难寻出它们的踪迹,有的或许业已无存,要想研究,只能依据这些珍贵的照片。

再次,体现修复成果。

我曾经多次说过,好多人习惯于在博物馆的橱窗里观赏青铜器,每每以为青铜器出土时就是那样形制完整、纹饰明晰、铭文清楚的,这实在是一种误解。青铜器在地下埋藏两三千年,发现时完好光洁的甚少,大多数是锈蚀遍体,破碎残损,甚至成为一堆碎片。不经过修复,研究和鉴赏是看不到的。《吉金萃影》照片里所见种种精美器物,都是修复工艺专家苦心孤诣工作成果的展示。

在这里,我愿向读者特别推荐附印在《吉金萃影》中的贾文忠先生《贾氏珍藏青铜器老照片二三事》一文,这篇文章也发表于《文物天地》2014 年第 11 期。许多关心青铜器的人知道,贾文忠先生一家是北京"古铜张"一系青铜器修复工艺的嫡传,但其间渊源传承的细节,行外实难了解,贾文忠先生长期关心修复工艺的历史,前些年已写过《老北京青铜器修复"古铜张"派源流考》

《王德山小传》等文（俱收入《贾氏文物修复之家》一书），现在这篇《二三事》，结合老照片的积累流传，系统记述了青铜器修复工艺的种种事迹和有关人物，都是关注青铜器者应当知道的，请大家不要错过。

2015 年 8 月 2 日于清华园

（作者：清华大学历史系教授、著名历史学家、古文字学家）

《吉金萃影——贾氏珍藏青铜器老照片》序

□ 李伯谦

从约四千年前的夏代至两千四五百年前的战国，是中国的青铜时代。在长达一千五百年的历史长河中，青铜冶铸技术日臻完善，青铜制品运用到了社会生产生活的方方面面，对于推进社会进步、提高社会文明程度发挥了重要作用。即使到了铁器时代乃至更晚的历史时期，青铜器的制造和使用，仍然连续不绝。有鉴于此，古代先民留下的具有历史价值、艺术价值和科学价值的青铜制品，就成为人们进行历史研究、艺术鉴赏和收藏的重要对象。不过，天长日久，由于自身和环境的变化，从地下挖出来的青铜器大多锈蚀严重或残破不堪，很少能看出保持原来形状和色彩者，于是对青铜器进行修复、复制的技术和从业者便应运而生。早在商代，就有针对青铜器的铸造缺陷而出现的修补技术、以冥器为代表的依照实物复仿的技术，这都可以看作从宋代金石学出现以来逐渐成熟起来的青铜修复技术的滥觞。以后，随着经验的积累和技艺的精进，不断涌现了一代又一代技术大师，甚至出现了修复世家。而且，由于师承的区别，还形成了各有绝活和风格的不同门派。珍藏这批青铜器老照片的工艺大师贾玉波，即是出于清末内务府造办处青铜器修复高手于师傅的再传弟子、人称"古铜张"的张泰恩的再传弟子王德山门下。

贾玉波，河北省束鹿县人，1923 年 12 月 17 日生。13 岁来到北京琉璃厂，投到王德山门下学习修复青铜器。40 年代初出师自立门户，专门为著名古董商黄伯川（黄濬）开的尊古斋修复铜器。铜器修复前大多残破，有的会碎成几十片甚至上百片，修复时需要反复揣摩，寻找其内在联系规律，然后才能细心拼对，粘接复原成整器。一件器物，少则几天，多的要花十几天甚至上百天工夫，这里凝聚了修复者大量的心血和智慧，一件修好的铜器就是一件新生的艺术品。铜器修好后，一般都会拍照留存资料。贾玉波就是这样的有心人，在他从事铜器修复的一生中，就留下了许多这样的老照片。至今，在他儿子（也是铜器修复高手）贾文忠手上，还有300多帧玻璃版底版和近500张照片。当时玻璃底版价格昂贵，为节省起见，常常是几件器物合照一张，这样计算，经贾玉波大师修复且留下影像的青铜器至少也有一千多件。经贾文忠初步清理辨识，大部分是商周时期的青铜礼器、乐器、兵器，有方鼎、圆鼎、分裆鼎、簋、鬲、甗、方彝、觚、爵、斝、尊、罍、壶、盉、盘、匜、钟等，也有秦汉以来的镜、熏炉等，其中许多国宝级珍品包括人面盉等已流出海外。实物虽然散失，但这批老照片，无疑仍是研究青铜器修复技术、鉴赏、收藏以及流散历史的珍贵资料。正如贾文忠在此书篇首《贾氏青铜器老照片与老照片相关的二三事》一文中所言，"通过这些老照片，不仅可以初步了解这些青铜器大约的出土年代，还可以追索这些青铜器由谁修复或去锈的，大约是通过什么人、什么时候流传到国外的"。

  这最原始的也是最真实的历史真迹，不仅记录了这些青铜器的过去，也为今后的青铜器研究提供了佐证。文物出版社慧眼识珠，玉波先生哲嗣积极配合，决定出版这批老照片，实乃学界幸事。借此机会，谨表真诚的感谢和祝贺！

  是为序。

2015年7月于北京

（作者：北京大学考古文博学院教授、著名考古学家、历史学家）

《吉金萃影——贾氏珍藏青铜器老照片》初读

□ 朱凤瀚

《吉金萃影——贾氏珍藏青铜器老照片》是一本青铜器影像图录，所收入的青铜器照片非常珍贵。这些照片上的青铜器均是著名的青铜器修复大家贾玉波先生所经手修复过的，拍摄年代在20世纪20～40年代。为所修复过的青铜器留影，并汇集成书，性质类似于"经眼录"。

在文物、古籍这个圈子中，老一代的专业人士，将自己收藏或经手过的文物，编成"经眼录"，惠于艺林，其资料、心得均会得到行内专家的重视。有名的例子，如孙殿起先生的《贩书偶记》。贾玉波先生在青铜器修复方面师从张泰恩先生的高足王德山先生，不仅学得一手高超的青铜器修复技术，更继承了为积累修复经验而拍摄修复过的青铜器的好习惯。现在收入这本图录的300余张照片（有的是玻璃版底片）仅是贾玉波先生所拍摄过的器影中一小部分。那么，这本影集对于中国青铜器的研究究竟有哪些意义呢？我想，至少有如下几点。

其一，这些青铜器的修复年代，即20世纪20～40年代，正是我们国家经历剧烈社会动荡的时期，大批非经考古发掘而出土的青铜器在此种历史背景下，通过不同渠道流散到国外。迄今为止，我们尚未能掌握存于海外公私收藏家的中国青铜器档案性质的资料，除少数名品外，绝大多数器物流出的年代与其来源并不清楚。鉴于当时在北京青铜器修复行业所享之盛名，古董商与收藏家们送至贾先生所在名为"古铜张"的作坊中的青铜器不在少数，而收进本图录中的器物已知有相当大的比例存于海外，赖此图录可大致得知其流转出国的年代及出土年代，使其"身世"问题得以知晓，起到了恢复历史记忆的重要作用。

其二，传世中国青铜器的辨伪、鉴定始终是青铜器收藏与研究领域最受到重视的专业性工作。特别是在20世纪前半叶那种特殊的历史环境中，伴随着私掘文物之盛行，作伪行业亦相当活跃，这使得辨伪的必要性尤其突出。由于当时从事青铜器修复的老一代专家不仅有着极高的修复技术，而且在长期同出土青铜器的接触与修复过程中积累了丰富的辨伪专业知识，凡经过他们亲手所修复的器物，可以说绝大多数是可靠的，这就使收入本图录的器物有了专家鉴定的保障，其可信度自然大大提高。当然，也正由于这些专家手艺高超，旧中国的他们为了谋生而仿制的器物也会为今日辨伪增加复杂性，这也是要指出的。只是本图录中的青铜器影像是经过贾玉波先生特意保存的所修复过的器物档案，不会存在这类问题。

其三，青铜器在出土时（或出土前）多数会受到程度不同的损伤，出土后必须经过修复才能保存，所谓"十器九修"。而损伤程度不重，又经高手修复过的器物，从表观上几乎看不出残损，因而并不影响其收藏、展示与研究的价值，这是与其他类文物藏品（如瓷器、玉器、漆器等）有所不同的。但是作为文物，一件青铜器在出土时是否残损，是否经过修复，仍是这件文物的档案中必须有所记载的事情，而本图录是所收众多青铜器曾经修复的证明，为海内外研究者对这些青铜器进行研究、保护与科学利用提供了可靠的背景材料。

其四，对本图录中所收青铜器的来源、出土地，以及其中一些器物具体是在何时、通过何种渠道流到国外这些问题，因编撰时贾玉波先生年事已高且患脑病，未能附有详细记录，这确实非常遗憾。但其哲嗣贾文忠先生在书前所写回忆中仍提供了一些这方面的信息，这是难能可贵的，其中颇有启示性的可发人深思的问题。

其五，如果说还有什么意义需要指出的话，那就是，本图录也有助于了解、研究老北京以"古铜张"为代表的青铜器修复业的专业水平、发展状况，这是极少数能保留下来的有关旧中国文物修复行业的实物资料，故尤值得珍视。

以上所归纳的五点学术意义，本书出版后，将在海内外公私收藏机构与专家学者们对本书作多方面的研究过程中得到彰显。本书的编者贾文忠先生系贾玉波先生哲嗣。多年来为了编好本书，使这部分极为珍贵的照片、底片能得到科学利用而付出了相当多的精力。除了这些照片本身所具有的重要价值外，文忠先生所做工作中有两点尤值得重视。一是，他所写的《贾氏珍藏青铜器老照片与老照片相关的二三事》，有许多有关老北京青铜器修复业的历史及经营青铜器买卖的著名古董商之经历的信息，读起来甚为生动，亦颇长知识。二是，本书所附"图版说明"非常精彩。不仅依据考古发掘资料与青铜器的器型学知识考定了器物的年代，而且多数附有可资对照的形近器物图，便于对器物年代的认定；属于成组器物者，则详举同组器物之所在；凡器物今所在知其下落者，亦均详细说明其著录情况，并附有更为清晰的器型与铭文拓片（而铭文之刊录则弥补了本书这方面的缺失）。其中尤体现功力的是，凡能查实已流至海外的青铜器之辗转收藏过程与现藏处所亦均考订得相当准确。因此，这一"图版说明"为对本图录所著录的青铜器作研究提供了方便，极大地提升了本图录的资料性与学术性。

  由于时间关系，笔者对于本书所载青铜器资料还只是初读，尚未及做细致的研究。书中部分器物迄今尚未知其下落，有不少可能也已流至海外。相信随着近年来开展的对海外收藏中国青铜器研究工作的深入，将会提供更多有关本图录所收器物的新信息。书中有不少使我比较感兴趣的内容，比如现藏于美国弗利尔美术馆的人面盉（090）是一件著名的青铜器。从本书中可知，这件器物在出土后曾经贾玉波先生修复，而文忠先生在其所写《二三事》中回忆，老先生曾云"这件人面盉是通古斋从河南彰德府人手中买到"。所谓彰德府亦即今安阳，如果是这样，那即是说这件器物很可能出在殷墟。但现所知殷墟出土的青铜器中有人面形象造型的并不多，而且像这种形制很别致的带管状流的器物也出土得很少，所以研究者多以为此件器物当出在南方。检视殷墟出土的器物，如西北岗 M1400 大墓所出土青铜人面，其眉毛的表现方法与双耳外侈的形象倒是与本器物人面极似，只是本器物面相更具滑稽性。殷墟妇好墓出土的玉器中有玉人与玉人头、玉人面饰件，其面部形象倒是与此人面盉有近似处，比如肥大的鼻翼、厚嘴唇等。故从人面造型看，此件器物与殷墟的青铜工艺似不无关系。当然这个问题随着今后新资料的发现可以再作进一步的研究。

  又如，另一使我感兴趣的内容是，书中有不少商后期北方式青铜器的照片，特别是有兽首与三凸钮及五凸钮环首刀，而五凸钮环首刀在目前考古发掘出土的资料中尚未见到。这些器物反映了商后期北方族群与商王国通过战争等方式曾有过的密切接触与文化交流。书中有一件"龙纹弓形器"（122），图版说明已指出这种器首作圆勺状（或称"蹄首"）的弓形器曾出土于小屯M238，只是小屯M238所出土的此型弓形器是素面的。以往研究者曾指出，小屯M238这件弓形器在殷墟所出诸型弓形器中年代较早，而且从形制看要早于小屯M5（即妇好墓）出土的同型器（虽然M238年代近同于小屯M5）。但本书刊载的此件与小屯M238形近的弓形器背面饰有"瓶角"龙纹，此种纹饰已属典型的殷墟文化工艺传统，所以这件弓形器可以认为是商人仿造的弓形器中年代较早者。

  本书提供的青铜器资料异常丰富，无论对于青铜器作多层面、多角度的研究，还是对于完善海内外所藏中国青铜器的档案记录，了解中国青铜器出土与流传的历史，都是相当有价值的。这是作为"贾氏文物修复之家"第二代传人的贾文忠先生对中国青铜器研究所作的新贡献。相信此书的问世，会受到与中国青铜器研究、收藏有关的海内外诸家的欢迎与重视。

2015年5月24日

（作者：北京大学历史学系教授、著名青铜器研究学者）

《金石永年——贾文忠全形拓》序

□ 孙旭光

恭王府坐落于风景优美的北京什刹海畔，素有"一座恭王府，半部清朝史"之誉，现由文化部恭王府博物馆守护并对社会开放。从乾隆年间权倾一时的大学士和珅在此建宅开始，历经乾隆、嘉庆、道光、咸丰、同治、光绪、宣统七个皇帝，又从民国到当代，至今已近两个半世纪。这里曾是晚清风云际会之地，与当时许多重大历史事件密切相关，折射着中国近代以来的踯躅前行和沧桑巨变。时至2008年全面开放，恭王府定位于国家级王府博物馆，成为我国唯一的清代王府文化研究中心、文献资料收藏中心、王府文物收藏中心和王府文化展示中心。恭王府2012年被评为国家5A级旅游景区，2017年获颁国家一级博物馆。作为保存较好的遗址类博物馆，恭王府在修缮完成后开设了一系列复原陈列和相关专题展览，已基本形成贯穿府邸和花园的王府历史观览线。

自2009年始，文化部恭王府博物馆以嘉乐堂、乐道堂、后罩楼抱厦、安善堂等四处院落殿堂为主要场地，举办以中国书画为主的艺术展览，兼有工艺美术、"非遗"保护等题材。针对在地性及历史人文环境的特点，我们提出并践行"情境式展览"理念，以恭王府深厚的历史积淀与宜人的建筑园林为依托，对各类展览做出独特策划与阐发。

金石传拓技艺主要着色材料是墨，又称墨拓，是我国古人的一项重要发明，起源很早，至少到北宋已经相当成熟普遍，翟耆年《籀史》所记仁宗皇祐三年（1051）诏就是证明。金石学的发展与传拓技术有密切关系，这种技艺的流行，在文化的传承方面起了不小的作用。在摄影等现代技术出现后，墨拓由于具有特殊之不可替代的优点，仍然为考古文物工作不可或缺，特别是在青铜器、甲骨、石刻等项目的著录和研究中，断然离不开墨拓。其中，全形拓是照相术传入中国以前唯一可以观赏器物全形的墨拓技艺。全形拓在墨拓技艺中要求最高，境界亦称最高。青铜器物立体全形拓是各类传拓技法中最难的一种，它要求拓工具有丰富的平面传拓经验，因此历来善拓者不多。全形拓虽在墨拓技艺中出现最晚，但却受人尊重，缘由正在于此。正因如此，容庚先生在1941年出版的《商周彝器通考》中指出，"彝器拓全形始于嘉兴马起凤"，并引《金石屑》所收汉洗，马子云题于嘉庆三年（1798）戊午六月十八日之拓本，证明了这种技艺实起于乾嘉之际。至于全形拓的具体技法，《商周彝器通考》说：近日拓全形者首推周康元，故宫博物院已故研究员马子云先生也讲到周氏"研究传拓铜器器型，因他学了透视，故拓的器型较为合理"。周康元先生，字希丁，对全形拓技艺多有改进，在文物界有盛名。贾文忠先生正是周氏及其弟子傅大卣先生一脉的继承人，青出于蓝，对全形拓的发展做出了创新性贡献。

贾文忠先生自幼受家庭熏陶酷爱金石书画，十几岁即随父习业，深得铜器修复要领，又拜康殷、傅大卣等为师，学习金石篆刻、书画、鉴定。他长期在文物系统工作，修复过数千件青铜器，仅国家一级青铜器就有上百件之多，鉴定青铜器不计其数，其中不乏国宝重器，这使他有机会创作全形拓，并在全形拓基础上潜心研究颖拓技艺。观贾文忠全形拓作品，器型准确，透视合理，纹饰清晰，铭文规范，效果逼真，并常有艺坛同道为之题跋补绘。容庚先生还说：全形拓本之长处，在能依原器之大小，使形状花纹展现于纸上。加以题识，补以花卉，即一轴最佳之美术品。贾文忠先生历年瑰集艺坛大家、文博巨擘为之题识补绘的全形拓作品，种类既丰，水平又高，所在多有，颇令人叹为观止。

2011年6月，国家文物局委托贾文忠为首都博物馆藏国宝级文物伯矩鬲制作全形拓片，作为礼品赠送法国前总统希拉克，这是贾文忠先生的全形拓技艺和审美兼臻上乘，为世所公认的又一盛事。

"金石永年——贾文忠全形拓"之技艺属于非物质文化遗产，同时特别邀请多位艺术家为之补绘或题跋，既充分展现了传统技艺之美，又有当代文化的介入，文质兼备，以国家一级博物馆恭王府为平台，发扬传统文化，全面展现全形拓的艺术魅力，相信一定会给观众带来全新的视觉享受。

2017 年 5 月

（作者：时任文化部恭王府博物馆馆长）

《贾文忠金石艺术集》序

□ 谢辰生

欣闻《贾文忠金石艺术集》即将出版，我谨表示热烈的祝贺！

我和贾文忠的认识是从他的专业上开始的，20世纪80年代，他先后在北京市文物局、首都博物馆工作，主要负责文物修复保护，那时候，我在国家文物局工作。后来，贾文忠调到了中国农业博物馆，承担一些重要的文物修复工作，成长为有名的文物修复鉴定专家，出版了十几种关于文物修复鉴定的著作。1991年，他发起成立了中国文物学会文物修复专业委员会并一直担任秘书长，为广大会员服务，近一届担任副会长兼秘书长，组织召开全国文物修复技术研讨会16届，编辑出版学术刊物9集，举办培训班培养文物修复技术人才，把这个专业委员会搞得有声有色。20世纪90年代末，建议国家教委将文物修复与鉴定引入大学学历教育获批准，至今已有几十所大学设立文物修复鉴定专业。他还承担了国家文物局委托的一些关于文物修复的课题，对制定和完善国家文物修复保护技术规范贡献了自己的力量。

近年来，贾文忠在做好文物修复保护本职工作的同时，业余创作了很多金石拓片作品，尤其是全形拓，在社会上产生了广泛的影响。全形拓，又称立体拓、器物拓，是一种以墨拓为主要手段，辅以线描、绘画、剪纸等技法，把器物原貌复制到纸上的一种技艺。全形拓作品立体呈现青铜器的精美、厚重，本身就是一幅让人回味无穷的艺术品，加上一些书画家参与其中，进行二度创作，使全形拓成为一种具有欣赏和收藏价值的艺术作品。几年前，贾文忠请我为他的全形拓作品题跋，我也多次参加过他的全形拓作品的出版和展览活动，对他的全形拓作品有所了解。然而令我没有想到的是，贾文忠的艺术创作并没有停留在全形拓方面，他还传拓了上千幅铜镜拓片，把历代铜镜的造型、纹饰及人物故事转移到纸上，再配上他自己创作的写意花鸟人物画，形成了一幅幅趣味横生、颇具寓意的美术作品。以金石为源头，贾文忠广泛涉猎与此相关的艺术门类，如书法、篆刻、绘画等，均有所成，且风格独特，就像他的一方印章文字所言："金石刻画臣能为"。近年来，他先后出版了《贾文忠金石传拓集》（文物出版社，2012年）、《贾文忠全形拓精选集》（文物出版社，2013年）、《金石永年——贾文忠全形拓》（学苑出版社，2017年）等艺术著作。贾文忠的艺术成就，与他出生于金石世家是分不开的。其父贾玉波为铜器修复"古铜张"派传人，毕生从事青铜器修复工作。贾文忠十几岁即随父习业，深得青铜器修复要领，又拜胡爽盫、康殷（大康）、傅大卣、程常新、魏隐儒、赵存义为师，学习金石篆刻、书画、鉴定。他长期在文物系统工作，修复过数千件青铜器，仅国家一级青铜器就有上百件之多。又曾就读北京大学考古系"考古学与博物馆学"研究生班，文物理论知识扎实。近年来，贾文忠在进行青铜器理论研究的同时，常常走出书斋，受邀为博物馆、拍卖公司和藏友鉴定青铜器，过手青铜器不计其数，其中不乏国宝重器。这使他有机会创作全形拓，几年下来创作全形拓作品300余件。其作品的创新之处在于集金石传拓和颖拓为一体，器型准确、透视合理、纹饰清晰、铭文规范、效果逼真。特别是从2007年起，他每年选择一件生肖动物造型青铜器，制作一张贺年全形拓作品，邀请名家题跋，分送亲友，在社会上影响较大。2011年6月，国家文物局委托贾文忠为首都博物馆馆藏国宝级文物伯矩鬲制作全形拓片，作为国礼赠送给了法国前总统希拉克。贾文忠的成功，还与他广泛交往、虚心求教、不断学习有关。他非常热爱文物事业，对文物大家十分敬仰，虚心向他们求教，如贾兰坡、朱家溍、王世襄、史树青、罗哲文、耿宝昌、李学勤、李伯谦等名家大师，都与他非常熟悉。在名家大师的点拨和鼓励下，贾文忠博采众长、刻苦钻研、学习不辍，不仅在青铜器修复鉴定方面的技术水平日益提高，而且丰富了他在金石书画方面的艺术修养。贾文忠在对以青铜器为代表的古代文物的长期探索中，形成了他独特的艺术气质，这从他的艺术作品中就可以看出来，那就是对大自然的敬畏、对古代文明的仰慕、对传统文化的热恋、对真善美的追求。无论是全形拓，还是书画印，他的作品基本上与文物有关，都能透出浓浓的金石味，既有高古的意趣，又有当今的生活，镜花水月，清风徐来，古今交融，充满禅意。优秀的艺术作品一方面是对自然和社会的描绘，另一方面是作者内心的表达。"情谊、宽容、厚道、善良、真诚、忍让、慎思、静心"，这是贾文忠用楷、草、隶、篆四体书写的笺谱作品。以我多年对他的了解，这8个词、16个字也是他的做人准则，凝结着他对社会和人生的思考。从这个意义上说，他的作品已突破技术的樊篱，进入心手合一的境界。贾文忠的主业文物修复就是对文物的直接保护，同时他所创作的一系列金石艺术作品，也从不同角度向世人展示了中国文物的巨大魅力，从而唤起人们珍视文物、保护文物的意识。我一辈子从事文物工作，愿意为文物保护鼓与呼，希望贾文忠从金石出发，扎根传统，开拓创新，创作出更多更优秀的作品。

是为序。

2018年8月

（作者：我国著名文物专家、中国文物学会名誉会长）

谈新出现的妇姘爵

□ 李学勤

曾有学者告诉我，有一件铭文为"妇姘"的商代青铜爵出现，我发生了很大兴趣，但这件爵是什么样的，我一直没有机会目睹。最近翻阅刚刚问世的《贾文忠金石传拓集》，忽然发现书里面有这件爵的全形与铭文拓本。我觉得，这是一件很有研究价值的器物，试做简要讨论如下。

关心殷墟甲骨文研究的都知道，殷高宗武丁时期的诸妇中间，以妇好的身份最为显贵。她的事迹见于当时很多宾组卜辞和历组卜辞，表明她经常参与祭祀、兵戎等"国之大事"，她也为王诞育了孩子。近年发现的花园庄东地非王卜辞，也有很多关于妇好的记载。

有关妇好，还有重要的考古发现。1977 年发掘的殷墟 5 号墓，由于墓中出土了大量而且成组成套的有"妇好"二字铭文的青铜器，已被学术界公认是妇好本人的墓葬。该墓青铜器还有"后兔兮母""后母辛"等铭文，我有小文提出，妇好名好，字兔兮（巧）母，死后曰名为辛，其称"后"是因为她是王后。读者如果想了解妇好的详细情况，可以参看新近出版的韩江苏、江林昌著《〈殷本纪〉订补与商史人物征》一书，这里不能多引。

武丁时期的诸妇为数众多，可是死后能够在王室的"周祭"系统中受祀为武丁配偶的，只有三个人，称妣戊、妣辛、妣癸。由上述殷墟 5 号墓（即妇好墓）的发现，知道妇好就是妣辛，那么其余两人是谁呢？

这一点还牵涉到一件最著名的青铜器——后母戊大方鼎。妇好墓发掘之后，大家看到墓内出土的后母辛方鼎，自然而然地联想到后母戊方鼎。后母戊方鼎的铭文"后母戊"和后母辛方鼎的"后母辛"非常相似，只差曰名不同，这指明"后母戊"应该是武丁曰名为戊的一个配偶，而她是诸妇中的哪一位，正是许多人关心的。

对这个问题作出富于洞察力的回答的，是唐兰先生。他在关于妇好墓的座谈会上提出，后母戊大方鼎的"后母戊"应该就是殷墟卜辞里的妇妌。

唐兰先生的推测是非常有道理的。从卜辞看来，妇妌在武丁诸妇间的地位，可谓仅次于妇好。她的名字也见于宾组和历组卜辞，她的行事同样是文武兼备，并且在农事方面比妇好还要多一些。果然，在妇好墓发掘几年以后，殷墟小屯南地甲骨面世，在《南》4023无名组卜辞中，见到了"妣戊妌"的称号。妇妌名妌(《说文》："妌，静也")，死后曰名为戊，称"妣戊妌"，证明了唐兰先生的预见。

出后母辛方鼎的是妇好墓，那么出后母戊方鼎的应该是妇妌墓了。出后母戊方鼎的墓，也已经发现。很多人知道，后母戊方鼎是在抗战时的1939年在殷墟武官村吴家柏树坟园掘获的，出鼎的墓于1959年找到，并在1984年进行发掘清理，这便是殷墟260号墓。可惜这座墓"已被盗空，只在盗坑扰乱中捡到一些小铜器、如铜泡、铜牛形饰及铜镞等，还有骨镞、刻花骨匕柄，白陶片及玉饰等"。尽管我们对比妇好墓，猜想墓中原有标出妇妌名号的器物，遗憾的是一件也未能发现。

《贾文忠金石传拓集》著录的妇妌爵，虽然不知在哪里出土，却是我们第一次见到的有"妇妌"铭文的青铜器。

这是一件卵形底的爵，其流部较长，尾部相对说则较短。两柱位置在流折上，表明其时代较早，柱帽呈圆锥形。爵的颈部饰内填雷纹的蕉叶纹，鋬上饰有牛首，腹面饰饕餮纹，卵形圆底，下有断面呈三角形的长足。整个爵的形制轮廓，最近似妇好墓编号676的Ⅵ式爵。爵腹的饕餮纹，有"乙"字形的角，属于《殷周青铜器上兽面纹的断代研究》所分 I6 式，曾见于妇好墓编号867的尊。

特别值得注意的，是爵铭"妇妌"的"帚(妇)"字下半不分叉，与妇好墓多数"妇好"铭文的"帚(妇)"字相同，这可说是两者同时代的明显证据，证明爵的主人正是与妇好一样为武丁配偶的那个妇妌。

顺便说一下，《贾文忠金石传拓集》中还有不少值得专门研究的器物，例如其第 29 页的应公簋，铭为"应公作宝彝"，时代属于周初，是应国第一代国君之物；又如第 54 页的逨（即会字）甗，铭为"逨作毕公宝尊彝"，时代也在西周早期，毕公就是文王之子毕公高。因此这部书的价值不只在于高超的黑拓技艺而已。

（作者：清华大学历史系教授、著名历史学家、古文字学家）

全形拓的源流、传承与发展

——《贾文忠全形拓精选集》赏读

□ 张 丁

2013年1月，文物出版社出版了贾树编著的《贾文忠全形拓精选集》，分上、下两册，宣纸精印，函套精装，古色古香，堪称当代善本。据悉，这是文物出版社半个多世纪以来首次如此高质量地出版中华人民共和国成立后新人全形拓作品，一时间，在文物界引起较大反响。

全形拓，又称立体拓、器物拓、图形拓，是一种以墨拓为主要手段，制作者要具备立体白描、绘画、剪纸等多种技艺，把器物原貌复制到纸上的一种技艺。全形拓的对象往往是较为珍贵的艺术品，以青铜器为主，也有为紫砂器做全形拓的，但数量不多。全形拓作品就如同器物的影像，在近代照相技术未普及之前，它是保存器物影像的一种有效方法。特别是有些传世器物，原器遗失，只有全形拓保留下来，这些拓本就更为重要了。一幅完整的全形拓作品，以器物图形为中心，往往还配有名家题跋，使书画合璧，相得益彰。清末民初，还有为全形拓补画的风气，像朱梦庐、吴昌硕、陆恢、倪田、王雪涛等都有作品传世。

全形拓作品立体呈现青铜器的精美、厚重，本身就是一幅让人回味无穷的艺术品，加上一些书画家参与其中，进行二度创作，使全形拓成为一种具有欣赏和收藏价值的艺术作品。初期，全形拓作品只在少数金石学家之间流传，逐渐地从金石界扩展到收藏界，成为一种高雅的收藏品。清末民国沉醉于其中者，不乏鼎鼎大名之人，如陈介祺、吴大澂、端方、王国维、罗振玉、傅斯年、容庚、郭沫若、商承祚、于省吾、唐兰等。值得一提的是傅斯年，他经营中央研究院史语所期间，广泛搜求金石拓片，收获颇多，后移至台湾。今保存在台湾"中央研究院"图书馆的青铜器拓片超过1万件，其中全形拓1100件，成为目前收藏全形拓作品最多的机构。此外，国家图书馆、北京大学图书馆、中国文化遗产研究院等也有相当数量的收藏。民间亦有收藏，近年来，时常有全形拓作品在拍卖市场露面，均受到追捧。全形拓技法产生的基础是金石平面传拓技术。平面传拓技法产生于六朝，发展于唐宋，历元、明、清，日臻完善。全形拓立体再现器物原貌，是金石传拓技术中最难的一种，有人称之为集大成者，亦不为过。据考证，该技法最早出现于乾嘉时期，这与当时金石学的发展和收藏热密切相关。乾嘉时期，学者们倾向于以金石碑帖考证经史，特别是带有铭文的青铜器，更被重视。青铜器铭文往往分布于器里，经年锈蚀，不易辨认，出于研究需要，必须拓印铭文。同时，金石学的发展也推动了古物收藏的热潮。旧时谈古物收藏，往往以金石为上；金石收藏，以青铜器为上；青铜器收藏，以商周为上。也就是说，商周时期青铜器的艺术水平最为精湛，市场价值也最高，以至于收藏者皆以能获得商周青铜器为最高境界。然而，青铜器年代久远，出土及存世量有限，价格极高。即便有幸得之，也因体量较重，把玩携带不便，于是便有人想出为它制作拓片。有鉴于此，全形拓应运而生。

全形拓早期代表人物是嘉兴人马起凤和释达受，作品多为小件器物。马起凤，字傅岩，生平不详。据容庚《商周彝器通论》载："彝器全形拓始于嘉庆年间马起凤所拓得汉洗"。可惜马起凤的作品只有嘉庆三年题识的汉洗一件，其他未见流传。释达受（1791～1858），字六舟，得马起凤传授全形拓技法，擅用淡墨。其作品传下来的不多，今天看来已相当珍贵。释达受与阮元、何绍基、戴熙友善，被誉为"金石僧"。释达受之后，就是晚清金石大家陈介祺（1813～1871），他在全形拓发展历史上有承前启后之功。陈介祺为道光朝进士，藏研并重，为著名金石学家，运用分纸拓法，所拓器型，结构合理，浓淡相宜。其作品传世较多，影响较大，最著名的当属毛公鼎全形拓。

民国时期，全形拓进入成熟鼎盛期，代表人物为周希丁（1891～1961）和马子云（1903～1986）。他们把传统的传拓技法与西方绘画中的透视和素描方法相结合，所拓器物图像的立体感大为增强。周希丁，又名周康元，琉璃厂古玩铺出身，其所拓器物结构合理，用墨讲究，立体感强，被誉为"二十世纪全形拓第一大家"，有《古器物传拓术》行世。马子云先生也是琉璃厂古玩铺出身，20世纪30年代他曾只身裹粮赴关中，风餐露宿半个月，拓得霍去病墓前西汉大石兽11幅，拓本现藏国家图书馆和法国远东学院。马先生后被延聘至故宫博物院传拓青铜器，以金石鉴定研究著称，著有《金石传拓技法》一书。其弟子主要有纪宏章、周佩珠，再传弟子郭玉海。马派弟子技法精湛，可惜作品不多。周希丁先生的弟子有韩醒华、郝葆初、萧寿田、宋九印、马振德等，其中以小徒弟傅大卣成就最高。傅大卣先生1994年去世，其弟子贾文忠继承了全形拓技法。贾文忠广泛涉猎青铜重器，创作全形拓作品数百幅，成为当代传承全形拓的代表人物。

贾文忠，字闻钟，号铜斋，1961年生于北京金石世家。其父贾玉波为铜器修复"古铜张"派传人，毕生从事青铜器修复工作。贾文忠自幼受家庭熏陶酷爱金石书画，十几岁即随父习业，深得铜器修复要领，又拜胡爽盦、康殷（大康）、傅大卣、程常新、马宝山、魏隐儒、赵存义为师，学习金石篆刻、书画、鉴定。他长期在文物系统工作，修复过数千件青铜器，其中仅国家一级青铜器就有上百件之多。又曾就读北京大学考古系"考古学与博物馆学"研究生班，文物理论知识扎实。近年来，贾文忠在进行青铜器理论研究的同时，常常走出书斋，受邀为博物馆、拍卖公司和藏友鉴定青铜器，过手青铜器不计其数，其中不乏国宝重器。这使他有机会创作全形拓，几年下来创作全形拓作品300余件。其作品的创新之处在于集金石传拓和颖拓为一体，器型准确，透视合理，纹饰清晰、铭文规范、效果逼真。特别是从2007年起，他每年选择一件生肖动物造型青铜器，制作一张贺年全形拓作品，邀请名家题跋，分送亲友，在社会上影响较大。2011年6月，国家文物局委托贾文忠为首都博物馆藏国宝级文物伯矩鬲制作全形拓片，作为礼品赠送法国前总统希拉克。

这次文物出版社推出的《贾文忠全形拓精选集》，共收录贾文忠全形拓作品160余幅，可谓当代全形拓作品的集大成之作。书中不乏难得一见的国宝重器，如首都博物馆藏伯矩鬲、西周班簋，上海博物馆藏商代方罍、商牛首兽面纹尊，湖南省博物馆藏商代猪尊，中国国家博物馆藏西周颂壶，陕西省宝鸡青铜器博物院藏西周逨盘，陕西历史博物馆藏西周牛尊，美国弗利尔美术馆藏商代象尊，中国社会科学院考古研究所藏商代妇好方斝，江西省博物馆藏商兽面纹鼎，南京博物院藏东汉错银铜牛灯，2011年5月中国嘉德拍卖行成交4197.5万元的西周太师虘簋等。此外还有春秋战国青铜兵器、秦权、北魏佛像、汉唐铜镜、宣德炉等，朱墨交会，自然逼真，惟妙惟肖。题跋为一件完整全形拓作品所不可缺少的部分，贾文忠全形拓作品除作者自题外，尚有康殷、吕济民、刘九庵、侯一民、史树青、罗哲文、吕章申、杨新、罗杨、胡继高、杨臣彬、杨彦、李元茂、金运昌、傅万里、马国庆、金煜、徐本一、鞠稚儒、刘新惠、李学伟、蔡国声、黄鼎等文物界名家奉献墨宝。《贾文忠全形拓精选集》由罗哲文、苏士澍题签，李学勤、罗杨作序，李伯谦、熊传新作跋。正文前面印着贾兰坡、朱家溍、徐邦达、耿宝昌、张文彬、欧阳中石、李铎等名家大师的题词。李学勤在序言中说："全形拓在民国时期曾经风靡一时，这门已经绝迹四五十年的艺术又得以再现了，非常难得。"李伯谦在跋语中云："观摩文忠君收入本书的作品，轮廓分明，字迹清晰，主体花纹和地纹的墨色浓淡、深浅有别，凹凸之感，跃然纸上。"罗哲文生前题诗："鼎彝之器拓全形，相传创自六舟僧。文忠巧匠传绝技，国宝纸上留芳馨。墨色浓淡手轻重，岂惟形准神亦真。诚哉瓦瓦后来上，百尺竿头祝愿君。"史树青生前赞曰："贾文忠全形拓下真迹一等，优于民国时期的各家作品，继承和发展了这种传统绝技，而且对我国的文物保护事业作出了杰出的贡献。"中华人民共和国成立以来，全形拓技术虽有传承，但作品日渐稀少。主要原因是重要青铜器多收归馆藏，一般拓工很难接触，再加上工艺复杂，技术难度大，故少人问津。当前，全形拓技艺的非物质文化遗产属性已引起有关方面的注意。2012年元宵节前后，文化部、国家发改委、教育部、北京市政府等16部委在北京举办了"2012中国非物质文化遗产生产性保护大展"，特邀请贾文忠先生展出了"青铜器修复技艺"和"青铜器全形拓技艺"，深受前来参观的国家及部委领导和观众好评。令人欣喜的是，贾文忠先生的青铜器全形拓技艺又有了新一代传人，他的儿子贾树秉承"贾氏文物修复之家"的文脉，潜心钻研青铜器修复及传拓技艺，正为传承这门高雅的艺术而默默努力着。

（作者：中国人民大学家书博物馆副馆长、研究馆员）

《贾文忠金石传拓集》序

□ 罗 杨

全形拓亦名器物图形立体拓也。其传技始于六朝，盛于唐宋。本以墨拓秦石汉经技法，遂捶拓古器文字以昭世。盖金石学大兴于赵宋，然至照相术未兴之时，器型花纹皆赖拓纸传递，书画亦由之而至极耳。精拓者诚有金石影像之实效，如游辉煌之境矣。全形拓，乃宣纸平平、少许施墨、题跋数语，即铸生命不朽于千载矣，其完美风雅甚得文人墨客所钟爱，常沉浸于乐趣之中，得意于拓片技艺之顶峰矣。惜乎斯技繁杂，故问鼎者盖寡，几近绝传于近世照相术。

今有闻钟先生扶倾之于不传之秋，实乃斯道之大幸也。知先生乃当今青铜器鉴定、修复之实力派专家，辛丑生京都金石世家，即众所周知之贾文忠号铜斋者是也。早岁酷爱书画篆刻，于文物修复、青铜器鉴定乃受导于令尊大人，即前辈之文物专家贾公玉波先生。于全形拓研究，能合修复技法而创新，其法集金石传拓与颖拓为一体，使绝艺重现。观之所拓器型，浓淡相间，无二于实物，纹饰清晰，丝丝入扣，铭文规范，笔画有秩，令人赏心悦目，为其昔日之辉煌赋予新生，壮哉！钟乃多才多艺之士，幼时画虎从胡爽盦；得传金文书法篆刻于大康；金石传拓、青铜器全形拓之技艺得于傅公大卣；而青铜器、碑拓、版本鉴定则得于程常新、马宝山、魏隐儒、赵存义诸公。毕业北京大学考古系研究生班，后于1978年就职于北京市文物局，先后从事文物征集、修复、保管、鉴定研究于首都博物馆及中国农业博物馆，现职中国农业博物馆研究馆员，九三学社社员，多次参与全国重大考古发现之青铜器修复研究，其著颇丰、其技可叹、其艺可贵、其公可仰耳。是为序。

（作者：中国民间文艺家协会分党组书记、著名文化学者）

贾氏三代与名家合影

全国政协副主席、九三学社中央常务副主席邵鸿为贾氏文物修复之家题词

罗哲文、贾文超

贾兰坡、贾文珊

贾文忠、李学勤、贾文超

张德勤、贾文珊

贾文熙、孙轶青

贾文熙（左四）与李准（左二）在三门峡西周虢国墓地发掘现场

贾文熙、罗哲文

贾文忠、俞伟超、贾文超

1982年在首都博物馆与故宫书画装裱大师孙承枝合影（右一 贾文忠）

张德勤、贾文进

吕济民、贾文熙

史树青、贾文忠

贾文忠、杨正旗、张金英、孙孝江、刘金涛

赵存义、贾文忠

贾兰坡、贾文忠

王定国、贾文忠

贾文忠、王世襄

贾文忠、马宝山

贾文忠、耿宝昌

贾文忠、赵振茂、王文昶

郑珉中、刘九庵、耿宝昌、贾文忠

贾文忠、吕济民

孙机、谢辰生、贾文忠

贾文忠、孙轶青

贾文忠、单士元 　　　　　　　　贾文忠、侯仁之

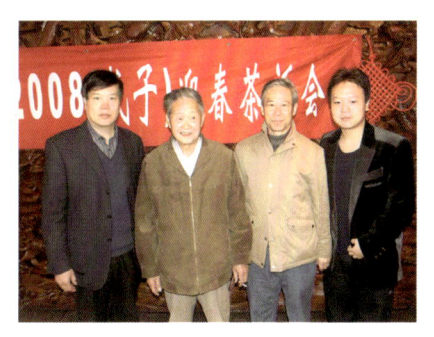

贾文忠、罗哲文、马自树、贾树 　　贾文忠、单霁翔、张柏、贾树

张忠培、贾文忠 　　　　　　　　黄苗子、贾文忠

80年代李学勤到铜斋做客

90年代李学勤与贾文忠探讨铜镜鉴定

贾文熙、贾汀、张浦生

贾汀、王亚蓉、徐苹芳

贾汀、王勉

周宝中、贾汀

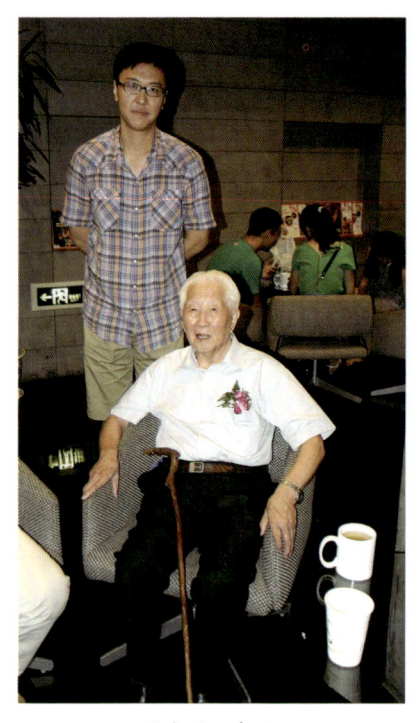

耿宝昌、郭玢

郭玢、毛佩琦

金运昌、郭玢

郭玢、张传彩（张伯驹之女）

贾兰坡、贾树

康殷、贾树

贾文忠一家与康殷夫妇

孙轶青、贾树

贾树、谢辰生

耿宝昌、贾树

贾树、张文彬

贾树、吕济民

贾树、罗哲文

杨新、贾树 　　　　　　　　　　李学勤、贾树

贾树、徐苹芳 　　　　　　　　　周宝中、贾树

贾树、吴冠中 　　　　　　　　　王定国、贾树、单霁翔

贾氏三代与名家合影

贾树陪同全国政协副主席邵鸿参观国家博物馆"秦汉文明展"

贾树、贾如、谢辰生

贾如、苏士澍、贾树

贾氏出版物

文物修复与鉴定著作

曹子玉 主编
《贾氏文物修复之家》，
人民日报出版社，1998年

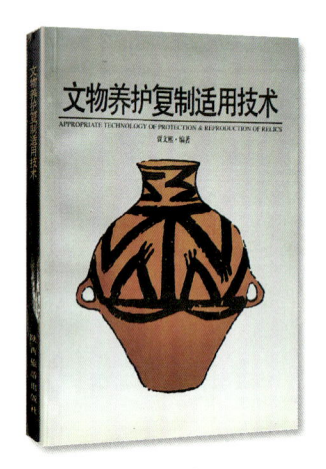

贾文熙 编著
《文物养护复制适用技术》，
陕西旅游出版社，1997年

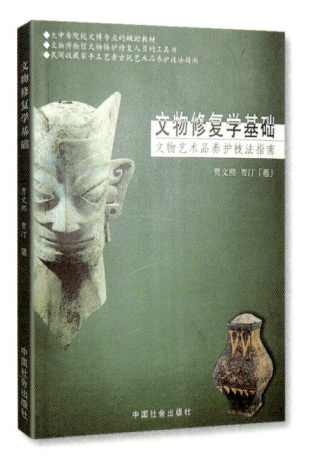

贾文熙、贾汀 著
《文物修复学基础——文物艺术品养护技法指南》，
中国社会出版社，2004年

贾文熙 副主编/主笔
《文物养护工作手册》，
文物出版社，2008年

贾文熙、贾汀 著
《历代铜器鉴定与辨伪》，
中国书店，2011年

贾文熙 副主篇/主笔
《金石杂项类文物修复》，
中国书店，2011年

贾文熙 副主篇/主笔
《历代文物艺术品：收藏保养知识手册》，
中国书店，2012年

刘树林、贾文熙 著
《历代金铜佛像辨伪与修复》，
中国书店，2018年

贾文忠 编著
《文物修复与复制》，
中国农业科技出版社，1996年

贾文忠 著
《贾文忠谈古玩赝品》，
吉林科学技术出版社，1998年

贾文忠 著
《古玩保养与修复》，
北京出版社，2000年

贾文波、金申 著
《中国佛像真伪识别》，
辽宁人民出版社，2002年

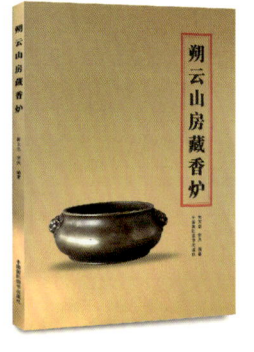

贾文忠 编著
《朔云山房藏香炉》，
中国图书出版公司，2006年

贾文忠、贾树 著
《贾文忠谈古玩赝品》系列四册，
百花文艺出版社，2007年

贾文忠 著
《鉴宝——鉴宝专家贾文忠谈铜器收藏》，
北京出版社，2007年

贾文忠 主编
《符号中国·文化遗产卷·物质下》，
译林出版社，2008年

贾文忠 著
《贾文忠说铜器收藏》，
华夏出版社，2008年

贾文忠 主编
《中国青铜器鉴定实例》，
紫禁城出版社，2009年

贾文忠、汤浪 著
《青铜艺术：中国国粹艺术读本》，
中国文联出版社，2010年

李震、贾文忠 主编
《青铜器修复与鉴定》，
文物出版社，2012年

艺术著作

贾树 编著
《贾文忠金石传拓集》，
文物出版社，2012年
冯其庸题书名

贾树 编著
《贾文忠全形拓精选集》，
文物出版社，2013年
罗哲文、苏士澍题书名

孙旭光 主编
《金石永年——贾文忠全形拓》，
学苑出版社，2017年
苏士澍题书名

贾树 主编
《贾文忠金石艺术集》，
学苑出版社，2018年
苏士澍题书名

贾文忠艺术著作捐赠证书

贾文忠主编《文物修复研究》

国家文物局博物馆司、中国文物学会文物修复委员会合编

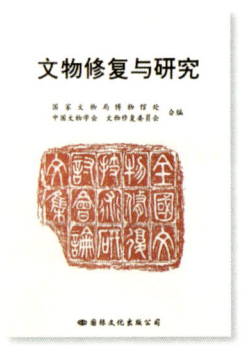

《吉金萃影——贾氏珍藏青铜器老照片》

荣获 2016 年度全国文化遗产优秀图书奖

《吉金萃影》封面，贾文忠题书名
贾文忠、贾树 编，文物出版社，2016 年

贾氏珍藏青铜器玻璃版

《吉金萃影——贾氏珍藏青铜器老照片》一书，是由贾文忠、贾树父子从其家藏的 500 余张民国时期拍摄的青铜器玻璃底片中，精心挑选出的保存完整的 370 张底片编著结集而成。这些照片上的器物都是 20 世纪 20 年代至 40 年代，贾文忠父亲贾玉波与其师傅王德山老先生经手修复过的商周时期的青铜器；数量多达 700 余件，109 件器物有来源去向和著录信息，其中有 81 件在国内外博物馆等收藏机构和研究单位发现了身影。因此，这部书的出版得到了文物部门的领导和专家学者们的高度评价，认为这是一部标志性的出版物，既记录了青铜器修复工艺技术的发展史，也记录了文物流失的伤心史，同时又为商周青铜器研究补充了大量新材料。

伯貉卣　　　　　　　　　牛形器座（左）、鸮卣（右）

人面盖盉 　　　　　　　　人面盖盉（俯视图）

亚戈父己鼎（上）、夔纹簋（下）

来卣（上左）、饕餮纹方壶（上右）、
饕餮纹鼎（下左）、饕餮纹斝（下右）

素面爵（左）、饕餮纹方彝（中）、弦纹
爵（右）

鼎（4件）、簋（2件）、卣、觚、斝（3件）

281

《吉金萃影》新书发布

2016 年 12 月 14 日在北京举办

资料来源：国家文物局网站新闻

发布会现场

283

发布会现场名家汇聚

国家文物局副局长宋新潮致辞

北京大学教授李伯谦先生致辞

北京大学教授朱凤瀚先生致辞

北京大学教授刘绪先生致辞

《吉金萃影——贾氏珍藏青铜器老照片》顾问：李学勤、李伯谦、朱凤瀚

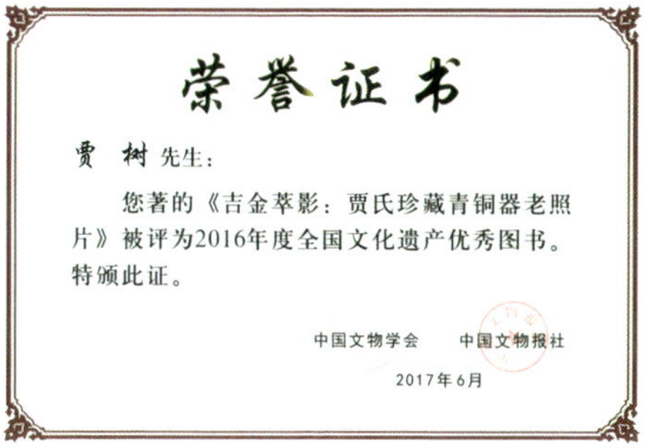

《吉金萃影——贾氏珍藏青铜器老照片》获2016年度全国文化遗产优秀图书奖

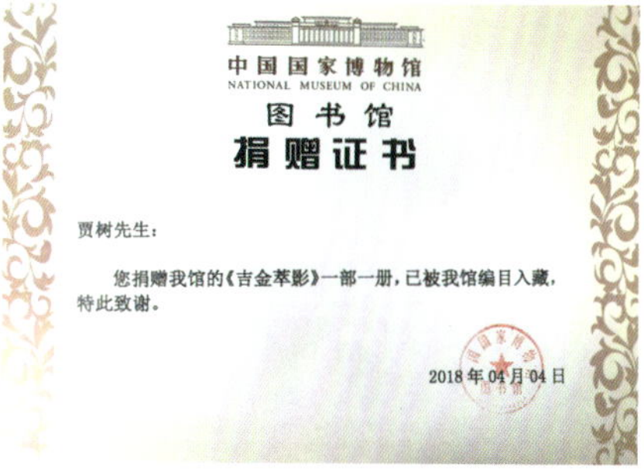

《吉金萃影——贾氏珍藏青铜器老照片》入藏中国国家博物馆图书馆

2019年中国国家博物馆科研工作大会《吉金萃影——贾氏珍藏青铜器老照片》获奖证书

2011年贾树在美国弗利尔美术馆寻找贾氏老照片文物"青铜器人面盉"

2014年贾文忠在美国弗利尔美术馆寻找贾氏老照片文物"青铜器人面盉"

敬贺 吉金萃影出版

李学勤

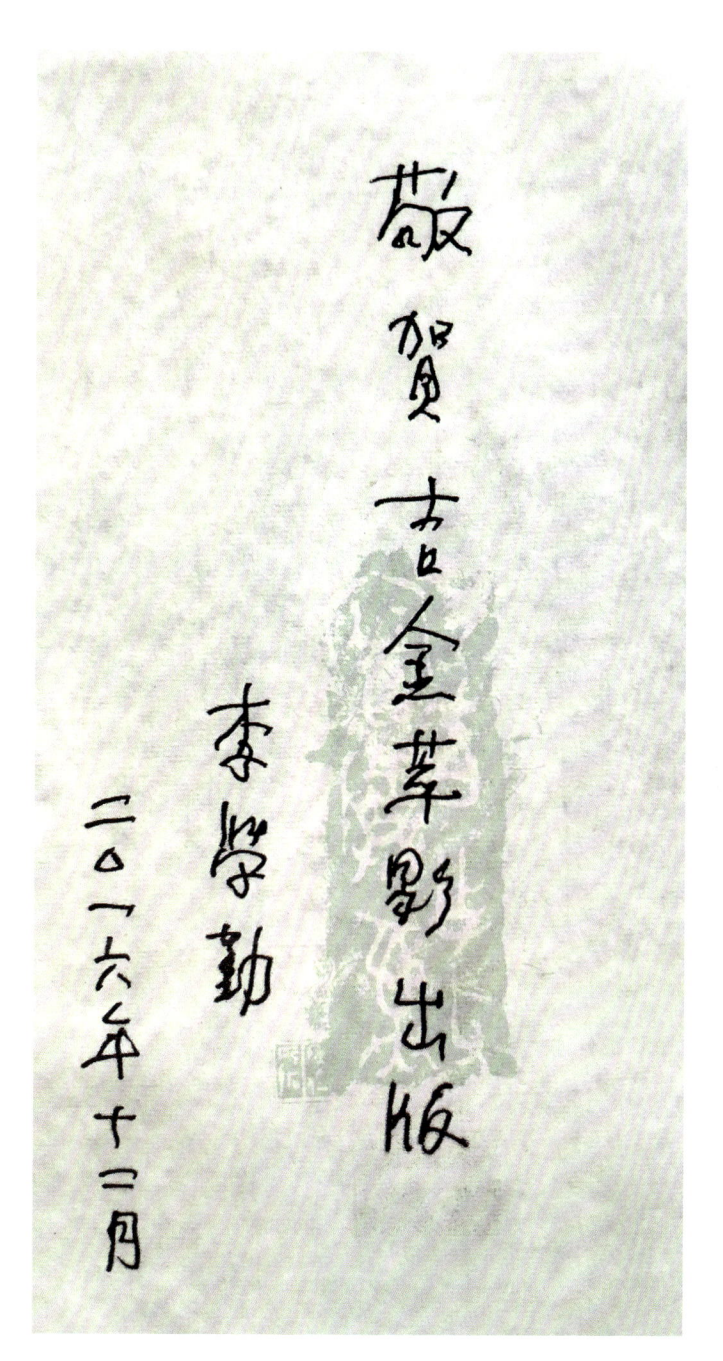

二〇一六年十二月

李学勤题词祝贺《吉金萃影——贾氏珍藏青铜器老照片》出版

序

我第一次有机会看到贾文忠先生珍藏的古代青铜器老照片和玻璃底板，算来已经是二十年前的事了。1995年，我应贾文忠先生之邀，到他的寓所铜斋，蒙以一部分照片底板赐示。这些材料的丰富精彩深深吸引了我，诧为奇觐。当时贾文忠先生讲到希望能把这批照片辑成图录出版，我极为赞成支持，同时也觉得这需要做大量整理研究的工作，不是短时间能够完成，特别是他日常任务繁重，实现这一理想谈何容易。但我没有想到，贾文忠先生与其哲嗣贾树镮锲而不舍，通过多年努力，终于编成这部厚重的《吉金萃影》，现在即将由文物出版社印行，实在是值得祝贺的。

应该指出，青铜器老照片传世数量甚少，尤其玻璃底板更是难于保存，所以我们必须认识到这批材料自身已经是珍贵文物了。至于将之汇编公布为《吉金萃影》，其价

李学勤为《吉金萃影——贾氏珍藏青铜器老照片》作序手稿1

值和意义，窃以为至少有下列三个方面。

首先，是记录流散器物：

青铜器是中国古代文物最重要的门类之一，实际上早在秦汉以前，也就是青铜器仍在使用流行的时候，已经备受当时人们的珍视。唐宋以后，青铜器的收藏蔚为风气。~~这种情况到~~ ~~清~~ 及至清末以至民国时期，社会陷于动荡，盗掘私掘青铜器 ~~的情况~~ 盛行，大量珍贵器物出土后流散到各地，其间精品多散播到国外，如日本、欧美，为数实难确计。这一时期著名的青铜器出土地点，可以举出：

殷商青铜器：河南安阳殷墟；

西周青铜器：陕西宝鸡斗鸡台、戴家湾；

河南洛阳马坡；

河南濬县辛村；

春秋青铜器：河南新郑李家楼；

战国青铜器：河南浑源李峪；

河南洛阳金村；

安徽寿县朱家集。

这些地点（李家楼、朱家集除外）的青铜器精品，

李学勤为《吉金萃影——贾氏珍藏青铜器老照片》作序手稿2

大多已流藏国外。当时究竟有多少青铜器经过所谓"洋庄"散出，目前留存在什么公私藏家，是学术界迫切需要了解的问题。《吉金萃影》的老照片及其编纂工作，为此找出了不少宝贵线索。

其次，是提供研究资料：

经过众多专业学者的共同努力，近年青铜器研究已发展到新的阶段，取得许多重要成果。最近我在北京大学一次青铜器及金文的研讨班上讲过，青铜器研究新阶段的一个不同于过去的特点，就是以考古发掘材料作为主要的基础，从而导入考古学的方法和手段。考古发现的青铜器，有出土记录，有层位关系与伴出器物，这些当然和流散的青铜器有别，但是还必须说明，这决不意味着非考古所得的青铜器就不重要了。

这一点，可以从量和质两方面来说。由著录文献可知，自宋朝以来，青铜器的发现数以万计，有图象记载可查者，数量过于近几十年考古工作所得。至于散藏各地，还没有为学者所知的，便更不必说了。还必须考虑到，青铜器有相当大的部分是古代匠师的创造，与其他艺术品一样，凝聚着他们的智慧和心血。若干精美绝伦的杰作，每每是独特的，不会重复出现。有些非常珍贵的器物，一旦消失，就没有可能找到替代。《吉金萃影》中相当多的器物，目前已难寻出它们的踪迹，有的或许业已不存在了，要想用于研究，只能依据这些珍贵的照片。

第三，是体现修复成果。

我曾经多次说过，好多人习惯于在博物馆的橱窗里观赏青铜器，每每以为青铜器出土时就是那样形制完整，纹饰明晰，铭文清楚的，这实在是一种误解。青铜器在地下埋藏两三千年，发现时完好光洁的甚少，大多数是锈蚀通体，破碎残损，甚至成为一堆碎片。不经过修复，研究和鉴赏是谈不到的。《吉金萃影》照片里所见种种精美器物，都是修复工艺专家苦心孤诣工作成果的展示。

在这里，我愿向读者特别推荐附印在《吉

金萃影》中的贾文忠先生的《贾氏珍藏青铜器老照片二三事》，这篇文章也发表于《文物天地》2014年第11期。许多关心青铜器的人知道，贾文忠先生一家是北京"古铜张"一系青铜器修复工艺的嫡传，但其间渊源传承的细节，外人实难了解。贾文忠先生长期关心修复工艺的历史，前些年已写过《老北京青铜器修复"古铜张"派源流考》、《王德山小传》等文（俱收入《贾氏文物修复之家》一书），现在这篇《二三事》，结合老照片的种种事迹和有关人物，都是关注青铜器者应当知道的，请大家不要错过。

李学勤
2015年8月2日
于清华园

李学勤为《吉金萃影——贾氏珍藏青铜器老照片》作序手稿5

贾氏珍藏青铜器老照片与老照片相关的二三事

□ 贾文忠

"贾氏文物修复之家"收藏有一批民国时期青铜器玻璃版底片及老照片，那是老一代青铜器修复专家、我的父亲——贾玉波先生及其师傅王德山老先生20世纪20～40年代修复过的商周时期青铜器的部分玻璃板底片和照片。目前留下的较为完好的资料影像照片有500余张，器型完整的青铜器玻璃板老照片370余张，记载了上千件经父亲师徒之手所修复过的青铜器，其中不乏珍贵的青铜重器。遗憾的是，更多的底片和照片因保管不善而破损、丢失，照片中的青铜器也大多流失海外，被收藏在世界各大博物馆和部分私人收藏家手中。

半个多世纪过去了，这些玻璃板底片和照片一直伴随着我，每当翻看到它们，我就会不由自主地联想起父辈们所从事的青铜器修复工作，许多与之有关的往事也都浮现在眼前。

一、老北京青铜器修复业的渊源与老照片的来历

提起这些底片和老照片的由来，还得先从民国时期老北京的青铜器修复业说起。文物修复技术，一向被视为我国传统工艺的一个重要组成部分，文物修复工作人员常常被称为妙手回春的"文物医生"。这些有着精湛技艺、个个身怀绝技的文物郎中们，通过清理、保养和修复，能够让那一堆堆锈迹斑斑、残缺不全的文物逐一重现往日的神韵。

民国时期，青铜器的修复与复制非常兴盛。

当时，最有名的是以江苏苏州、山东潍坊、陕西西安、北京等为代表的

四个民间青铜修复流派。古董商人们称其复制的青铜器为"苏州造"、"潍县造"、"西安造"和"北京造"。

老北京青铜器修复行业的创始人，是位清宫造办处的太监，此人姓于，外号"歪嘴于"。那时的清宫造办处内有很多种手艺人，其中有八个巧匠手艺最高，人称清末"八大怪"。

"八大怪"中修复古铜器的一怪就是"歪嘴于"。清朝最后一位皇帝溥仪退位后，"歪嘴于"也出了宫，在前门内前府胡同庙内（今人民大会堂附近）开了个叫"万龙合"的作坊，专门修复古铜器。于师父先后收了7个徒弟，其中一位叫张泰恩（1880～1958年），是于师傅最小的徒弟。

1893年，张泰恩从河北冀县良心庄老家来到北京，拜"歪嘴于"为师。张泰恩在家中排行老七，在师父门下也排行第七，所以，人称"张七"。1911年，于师父去世，张泰恩为其发丧，并继承了师父的衣钵，将"万龙合"改为"万隆和古铜局"，局址仍在前府胡同庙内，主要业务是为琉璃厂古玩商修复青铜器。

后来，张泰恩将"万隆和"迁到东晓市，生意兴隆，大批古玩商前来修理青铜器。由于业务繁忙，张泰恩也开始招收徒弟。30年内，"万隆和"共收了11位徒弟，开创了北京"古铜张"青铜器修复业。

张泰恩的徒弟之一是其亲侄子张文普，人称"小古铜张"。张文普出生于1902年，13岁学徒，学成后也带了7名徒弟。除侯振刚、贡聚会、冀永奎在中华人民共和国成立后改行外，其他几位徒弟仍坚持青铜器修复老本行，其中，李会生、赵振茂工作在故宫博物院，高英、张兰会工作在中国历史博物馆。

张泰恩的另一位高徒是13岁开始学艺的王德山（1911～1989年，祖籍河北衡水小巨鹿）。由于王德山的手艺在北京的古玩界中首屈一指，他不仅能将破损的铜器修理完好，而且能根据不同国家客人的不同喜好，将其做成洋庄货（与外国人做的生意，俗称洋庄生意，与外国人交易的商品俗称为"洋庄货"），如法国庄（多绿漆骨）、英国庄（多绿漆骨）、美国庄（多黑漆骨）等，所以，通古斋的铜器大多交给这位北京"古铜张"的第二代传人——王德山和他的徒弟们修复。

据父亲讲，师父王德山 1927 年出师自立，有一个习惯，就是对凡是经过他们师徒之手修复过的每一件青铜器都要拍照留存。当时的照相技术是从日本引进的，设备和胶片价格都非常昂贵，所以，很多照片都是数件青铜器放在一起合拍。可惜的是，他们只拍摄了修复后的文物，而没有留下文物修复前的原始照。这些照片的数量应该有上千张，由于时间较长，玻璃板不好保存，有破的，也有着水的，目前家中所存比较完好的就只剩这些了。

当年陈梦家先生编著《美帝国主义掠夺我国殷周铜器集录》时，曾花 60 元从父亲那里挑选了 800 余张，其中的部分照片被选用在该书之中。

1954 年公私合营初期，师爷王德山与几位徒弟开设的古铜作坊改为北京特艺公司文物加工部（仍在琉璃厂街），后来又划归北京市文物商店，国庆十周年期间，北京市文化局又将其归并至北京市美术公司。

王德山所带的徒弟中，刘增堃工作在河北省博物馆，杨政埴工作在中国历史博物馆，王喜瑞、贾玉波工作在北京市美术公司，王荣达工作在上海博物馆，王长青工作在河南省博物馆，毛冠臣、杨德清改行。

二、贾氏文物修复之家与老照片的情缘

父亲贾玉波 1923 年 12 月 17 日出生于河北束鹿县，2001 年逝世。1937 年 6 月 17 日，13 岁的父亲由其嫡亲姑夫、"通古斋"的掌柜乔友声从河北老家带到北京琉璃厂，并被安排跟随自己开作坊的王德山师父学习铜器修复手艺。姑夫认为，王德山手艺好，名声大，跟着他学，一定不会饿肚子。就这样，父亲成了民间青铜四派中北京"古铜张"派的第三代嫡传。由于父亲勤奋好学，逐渐掌握了高超的修复技艺，很快就成为王德山最为信任的高徒。那时，凡是经过"通古斋"出售的青铜器都要先交到师爷王德山和其徒弟——我的父亲贾玉波手中去锈、整理、修复，这样，也就有了老照片中上千件修复完好的青铜器。世事变迁，很多过去的材料都已流失了，唯有这些记录着父亲和他的师父、师兄弟们心血的青铜器老照片被有心的父亲精心地收藏并保留了下来，成为那个时代青铜器修复的历史见证，也为后人研究青铜器修复留下了宝贵的历

史资料。

父亲不仅精于修复铜器、金银器、陶瓷器、石器,而且对翻模、铸造、錾刻、鎏金、鎏银等技艺也都样样精通。40年代初学成自立后,一直为琉璃厂的古玩铺修复青铜器。1947年参加革命,并以修复古铜器为掩护,为北平南城地下党收集和传递情报,中华人民共和国成立初期进入北京市军管会工作,后被派到北京市粮食局任加工科科长。

1959年,刚刚落成的北京十大建筑之一的中国革命历史博物馆和中国革命军事博物馆,为满足陈列展出要求,急需大批文物修复工作者对众多的文物进行修理、复制。在有关方面的邀请和师父的召唤下,父亲辞去了粮食局的干部职务,加入北京市美术公司,重操旧业,干起了文物修复工作。从50年代末到"文化大革命"后期,一直在中革命国历史博物馆(现在的国家博物馆)"中国通史陈列"修复、复制文物,80年代初退休。

父亲晚年患脑血栓,很多往事记不清了。当我拿着这些老照片向他老人家询问它们背后的故事时,父亲只能隐隐约约地回忆起一点点。

他说,照片中的人面盉是40年前后为通古斋修复的。这件人面盉是通古斋从河南彰德府人手中买到,当时铜盉周身布满铜锈和胶泥,花纹模糊不清。由于器型特殊,过去从没有见过,为了卖个好价钱,姑爷爷乔友声便将铜盉交给父亲和师爷王德山一起整理。当时,由王德山师爷指导,我父亲动手。经过师徒二人的仔细洗刷,人面盉精美的花纹全部露了出来。由于深埋地中,日久天长,有些地方的皮色已经不太好看,父亲便根据师父的交代,重新做了些漂亮的地子,再将一些地方做上锈。经过几番整理,原来的生坑人面盉就变成了后来的传世熟坑精品。修整完毕后,王师爷嘱咐父亲翻制模具,并拍下多面照片,以供日后复制用。据说这件人面盉经修复后,由北京"同益恒"古玩店的萧延卿、陈鉴塘经手,以13.5万大洋的价格卖给上海的古玩商人叶叔重(与卢芹斋合作的民国文物商人吴启周的外甥)。后来,叶叔重又将其运往美国的"卢吴公司"。

40年代初,父亲和师父曾做过人面盉的复制品。为了好卖,他们将复制的人面盉盖内及底内各刻上了6字铭文。虽然铭文是拼篡的,但作伪极其逼真；花纹、铭文錾刻水平高超，一般人很难辨其真伪。

父亲一生老实敦厚，致力于青铜器修复和技艺传承，他和他的后人们在青铜器修复、仿制和鉴定等方面见闻之博、经验之丰，少有伦比；"贾氏文物修复之家"为我国的文物修复做出了较大的贡献。

三、青铜器老照片引起海内外共同关注

1995年，时任中国社会科学院历史研究所所长、著名青铜器专家李学勤先生专程到我的住所——铜斋，仔细观察了这批尘封已久的玻璃板底片和老照片，给予了很高的评价，并建议适时出版。

1999年7月11日，《中国文物报》发表了我写的一篇题为《"海外遗珍"引出的故事》。此文发表后，受到了很多同行的关注，掀起了一场"海外遗珍"热。为此，《中国文物报》特地开辟"海外遗珍"专栏，由本人以"铜斋主人"署名，撰写了10篇短文。本欲以此抛砖引玉，但因烦杂事情太多而未能坚持下去。现在想来，真有些对不起该栏目。

此事过后一年多的某一天，我突然接到《中国文物报》编辑朱威先生的电话，曰故宫博物院金石组研究员林晓安先生来电话打听《"海外遗珍"引出的故事》的作者，并告知美国弗利尔美术馆、沙可乐美术馆东方部主任苏芳淑女士翌日到京。来华前，苏女士电传国家文物局外事办，提出：一是想会见本文作者贾文忠，二是欲购买《贾氏文物修复之家》一书。因外事办主任外出，此事交由故宫金石研究专家林晓安先生办理。接到电话，我回复说："本人就不必见了，书可赠送给她。"因苏女士第二天要到故宫金石组参观，我嘱在故宫科技部金石修复组工作的大哥——贾文超将书代为赠送。

第二天，国家文物局文物保护司宋新潮副司长（现国家文物局副局长）陪同苏女士到故宫金石组参观，大哥将《贾氏文物修复之家》一书送上，并转达了我的意思。但是，苏女士坚持要面见我本人和我文中提到的玻璃板青铜器照片。大哥只好将我电话告之于她。当晚，苏女士即电话我，说她在美国非常关注《中国文物报》，去年在报上见到了我写的文章，同时得知《贾氏文物修复之

家》一书出版，非常想得到一本《贾氏文物修复之家》，并亲眼看看弗利尔美术馆收藏的中国青铜器原始照片。这次到中国来的目的之一就是想了此心愿，并提出到我家拜访。由于我蜗居单位福利房，不便接待外国客人，便提出到她下榻的酒店见面。

第二天晚上，我如约前往皇冠假日饭店。那天，苏女士还约了中国社会科学院考古研究所原副所长、商周青铜器研究专家张长寿先生。初次见面，一番寒暄之后，我将近年来出版的由我撰写的《贾氏文物修复之家》《文物修复与复制》《贾文忠谈古玩赝品》《文物养护复制适用技术》等著作以及我编辑的《文物修复研究》赠予苏女士及弗利尔美术馆。接着，便开始当天的正题——观看海外遗珍青铜器照片。

我取出带来的装有400余张照片的相册，首先映入眼帘的就是前面提到的"人面盉"的6张照片。苏女士非常肯定地说，这件"人面盉"目前收藏在美国弗利尔美术馆。第二页的照片是一只"斝"，苏女士说，这件文物现被美国大都会收藏。第三页的青铜器收藏在沙可乐博物馆……就这样，我一页一页地往后翻，苏女士一件一件地指出它们的收藏地点。这些收藏地有美国，也有欧洲。不仅如此，苏女士还能准确地告知每一件文物曾在什么媒体上发表过。这些照片中，有10件以上有着显著自身特点的青铜器被确定收藏在美国弗利尔美术馆。其他如鼎、爵、觚、钟、壶等相同特点的青铜器，美国几家博物馆都有收藏，所以，难以判定是否就是底板或老照片中的这一件。苏女士说，这些照片上的青铜器，很多器型，中华人民共和国成立后就没有出土过。其价值之高，大多数够得上称为国宝。

我告诉苏女士，李学勤先生也曾看过这批底板和老照片。李先生建议最好找到这些器物现在的收藏地点，再编一本《海外遗珍》。苏女士表示，如果编书，愿意帮忙，美国几家博物馆收藏的均可帮助落实。

通过这些照片，不仅可以初步了解这些青铜器大约的出土年代，还可以追索这些青铜器由谁修复或去锈的，大约是通过什么人、什么时候流传到国外的。这最原始的，也是最真实的历史真迹，不仅记录了这些青铜器的过去，也为今后的青铜器研究提供了佐证。

一个晚上的交流，我感觉苏女士对中国商周青铜器了如指掌，尤其是对美国和欧洲几家博物馆收藏的青铜器，更是如数家珍。后来，我从张长寿先生处知晓，苏女士原籍香港，早年在哈佛大学攻读"艺术史"，博士毕业后到美国弗利尔博物馆和沙可乐博物馆研究中国青铜器、玉器已有20余年，著作有《沙可乐藏青铜器图录》第三卷《沙可乐藏东周青铜礼器》、《北方草原青铜礼器》、《孔夫子时代的音乐——曾侯乙编钟》等。难怪她看到《中国文物报》的一篇文章就如此的重视。她对青铜器研究的这种敬业精神，是我和我的同行们应当学习的。今天，在文物出版社的鼎力支持下，李学勤先生的建议得以实现，父亲等老一辈文物修复工作者的创世再生杰作几十年前的风采也得以面世。岁月悠悠，人走物离；国之重宝，只留萃影。

四、与老照片相关的人和事

1. 黄伯川（1880～1952年），名潘，字伯川，湖北云梦人。其叔父黄兴南因进京赶考名落孙山而留在了北京，在琉璃厂附近安澜营开设私塾馆，光绪二十三年（1897年），又在琉璃厂开设了尊古斋古玩铺。因黄兴南膝下无子，便将侄子伯川接来北京，送入京师同文馆读书。

黄伯川在同文馆读书8年，成绩优秀，通晓德、英、法三国语言。毕业后，进入德国奇罗佛洋行做译员，兼在尊古斋做古董生意。

宣统二年（1910年），黄伯川接替叔父经营尊古斋古玩铺。与当时的金石藏家、画家、鉴赏家以及清室王公贵族交往颇深。黄经营金石、陶瓷、古玉等文物长达40年，过手的精品不计其数，因此发了大财，人称"黄百万"，是名扬南北古玩界、琉璃厂有名的"三大财主"之一。老古董商中不少人说，黄伯川聪明过人，且胆大心细，不怕吃官司，敢买太监从宫里和王府里拿出来的东西。1928年，东陵盗案件发生，黄伯川因参与倒卖东陵文物被投入监狱，1930年被释放。黄伯川出狱后不久，便将尊古斋关闭，并从西琉璃厂搬到东琉璃厂，在一家最大的旧书铺宝铭堂旧址上开设了通古斋。为防溥仪借日本人势力追究其倒卖东陵文物一事，自己不出面经营古董铺，而是让他的徒弟乔友声担任了经理，其子黄金鉴（字镜涵）负责管账。1945年通古斋由黄金鉴经营，直到1956年公私合营。

黄伯川不仅是一位古董商，还是一位研究商周秦汉青铜器的专家和考证金文、甲骨文的学者。他在经营金石文物的同时，注重考证研究商周秦汉铜器的造型、花纹，尤其是对铭文的研究感兴趣。与我国著名考古学者郭沫若、马衡、罗振玉都有交往。

1899年，河南安阳小屯村及其周围的殷墟上发现了占卜用的甲骨刻辞。1910年黄伯川将甲骨上的文字与商代铜器上的铭文进行比较，发现金文同甲骨文相近，并与清廷学部参事罗振玉对这一问题进行了研讨。此后他还为一些专家学者提供了商代青铜器上的金文资料和河南安阳出土的白陶片和龟甲兽骨。

黄伯川一生酷爱文物，也善于总结。他将出售、收藏和见过的金石、古印、古工、陶片等珍贵文物全都做成拓片或者拍成照片汇编成册。在所编辑的112卷成书中，《邺中片羽》卷收录的青铜礼器就有130多件，还有兵器和陶器、玉器、甲骨等文物。1944年出版的影印本《邺中片羽》中，能够找到老照片中的那件青铜人面盉。这也是最早记录这件人面盉的文献。

2. 乔友声（1907～1972年），名振兴，字友声，河北束鹿县人。早年在"尊古斋"学徒，拜师于黄伯川门下，对青铜器的铭文、花纹、造型、锈色等有较深的研究。1937年，黄伯川将更名后的"通古斋"交给他经营。老照片中的人面盉，就是在此期间，由乔友声收购、交由我父亲贾玉波整理修复后，通过上海文物商人叶叔重转卖给卢芹斋在美国纽约开设的"卢吴公司"的。1945年，乔友声退出通古斋，开始自己经营和鉴定青铜器。1949年，回河北老家闲居。1951年，又被故宫博物院请回北京，在院内担任青铜器鉴定工作。

据后人讲，姑爷爷乔友声虽说文化不高，但是，非常善于学习。他通过对青铜器上的铭文考证，认识了大量的金石文字。在当时的古玩行业中，他是认识青铜器铭文字数最多的一位。所以，被同行们称为鉴别青铜器的"三杰"之一。

民国26六年（1937年）七月六日，父母结婚时，证婚人便是其姑父乔友声。

3. 卢芹斋(1880～1957年),1880年出生于浙江湖州卢家兜,十几岁时跟随主人——中国大古董商张静江去往法国,在其通运公司任职。1908年,卢芹斋离开张静江,在巴黎开设了自己的"来远公司"。在意识到"战争已经将艺术中心从巴黎转移到了纽约"后,1915年3月,卢芹斋在纽约的"卢芹斋来远公司"开张了。在以后长达30年的时间里,卢芹斋向国外贩卖的中国国宝级文物不计其数,其中包括中国艺术史上最伟大的杰作之一——1916～1917年被偷运至美国以12.5万美元卖给宾夕法尼亚大学博物馆的昭陵六骏中的"飒露紫"和"拳毛䯄"。据中国古董界人士介绍,目前流传于海外的中国古董中约有一半是经过卢芹斋的手售出的。

卢芹斋的合伙人叫吴启周,也曾是张静江家的门客。由于古玩生意红火,他们又在美国纽约东五十七条街开了"吴卢公司",专门经营古玩。其货源主要来源于吴启周的外甥——在上海开办"禹贡古玩店"的叶叔重。卢本人则常年往返于巴黎与纽约之间。

卢芹斋还在巴黎建造了著名的"巴黎红楼",用来出售来自中国的绝世收藏。红楼里,用中国文物营造的中国文化气氛极为浓厚。晚年的卢芹斋总结自己的一生充满了矛盾,他承认自己使不少国宝流失海外,同时又欣慰这些国宝因此避免战乱并得到了妥善保护。他对自己的文物买卖行为辩解:通过艺术,让世界了解了中国。所以,也有人认为,卢芹斋启蒙性地将欧美收藏家的眼光从中国装饰性瓷器引向了文化积淀深厚的中国墓葬艺术和佛教艺术;使得西方人学会了欣赏中国文物中的青铜器、古玉器、古陶器、唐三彩、佛造像,是让西方社会认识中国古董的启蒙者。

1957年,卢芹斋死于瑞士,终年78岁。

4. 山中定次郎,1866年出生于大阪古董商家庭中,原名安达定次郎,因入赘山中家族而改名。

山中是日本山中商会创始人,19世纪末20世纪初,他和他的山中商会进入中国,开始了收集并倒卖中国文物的经营活动,是当时外国人开设于中国境内的最大古董买卖机构,在中国活动长达30多年,致使大量中国文物流失海外。

除在北京琉璃厂收购中国文物外，还与各王府建立了以收购为目的的紧密业务关系。1912年，他抓住小恭亲王溥伟没有生活来源又企图帮助溥仪复辟清政权因而急需大量资金的机会，以34万大洋的价格，掠夺性地从溥伟手中收购了恭王府除书画外，包括青铜器、陶瓷、玉器、木器、珐琅、石雕、织绣等在内的全部藏品536件。这批文物被迅速运回日本分类整理，并分为三批，一批运往美国拍卖，一批运往英国拍卖，一批留在山中商会设在日本和美国的古董店中零售。其中很多青铜器也在老照片中修复的青铜器之列。

《吉金萃影——贾氏珍藏青铜器老照片》后记

□ 贾 树

《吉金萃影——贾氏珍藏青铜器老照片》共收录老照片370张，共编337号。关于照片编排顺序和编号方式，《凡例》中已有说明；这里主要介绍照片的内容和价值。

370张照片包含的信息量非常大，所摄器物约98%为青铜器，只有极少量的陶瓷器、金银器、玉器和铁器，其中玉器均为铜玉合体的兵器，将之归入青铜器亦无不可。这少数的非铜器物具有一定的学术价值，有的还与青铜器型成"合影"，因此在整理时未将它们剔除，虽然其存在影响了书名的准确性。需要说明的是，照片年代较久，有的清晰度不高，个别器物无法准确断定材质，在图版说明中已有交代。

要确切统计照片器物的数量，不是一件容易的事。相同器物常出现于不同照片中；不同照片中的器物，有的可明确为同一器，有的虽很相似，但受限于照片清晰度和器物拍摄角度，无法确定是否同一器。严谨起见，在统计时得出了高、低两个数据。高数据是器物数量的上限，不同照片中的器物明确为同一器者按一件计算，疑为同一器但不确定者，则不并算作一件；这样得出的数据是717件。铜器（包括铜玉合体之兵器）有709件，大多数是商周时期青铜器，包含乐器（镈、钟、铎）21件、甗1件、鬲4件、鼎89件、簋42件、簠1件、敦1件、铏3件、盖豆5件、卣38件、尊26件、觯15件、瓿105件、爵55件、角4件、斝18件、觥5件、盉10件、鐎4件、壶51件、罍8件、方彝10件、勺1件、斗1件、瓶6件、缶2件、盘9件、匜1件、鉴1件、其他容器（包括量、炉、鍑、卮等）11件、熏炉3件、灯4件、车马器（包括弓形器、当卢、銮、轭首、车衡饰等）38件、兵器和工具（包括钺、矛、戈、镈、剑、刀、斧等）48件、铜镜26件、带钩带扣18件、佛造像4件、其他器物（用途可知者有器座、钱范、炭扒等）20件。金银器、铁器和陶瓷器共8件。低数据是大致的下限，是将不同照片中所有怀疑为同一器者，均按一件计算，这样得出的数字为684；这并非准确的下限，因为有些照片中的器物过于模糊（或因拍摄器物太多，单件器物太小；或因照片本身质量较低），无法确定是否还出现在其他照片中。总之，《吉金萃影——贾氏珍藏青铜器老照片》中所包含的器物数量在700件左右。

这700件左右的器物，在图版说明中都进行了介绍。迄今有来源去向或著录信息的器物有109件，其信息见下表。表中的"旧藏"和"现藏"信息均以现在为时间基点。需要说明的是，因我们掌握的资料有限，表中信息可能有不准确或过期者。而这109件之外的铜器，也有近70件可能是已知的某器物，有的可以确定；但因未有百分之百的证据，谨慎起见，未列入表中，详细信息可参考图版说明。

序号	名称	旧藏	现藏	入藏时间	备注
003	眉寿钟	叶东卿、刘喜海			
006	饕餮纹甬钟	赛克勒	赛克勒美术馆	1987	
009	蟠螭纹镈	赛克勒	赛克勒美术馆	1987	
010	饕餮纹镈	皮尔斯伯里	明尼阿波利斯艺术博物馆	1950	
013	🆒方鼎	卢芹斋	大都会艺术博物馆	1943	1941年收入纽约卢芹斋图录
016	簋鼎		北京大学赛克勒考古与艺术博物馆	1991	1942年著录于《邺三》
018	宎鼎	卢芹斋			1939年收入纽约卢芹斋图录
023	饕餮纹鼎	赛克勒	赛克勒美术馆	1987	

序号	名称	旧藏	现藏	入藏时间	备注
024	蟠虺纹鼎	赛克勒	赛克勒美术馆	1987	
026	错金银龙纹鼎（盖）	皮尔斯伯里	明尼阿波利斯艺术博物馆	1950	传洛阳金村出土 1939年收入纽约卢芹斋图录
027	蟠螭纹方鼎	商承祚	泉屋博古馆		1935年著录于《十二家》
029	亦车簋	卢芹斋	弗利尔美术馆	1941	
030	鸢簋	卢芹斋、温索浦	哈佛大学艺术博物馆	1943	
031	饕餮纹簋	希拉曼尼克	檀香山艺术博物馆	1967	
032	饕餮纹三耳簋		故宫博物院	1959	北京市文化局调拨
033	乙戈簋				1942年著录于《邺三》
035	屮簋	荣厚	清华大学图书馆		1947年著录于《冠斝》
036	敶簋	荣厚	故宫博物院	1954	1947年著录于《冠斝》
038	饕餮纹方座簋		泉屋博物馆		
040	涡形纹豆	卢芹斋、布伦戴奇	旧金山亚洲艺术博物馆		1941年归卢芹斋
041	兽纹豆		檀香山艺术博物馆	1972	
042	散虺纹豆		故宫博物院	1958	国家文物局调拨
043	刻纹铏		上海博物馆		
045	饕餮纹方卣		东京国立博物馆		
046	牛鸮卣	杜克			

序号	名称	旧藏	现藏	入藏时间	备注
052	父乙卫典卣				1935年著录于《邺初》
053	伯貉卣				铭文最早著录于《三代吉金文存》
055	伯彭父卣	Wells	托莱多艺术博物馆	1938	
056	作旅彝卣	巴莱尔	格拉斯哥博物馆美术馆		
061	子㠯卣		出光美术馆		
065	饕餮纹尊	通运公司、皮尔斯伯里	明尼阿波利斯艺术博物馆	1950	1940年归皮尔斯伯里
069	册宫方尊	卢芹斋			1941年收入纽约卢芹斋图录
072	作父辛尊	端方、冯恕、于省吾			1940年著录于《双古》
073	亚貘父丁尊	卢芹斋	弗利尔美术馆	1944	
077	禽尊	卢芹斋、马丁			1940年收入纽约卢芹斋图录
078	禽尊	卢芹斋、EliLally	印第安纳波利斯艺术博物馆	1948	
079	亚矣父乙觯	卢芹斋、布伦戴奇	旧金山亚洲艺术博物馆		
082	车㠯罍	卢芹斋	纳尔逊—阿特金斯艺术博物馆		
084	㐭罍	通运公司、白金汉	芝加哥艺术博物馆	1946	
086	饕餮纹罍	尊古斋、卢芹斋、布伦戴奇	旧金山亚洲艺术博物馆		1944年收入纽约卢芹斋图录
087	凸罍	罗比尔、斯奈德	圣迭戈艺术博物馆		
090	人面盖盉	卢芹斋	弗利尔美术馆	1942	
092	尧父乙盉	清宫、王锡棨、卢芹斋、布伦戴奇	旧金山亚洲艺术博物馆		1941年收入纽约卢芹斋图录
094	波带纹盉		藤井有邻馆		

序号	名称	旧藏	现藏	入藏时间	备注
095	乐孝子盉	赵氏山海楼	玫茵堂		
096	北单戈壶	浅野	出光美术馆		
097	兴壶	卢芹斋	皇家安大略省博物馆		
098	兴壶	卢芹斋			1941年收入纽约卢芹斋图录
101	鸟纹方壶	布伦戴奇	旧金山亚洲艺术博物馆		
104	鸟纹方壶	莱奥·维尔斯夫妇			
106	方壶	卢芹斋、布伦戴奇	旧金山亚洲艺术博物馆		
114	饕餮纹方彝	Lidow夫妇	洛杉矶郡艺术博物馆		
117	交龙纹缶	卢芹斋、布伦戴奇	旧金山亚洲艺术博物馆		1941年归卢芹斋
128	饕餮纹方镜		泉屋博古馆		
133	吕氏镜		故宫博物院		
145	叔龟鼎		故宫博物院		1935年著录于《邺初》
150	力册父丁觚	卢芹斋、皮尔斯伯里	明尼阿波利斯艺术博物馆		1938年归皮尔斯伯里
165	嵌绿松石曲内戈		弗利尔美术馆	1939	
168	杜氏镜		故宫博物院		
172	𠂤簋	卢芹斋、温索浦	哈佛大学艺术博物馆	1943	
174	亚戈父己鼎	卢芹斋、皮尔斯伯里	明尼阿波利斯艺术博物馆	1950	1941归皮尔斯伯里
175	鸟纹鼎	Raphael	大英博物馆	1945	
181	鼎	尊古斋、Komor、伏克			1942年著录于《邺三》
187	夔纹鼎	赛克勒	赛克勒美术馆	1987	
193	父丁觯	叶志诜、卢芹斋、布伦戴奇			

序号	名称	旧藏	现藏	入藏时间	备注
204	螯司土幽尊	刘体智	故宫博物院	1954	由北京市文物局调拨
206	旅尊	卢芹斋、皮尔斯伯里	明尼阿波利斯艺术博物馆	1950	1941年归皮尔斯伯里
208	牛形器座	皮尔斯伯里	明尼阿波利斯艺术博物馆	1950	
208	鸮尊	卢芹斋	弗利尔美术馆	1942	
225	蛇纹銎内钺	温索浦	哈佛大学艺术博物馆	1943	
227	乡王王亚㝬鼎		中国国家博物馆		1942年著录于《邺三》
235	来貘方鼎		中国国家博物馆		
240	饕餮纹鬲	卢芹斋、埃斯肯纳齐、思源堂			1939年收入纽约卢芹斋图录
245	鸟形足蝉纹鼎	埃斯肯纳齐	玫茵堂		
245	卣	许延暄、叶恭绰	上海博物馆		
246	羞方鼎	卢芹斋、Erickson	大都会艺术博物馆	1985	
247	+爵				1942年著录于《邺三》
252	牛首銎内蝉纹戈	山中商会、温索浦	哈佛大学艺术博物馆	1943	1941年由山中商会在纽约卖出
253	父庚鼎	端方、刘体智、于省吾			1940年著录于《双古》
254	光父盉	布伦戴奇	旧金山亚洲艺术博物馆		
255	膚册父庚壶	顾恺时、成言嘉	上海博物馆		
256	刀		故宫博物馆		
262	饕餮纹觚				1988年和2013年分别见于伦敦苏富比行和纽约佳士得行
263	或爵	卢芹斋、康恩			1940年收入纽约卢芹斋图录
272	亚罟父己觚				1942年著录于《邺三》

序号	名称	旧藏	现藏	入藏时间	备注
276	饕餮纹方彝		故宫博物馆	1960	北京市文化局调拨
277	匿斝	甘浦斯	赛克勒美术馆	1987	
277	鸢爵	梁上椿	上海博物馆		1942年著录于《邺三》
281	嵌红铜狩猎宴射纹壶	出光美术馆			
281	嵌红铜鸟兽纹壶	Vannotti、埃斯肯纳齐			
282	饕餮纹方彝	埃斯肯纳齐			
282	铜骹玉矛				1942年著录于《邺三》
285	雷纹贯耳壶	于省吾、卢芹斋、皮尔斯伯里	明尼阿波利斯艺术博物馆	1950	1939年归皮尔斯伯里
285	铜内玉援戈	温索浦	哈佛大学艺术博物馆	1943	
286	兵战狩猎采桑纹高柄方壶	罗比尔			
286	兽首铜饰		旧金山亚洲艺术博物馆		
293	饕餮纹瓠	卢芹斋、Vannotti、埃斯肯纳齐			1947年由巴黎卢芹斋售出
297	来卣	于省吾			1940年著录于《双古》
300	叔䟒方鼎	刘体智、Weber	大都会艺术博物馆	1988	著录于《善斋吉金录》
306	嵌绿松石铜骹玉矛	温索浦	哈佛大学艺术博物馆	1943	
308	来䍙父丁角		出光美术馆		
310	嵌绿松石夔形内玉援戈	温索浦	明尼阿波利斯艺术博物馆		
312	八角星纹弓形器	辛格	赛克勒美术馆	2012	
318	饕餮纹钺（2件）	温索浦	哈佛大学艺术博物馆	1943	
318	方格纹觯	Badatich			
321	母心鼎	伍德夫人			

序号	名称	旧藏	现藏	入藏时间	备注
323	凸钮圆首刀		赛克勒美术馆		
327	罍				1937年著录于《邺二》
328	凸钮圆首刀	温索浦	哈佛大学艺术博物馆	1943	

从上表可知，109件铜器有81件现在国内外博物馆等收藏和研究机构，其中国内17件（分藏故宫博物院、上海博物馆、中国国家博物馆、北京大学赛克勒考古与艺术博物馆、清华大学图书馆），美国50件（分藏明尼阿波利斯艺术博物馆、旧金山亚洲艺术博物馆、赛克勒美术馆、哈佛大学艺术博物馆、弗利尔美术馆、大都会艺术博物馆、檀香山艺术博物馆、印第安纳波利斯艺术博物馆、纳尔逊—阿特金斯艺术博物馆、芝加哥艺术博物馆、洛杉矶郡艺术博物馆、圣迭戈艺术博物馆、托莱多艺术博物馆），日本9件（分藏出光美术馆、泉屋博古馆、东京国立博物馆、藤井有邻馆），英国2件（分藏大英博物馆和格拉斯哥博物馆美术馆），瑞士2件（藏玫茵堂），加拿大1件（藏皇家安大略省博物馆）。收藏最多者为故宫博物院、明尼阿波利斯艺术博物馆和旧金山亚洲艺术博物馆，各有9件。这些统计数据得自我们目前掌握的有限信息，照片中的器物入藏上述各博物馆者或其他博物馆的实际数量肯定要更多。109件铜器中，至少有29件经卢芹斋之手卖出，实际则更多；还有少数曾经山中商会、通运公司等古董商号之手。中国青铜器流散海外，主要就是通过他们之手。早期的主要收藏家有美国的温索浦、皮尔斯伯里和布伦戴奇，三人的多数藏品后分别入藏哈佛大学艺术博物馆、明尼阿波利斯艺术博物馆和旧金山亚洲艺术博物馆。

上表还显示，许多器物在1940年之前即已流散到国外。如055伯彭父卣1938年即入藏托莱多艺术博物馆，150力册父丁觚于1938年归皮尔斯伯里收藏，240饕餮纹鬲1939年已在纽约，165嵌绿松石曲内戈也在1939年为弗利尔美术馆所有。至迟到1943年已流散国外的铜器也不少。这些信息有助于判断本书照片的拍摄年代；可以明确许多照片摄于 20 世纪 30 年代末 40 年代初，这可能也是大宗照片的拍摄时期。

值得注意的是，照片中的器物，有的来自或可能来自民国时期发现的重要考古遗址，如浚县辛村、洛阳金村、寿县李三孤堆、新郑李家楼等。照片在某种程度上见证了民国时期的考古史。

贾氏所藏的这批老照片对青铜器研究具有重要的学术价值，主要表现在下述三点。

（一）补充了部分铜器的器型资料。如 003 眉寿钟清末曾为叶东卿、刘喜海所藏，但后来去向不明，只传下铭文和部分纹饰的拓片；053 伯貉卣也只有铭文拓片传世。照片可补其器型之缺。

（二）显示了部分青铜器的早期状态。如 221、254 光父盉，流传后经过了除锈和清洗，照片则保留了其最早的锈蚀状况。101 鸟纹方壶，现藏旧金山亚洲艺术博物馆，只颈、肩间有耳，但从照片看，其在圈足和下腹间原也有两耳，后不知何原因失却。087 凸斝，《美集录》收录时已配有双立鸟的盖，但照片显示其原盖上无立鸟而有环钮，说明立鸟盖系经改制或后配。

（三）发表了一批重要青铜器的资料。照片中的许多器物都未见著录，其中有的非常重要。如 015 鼎是一件罕见的商代后期偏早时期的铜鼎，其索状立耳的特征从未见于已知铜器。047 卣提梁两端为作蛙形，是目前仅见的有这类提梁的扁体圈足卣。122 龙纹弓形器，首为圆勺形，器型罕见，铸造精美。129 镜是一面罕见的四兽纹镜，其四兽以口含尾相连，而其他的四兽纹镜之四兽基本都是以爪抓尾相连。其他如 080 龙纹爵、118 蟠虺纹缶、162 虎形足壶、185 夔纹方鼎、186 饕餮纹方彝、228 饕餮纹扁足鼎、F3 饕餮纹觥等，均是商周青铜器中的精品。

《吉金萃影——贾氏珍藏青铜器老照片》老照片的整理和图版说明的撰写，由贾文忠、贾树统筹规划。李学勤先生自始至终给予了精心指导，并为本书撰写了序言。李伯谦、朱凤瀚先生也慷慨赐序，为本书增色不少。

图版说明由中国国家博物馆学术研究中心冯峰和霍宏伟撰写，其中冯峰负责商周时期器物，霍宏伟负责魏晋以后的器物，秦汉时期器物则由二人共同负责。中国国家博物馆保管一部田率先生曾对照片中的器物做了初步整理，大致进行了断代并标注了部分器物的流传信息，为整理工作奠基了基础，并对图版说明的写作提出了宝贵的意见和建议。北京大学考古文博学院曹大志先生和山西大学历史文化学院陈小三先生审阅了图版说明的校样。曹大志先生补充了数件器物的收藏信息，纠正了文稿中的一些失误；陈小三先生也指出了校样中存在一些问题，并提出了中肯的修改意见。在照片整理和图版说明写作过程中，严志斌、高成林、张天宇、单月英、马玉梅、任俊燕等先生和女士也提供了帮助。

《吉金萃影——贾氏珍藏青铜器老照片》
出版编辑侧记

□ 许海意

缘起

认识贾文忠先生很多年了,出版过他的《青铜器修复技艺》和《贾文忠全形拓精选集》(函套装共2册)。听他谈起珍藏玻璃版青铜器老照片的事,就向张自成社长谈起出版的事。张社长介绍说,20年前他在报社时就知道这批老照片,1999年《中国文物报》还发表过贾先生《"海外遗珍"引出的故事》等十余篇文章,一时引起轰动。后来他来出版社工作,贾先生也曾谈起老照片出版的事。他认为这批老照片极具出版价值——文物老照片很多,但大多是古建筑等不可移动文物的老照片,这批青铜器老照片却是可移动文物的,且与修复相关,数量多、成批量,主题集中,保存完整,弥足珍贵。建议尽快报选题,并纳入"旧影留真"丛书系列。

老照片有独特的历史和人文价值,文物出版社十分重视文物老照片的出版。先后推出了"老北京"丛书(有庙会、招幌等4本,受到社会欢迎)、"旧影留真"丛书(《孙明经——1939走进雅安》《中轴旧影》等)。2014年,我社顺利通过了出版选题,作为"旧影留真"丛书的第三本。

青铜器老照片的渊源

贾文忠先生在《文物天地》2014年第11期发表了《贾氏珍藏青铜器老照片与老照片相关的二三事》,详细介绍了这批青铜器老照片的来历以及与贾氏修复之家的情缘。原来，这批老照片系20世纪三四十年代老一辈青铜器修复专家王德山、贾玉波师徒数人文物修复后的拍照留存。王德山师从"古铜张"张泰恩，张泰恩则是清宫内务府造办处太监"歪嘴于"的徒弟——青铜修复技艺源自清宫，于民国乱世的市场中得到淬炼与光大。

太监"歪嘴于"系古铜器修复高手，为清宫造办处"八大怪"之一，清末出宫开了个古铜器修复作坊"万龙合"，先后收了7个徒弟，最小的徒弟便是张泰恩（1880～1958年），人称"张七"。1911年于师傅去世，张泰恩继其衣钵，将"万龙合"改名为"万隆和古铜局"，主要为琉璃厂古玩商修复青铜器。30余年里"万隆和"共收了11位徒弟，著名者有张文普、王德山、贡茂林等，开创了北京"古铜张"派青铜器修复业。张文普系张泰恩亲侄子，人称"小古铜张"。王德山（1911～1989年）手艺超群，擅长根据不同国家客人的不同喜好，将其做成不同"洋庄货"，如法国庄（多绿漆骨）、英国庄（多绿漆骨）、美国庄（多黑漆骨）等。开枝散叶，薪尽火传，张文普收徒7人，王德山收徒8人，除个别改行外，大都成了新中国文博行业第一批青铜器修复师，张文普徒弟如李会生、赵振茂在故宫博物院，高英、张兰会在中国历史博物馆；王德山徒弟如刘增堃在河北省博物馆，杨政填在中国历史博物馆，王喜瑞、贾玉波在北京市美术公司，王荣达在上海博物馆，王长青在河南省博物馆；贡茂林徒弟孟海泉在故宫博物院，王存计在辽宁省博物馆。青铜器修复"古铜张"一派的传人，实力雄厚，均成为青铜器修复业的中坚力量。

贾玉波（1923～2001年），河北束鹿人。1937年，其姑父、"通古斋"掌柜乔友声把他带到北京琉璃厂，并安排跟随王德山学习铜器修复。贾玉波很快成了王德山最为信任的高徒，不仅精于修复铜器、金银器、陶瓷器、石器，而且对翻模、铸造、錾刻、鎏金、鎏银等技艺也样样精通。1947年参加革命，中华人民共和国成立后在粮食部门工作。1959年中国历史博物馆建成，急需大批文物修复人员，贾玉波便入北京市美术公司，为中国历史博物馆修复、复制文物直至退休。贾玉波7位子女中，除贾新改行外，均从事文物修复工作；第三代中目前也已有3人从事文物修复，是著名的"文物修复之家"。

王德山、贾玉波师徒等人修复文物有个习惯，就是凡经他们手修复过的青铜器都要拍照留存。据贾文忠介绍，除他们家外，王荣达先生家也存有不少玻璃版青铜器老照片。摄影技术自19世纪问世以来，先后经历了银版、锡版、玻璃底片、胶片、数码等发展过程。在赛璐珞胶片（软片）发明以前，普遍使用玻璃底片（硬片）——精美逼真、备受收藏界推崇的珂罗版印刷器，使用的就是玻璃版，其制版原理与玻璃版摄影有异曲同工之妙。玻璃底片照相是从日本引进的，在20世纪三四十年代还是"舶来"的时尚奢侈品，设备和底版均十分昂贵。能够让贾玉波先生师门照相留影的，一定是珍贵文物，且是修复的得意之作。为便于冲洗扩印，玻璃底版一般使用2毫米厚的白玻璃片，轻薄透明，但也极易破碎，难以保存。据贾文忠回忆，他小时候青铜器老照片应该有上千张，曾用手电照着玻璃底版把青铜器型打到墙上，就像今天放映的幻灯片，现在由于时间较长，玻璃版不好保存，有破的，也有着了水的，目前家中保存比较完好的，就剩这些了。这批玻璃版老照片能够保藏七八十年，大多还比较清晰，实殊不易，本身就已经是珍贵文物了。

青铜器老照片的文物价值

当时，王德山师徒修复青铜器，大多是应市场需要而修，与青铜器流传直接相关。因此，这批青铜器老照片便真实地记录了相关青铜器流传的历史信息。诚如贾先生所言，"通过这些照片，不仅可以初步了解这些青铜器大约的出土年代，还可以追索这些青铜器由谁修复或去锈的，大约是通过什么人、什么时候流传到国外的。这是最原始的，也是最真实的历史真迹，不仅记录了这些青铜器的过去，也为今后的青铜器研究提供了佐证"。其珍贵的史料价值，一直受到有识之士的关注。20世纪50年代陈梦家编著《美帝国主义掠夺我国殷周青铜器集录》时，就曾经从贾玉波先生购买了大量青铜器老照片。1995年，李学勤先生观看这批老照片时，曾建议以此为线索努力寻访海外流失青铜器的收藏地，最好能再编辑出版一本《海外遗珍》。后来2000年时，美国弗利尔美术馆、沙可乐美术馆东方部主任苏芳淑女士专程寻访贾文忠先生，查看了这批老照片，并当场指认出不少老照片的去向和收藏地，其中就有十余件青铜器收藏在弗利尔美术馆。本书编辑出版时，李学勤、李伯谦、朱凤瀚三位先生多次指导，并欣然作序，从不同角度对这批玻璃板青铜器老照片的价值进行了深刻而简明的阐述。

首先，记录了民国时期的青铜器流散情况，唤醒历史记忆。清末民国乱世，盗掘、私掘之风盛行，文物流散严重，大多音迹渺茫，难寻其绪。王德山合作的"通古斋"，其前斋主黄伯川，就曾参与过东陵盗案的文物倒卖。据贾玉波回忆，1940年前后曾为通古斋修复过人面盉。这件铜盉是从河南彰德府买来的，周身布满铜锈和胶泥，纹饰模糊不清，经王德山、贾玉波师徒二人仔细清理、修整，变成了传世熟坑精品。因其器型特殊、纹饰精美，王德山、贾玉波翻制了模具，从多个角度拍摄了照片（090），以备复制。据说，人面盉修复后，由北京"同益恒"古玩店的萧延卿、陈鉴塘卖给了上海古玩商叶叔重（卢吴公司合伙人之一吴启周的外甥），经卢吴公司远销美国。黄伯川《邺中片羽·三集》（1944年出版影印本）最早收录了这件青铜人面盉，陈梦家1944～1947年在美国所收集的殷周青铜器资料中就有这件人面盉，这两条资料可以为之佐证。而本书所公布的老照片，无疑时间更早，价值更高。

为凸显史料价值，考证文物流散去向和著录情况，贾文忠与其哲嗣贾树联系中国国家博物馆学术研究中心冯峰、霍宏伟、田率等，在查阅大量中外文资料的基础上，对本书遴选收录的370张老照片（98%为青铜器）进行了细致比对考证，确定所涉文物为700件左右，包括觚、鼎、簋、爵、尊、觯、斝、卣、甗、方彝、罍、壶、盉、盘、匜、钟等40余种器型；可以确定109件青铜器的来源去向或著录信息，还有70件几乎能够确定为疑似某器。109件中，有81件能够确定当前的收藏地：有17件分藏国内故宫博物院、上海博物馆、中国国家博物馆、北京大学赛克勒考古与艺术博物馆、清华大学图书馆等单位；50件分藏美国，如旧金山亚洲艺术博物馆、赛克勒美术馆、大都会博物馆、弗利尔美术馆等收藏机构；9件分藏在日本，如出光美术馆、泉屋博古馆、东京国立博物馆等机构；2件分藏在英国的大英博物馆和格拉斯哥博物馆美术馆；2件收藏于瑞士玫茵堂；1件收藏在加拿大皇家安大略省博物馆。收藏最多的是故宫博物院、明尼阿波利斯艺术博物馆和旧金山亚洲艺术博物馆，各有9件。而且，这109件中，至少有29件经卢芹斋之手卖出，少数经山中商会、通运公司等古董商号卖出。这些流散信息的考证,进一步阐明了本书老照片记载流散文物的史料价值。

其次,提供了民国时期流散青铜器的研究资料。青铜器研究,注重出土,但传世青铜器数以万计,不可轻觑。传世研究,著录为重。本书出版虽然迟至七八十年后,但无疑是20世纪三四十年代流散青铜器的信息发布,能够填补那个时代青铜器著录信息的缺环。从目前考证情况看,补充了不少青铜器器型资料。如清末曾为叶东卿、刘喜海所藏眉寿钟,至今去向不明,只留下铭文和部分纹饰的拓片,本书003眉寿钟的照片,使人们得以窥见它的真容。贾文忠先生还介绍说:"早年流失海外的伯貊卣被推断是西周早期的盛酒器。但一直以来,伯貊卣只有铭文拓片流传,它的实物从未面世,关于它的具体样式只能靠前人的只言片语来想象。"而本书中053伯貊卣照片,可见椭圆口、深腹、圈足、饰弦纹和貘首,这一"全身正面照",犹如身份证般,证明了伯貊卣的曾经存在。其他,"如015鼎是一件罕见的商代后期偏早时期的铜鼎,其索状立耳的特征从未见于已知铜器。047卣提梁两端为作蛙形,是目前仅见的有这类提梁的扁体圈足卣。122龙纹弓形器,首为圆勺形,器型罕见,铸造精美。129镜是一面罕见的四兽纹镜,其四兽以口含尾相连,而其他的四兽纹镜之四兽基本都是以爪抓尾相连。其他如080龙纹爵、118蟠虺纹缶、162虎形足壶、185夔纹方鼎、186饕餮纹方彝、228饕餮纹扁足鼎、F3饕餮纹觥等,均是商周青铜器中的精品"。

贾文忠表示,这些照片中的青铜器,有的可能来自民国时期的重要考古遗址:"照片在某种程度上见证了民国时期的考古史"。

最后,承载着民国时期青铜器修复的技艺与成果。业内人都知道,青铜器出土"十器九修"。青铜器埋藏地下两三千年,刚出土时完好光洁者实在不多,大多是锈迹斑斑,破碎残损,有的甚至是一堆碎片。所有这些,全靠身怀绝技的"文物郎中"的妙手回春,通过清理、保养和修复,让那一堆堆锈迹遍布甚至残缺不全的文物重现往日神韵。依严谨的科学态度,一件青铜器出土时是否残损,是否经过修复,档案中必须有所记载,而本图录是所收众多青铜器曾经修复的证明,为海内外研究者对这些青铜器进行研究、保护与科学利用提供了可行的背景材料。

从技艺传承方面，诚如朱凤瀚先生所指出的，这些青铜器老照片还有助于了解、研究老北京以"古铜张"为代表的青铜器修复业的专业水平、发展状况，这是极少数能保留下来的有关旧中国文物修复行业的实物资料，故尤值得珍视。

《吉金萃影》的编辑出版

《吉金萃影》一书总体分为两部分：一是图版，一是说明。

图版部分，取"桃李不言"之意，除简单编号之外，不着一字，完全靠老照片自己说话。为让老照片"充分言说"，尽可能展现老照片中的文物信息，我们采取了两种方式。一是对图版进行了精修。运用专业的调图手法，祛除了不必要的背景、漫漶不清的底色以及斑杂的岁月斑点，以充分展现文物本身照片的原貌。二是四色印黑白。照片原版就是黑白两色，如果简单地采用单黑印刷，层次感就会大打折扣；而以四色印黑白，就最大程度地展现青铜器老照片原有的层次感，突出文物的神韵。如此呈现给大家，既能表现照片之"老"，又能传达文物之"神"，可谓形神兼备，相得益彰。

文字说明部分，为突出考证成果，我们也做了精心设计。一般文物图录都是简单的长宽高、质地、出土地、收藏单位等基本信息，本书则作了别具特色的设计：首先，横栏线起首，底色块联系，将相关图文联成一体，构成不同的图文单元，繁而不乱，既严谨又灵动；其次，引用了近240幅文物图片，与老照片并列同大排版，以竖虚线相隔，注明相关附图信息，方便研究者细致比对。再次，用不同的字体标示文物基本信息和考释研究成果，描绘器型、纹饰等文物特点，简要点出流传与著录信息，给予老照片明确的学术地位；最后，《引用书简称表》《后记》，提供了简明的中、日、英等文献信息，方便读者查阅，简要说明了整个研究考释过程，表现了贾先生团队严谨治学态度。《吉金萃影——贾氏珍藏青铜器老照片》出版面世，是文物出版社与文博世家合作的又一丰硕成果。今后，我们将沿此方向，加强文物老照片的出版工作，加强与贾氏这样的文物世家的深度合作，展示文博人精湛技艺，讲述文物动人故事。

来源：《中国文物报》2016年12月27日

《吉金萃影——贾氏珍藏青铜器老照片》出版之后

□ 贾文忠

2017年2月中旬,我陪同全国政协副秘书长、九三学社中央常务副主席邵鸿到故宫博物院调研,当面和单霁翔院长谈及我在2016年编写出版的《吉金萃影——贾氏珍藏青铜器老照片》(后称《吉金萃影》)书中,目前已知有9件青铜器收藏在故宫,50件在美国,还有在日本、英国、加拿大等博物馆收藏近百件,其他为海内外私人收藏。单院长当即提出,让我策划一下贾氏修复过而今流失海外的青铜器回到故宫展览,届时将玻璃板老照片与"贾氏修复之家史"共同展出,那多有意义呀!

2月底,纽约大都会博物馆亚洲艺术部中国艺术主任研究员孙志新在北京筹备"秦汉文明特别展",我即约孙先生见面并送上新书《吉金萃影》,还向孙

2017年2月陪同九三学社中央常务副主席邵鸿故宫调研

贾文忠与加州大学洛杉矶分校东亚图书馆陈肃馆长

先生介绍了单院长的提议。孙先生说，如果故宫举办《吉金萃影》海外青铜器回国省亲展，大都会博物馆可以借相关青铜器展出，并答应帮我联系弗利尔博物馆与赛克勒博物馆。

3月初，我受邀前往美国纽约佳士得鉴赏"宗器宝绘——日本藤田美术馆藏中国古代艺术珍品"中的青铜器。在去纽约之前，先到洛杉矶拜访加州大学洛杉矶分校东亚图书馆，拜会了馆长陈肃女士，并赠上《吉金萃影》新书。通过陈馆长的引荐，我结识了该校中国青铜器研究专家罗泰教授，他是中国考古学研究的国际著名学者，出生于德国，曾先后求学于德国波恩大学、美国哈佛大学、中国北京大学、日本京都大学。1988年毕业于哈佛大学人类学系，获博士学位，师从张光直先生。毕业后任教于斯坦福大学和加州大学河边分校。1993年起至今，任教于加州大学洛杉矶分校。多年以来，罗泰教授致力于中国青铜时代的考古学研究，特别关注学科之间的互补研究和考古学数据能够提供新信息的重要历史课题。我赠送《吉金萃影》给罗泰教授，并介绍了故宫博物院院长单霁翔的提议。罗泰教授认为这个提议很好，书中分散藏在美国几家博物馆的青铜器，可以先在美国某家博物馆展览一次，在此基础上再办回国展，他表示可以帮助联系相关博物馆促成此事。

在纽约，我与大都会博物馆孙志新先生见面，委托孙先生将《吉金萃影》

贾文忠与罗泰教授在加州大学

捐赠给相关博物馆，孙先生表示一定联系华盛顿弗利尔博物馆负责青铜器的同行，也会将本书转送，并将一起策划展览之事。此次美国之行还与《天下华人》杂志社、中美收藏家协会、中美文化交流等团体的负责人做了沟通，他们均表示一定大力支持《吉金萃影》青铜器展。在佳士得亚洲艺术展见到了很多热爱中国文物的朋友，谈及此展大家都认为这是中美文化交流的新切入点，都盼望展览能够早日实现。

真没想到《吉金萃影》这样一本书能引起单霁翔院长提出这样一个文化交流的大选题，更没想到竟会得到这么多热心文化交流的海内外人士的支持。

《吉金萃影》是文物出版社2016年年底出版的，李学勤、李伯谦、朱凤瀚为顾问，贾文忠、贾树主编，冯峰、霍宏伟等文博专家团队历时近10年编辑完成。新书问世，中国农业博物馆、文物出版社就联合举办了新书发布会，国家文物局和故宫博物院、国家博物馆、北京大学考古文博学院等文博单位领导，文博考古界知名专家150余人到会。多家媒体上发布的相关新闻报道很多，由此可见这本书受到文博界关注重视的程度。

李学勤先生对其重要性是这样讲的：首先，记录流散器物；其次，提供研究资料；再次，体现修复成果。李伯谦先生的评价是：通过老照片，不仅可以初步了解到这些青铜器大约的出土年代，还可以追溯这些青铜器由谁修复或去锈的，大约是通过什么人、在什么时候流传到国外的。这是最原始的最真实的历史真迹，不仅记录了这些青铜器的过去，也为今后的青铜器研究提供了佐证。朱凤瀚先生评价说：本书提供的青铜器资料异常丰富，无论对青铜器做多层面、多角度的研究，还是对于完善海内外所藏中国青铜器的档案记录，了解中国青铜器出土与流传的历史，都是有价值的。

《吉金萃影》是一本囊括贾氏文物修复世家三代心血的著作，书中700余件青铜重器"显影"见证民国时期的考古史，依托青铜器修复技艺的传承，如今成为中国文物流失海外的珍贵证据。这些首次公开的民国时期青铜器的玻璃版底片和老照片，是老一代青铜器修复专家贾玉波和师父王德山老先生在20世纪20年代到40年代，上手修复过的商周时期的作品。民国时期，青铜器修复与复制技术非常兴盛，我的父亲贾玉波出自民国青铜器修复高手王德山门下。王德山有一个习惯，就是对凡是经过他们师徒之手修复过的每一件青铜器都要拍照留存。当时的照相技术是从日本引进的，设备和胶片价格都非常昂贵，所以有不少照片是数件青铜器放在一起合拍。可惜的是，他们只拍摄了修复后的文物，而没有留下文物修复前的原始照。

这本书收录的370张老照片包含青铜器物数量多达700件左右，信息量非常巨大。照片中的青铜器大多流散海外，被收藏在世界各大博物馆和部分私人收藏家手中。有109件器物迄今有来源去向和著录信息，在国内外博物馆等收藏机构和研究单位发现了身影。这当中，有17件分藏国内，如故宫博物院、上海博物馆、中国国家博物馆、北京大学赛克勒考古与艺术博物馆、清华大学图书馆等单位；50件分藏美国，如旧金山艺术博物馆、赛克勒美术馆、大都会博物馆、弗利尔美术馆等收藏机构；9件分藏在日本，如出光美术馆、泉屋博古馆、东京国立博物馆等机构；2件分藏在英国的大英博物馆和格拉斯哥博物馆美术馆；2件收藏于瑞士玫茵堂；1件收藏在加拿大皇家安大略省博物馆。收藏最多的是故宫博物院、明尼阿波利斯美术博物馆和旧金山亚洲艺术博物馆，各有9件。这些数据来自目前统计掌握的有限信息，照片中的器物入藏上述收藏机构的实际数量肯定要更多，也有待于进一步研究。

来源：《中国文物报》2017年5月9日

附录　贾氏著作与论文精选统计表

贾文超

序号	著作论文名称	发表（出版）时间	出版者
论文 1	《宝顶生辉》	1986 年 8 月 22 日	《中国文物报》
论文 2	《青铜器修复鉴定专家赵振茂》	1986 年 9 月 5 日	《中国文物报》
论文 3	《商周青铜器除锈方法》	1986 年 11 月 14 日	《中国文物报》
论文 4	《最大的古铜镜》	1987 年 6 月 12 日	《中国文物报》
论文 5	《历经劫难的国宝》	1987 年 8 月 7 日	《中国文物报》
论文 6	《记青铜珍品马踏飞燕的修复》	1988 年 1 月 1 日	《中国文物报》
论文 7	《古玺欣赏》	1989 年 1 月 13 日	《中国文物报》
论文 8	《商代龙纹觥》	1994 年 11 月 27 日	《中国文物报》
论文 9	《青铜镜王》	1995 年 1 月	《古玩大世界》
论文 10	《传统的鎏金工艺》	1995 年 2 月	《实用美术技法》第 16 期
论文 11	《应重视文物修复工作》	1995 年 5 月 21 日	《中国文物报》
论文 12	《"作原"石鼓复制》	1995 年 7 月	《京都胜迹》
论文 13	《砖瓦文物的复制》	1995 年 10 月	《东方收藏家》
论文 14	《江西新干出土青铜器的保护与修复》	1996 年 2 月	《文物工作》
论文 15	《谈铜器辨伪》	1996 年 5 月	《中国经营报》
论文 16	《明代渗金作宝塔的修复》	1996 年 6 月	《北京文物报》
论文 17	《文物翻制模具浅谈》	1996 年 9 月	《北京文博》第 3 期
论文 18	《从锈蚀辨别铜器的真伪》	1996 年 10 月	《北京文物报》
论文 19	《霁红双耳穿带瓶的修补与作釉》	1996 年 10 月	《东方收藏家》
论文 20	《古钱币去锈法》	1997 年 1 月	《武汉工人报》
论文 21	《古代青铜器的传统修复技术》	1997 年 1 月	《中国博物馆》第 1 期
论文 22	《谈"引定扣"在铜器修复中的应用》	1997 年 3 月	《东方收藏家》
论文 23	《谈藏品修复》	1997 年 4 月	《大西南宝藏》第 3 期
论文 24	《浅谈传统文物修复工作中的錾刻工艺》	1997 年 5 月	《中国文物修复通讯》
论文 25	《青铜双尾虎复原记》	1998 年 2 月 25 日	《中国文物报》
论文 26	《浅谈传统文物修复工作中的錾刻工艺》	1998 年 6 月 7 日	《中国文物报》

续表

序号	著作论文名称	发表(出版)时间	出版者
论文 27	《青铜匜去除土锈琐谈》	1999 年 4 月 25 日	《中国文物报》
论文 28	《兽面纹方彝》	1999 年 6 月 6 日	《中国文物报》
论文 29	《铜镜的修复》	2001 年 4 月 4 日	《中国文物报》
论文 30	《铜牛尊仿品》	2002 年 2 月 13 日	《中国文物报》
论文 31	《铜斝识伪琐记》	2002 年 7 月 24 日	《中国文物报》
论文 32	《错金银盘》	2002 年 10 月 9 日	《中国文物报》
论文 33	《"作原"石鼓轶闻》	2003 年 1 月 15 日	《中国文物报》
论文 34	《汉代铜牛形灯》	2004 年 2 月 4 日	《中国文物报》
论文 34	《流落到异国他乡的青铜珍品》	2004 年 3 月 10 日	《中国文物报》
论文 36	《双凤海马纹镜》	2004 年 7 月 7 日	《中国文物报》
论文 37	《流落到日本的勾连雷纹有盖青铜爵》	2004 年 11 月 10 日	《中国文物报》
论文 38	《流落到日本的青铜方腹卣》	2005 年 2 月 2 日	《中国文物报》
论文 39	《流失日本的太保鸟卣》	2005 年 7 月 6 日	《中国文物报》
论文 40	《流失的青铜牛首乳丁纹簋》	2006 年 3 月 22 日	《中国文物报》
论文 41	《青铜饕餮纹三足壶》	2006 年 7 月 5 日	《中国文物报》
论文 42	《流落到美国的蛙鱼纹瓿》	2006 年 11 月 8 日	《中国文物报》
论文 43	《流失的青铜饕餮凤纹觯》	2007 年 6 月 13 日	《中国文物报》

贾文熙

序号	著作论文名称	发表(出版)时间	发表(出版)媒体
专著 1	《文物养护复制适用技术》	1977 年 9 月	陕西旅游出版社
专著 2	《文物修复学基础》	2004 年 8 月	中国社会出版社
专著 3	《文物养护工作手册》	2008 年 8 月	文物出版社
专著 4	《历代铜器鉴定与辨伪》	2011 年 6 月	中国书店出版社
专著 5	《金石杂项类文物修复》	2011 年 11 月	中国书店出版社
专著 6	《历代文物艺术品收藏保养知识手册》	2012 年 8 月	中国书店出版社
专著 7	《历代金铜佛像修复与辨伪》	2018 年 3 月	中国书店出版社
论文 1	《应在基层普及文物修复技能》	1992 年 1 月 19 日	《中国文物报》
论文 2	《落实"保护为主,抢救第一"的方针应先抓好基础教育工作》	1995 年 4 月	《文物修复与研究》
论文 3	《出土文物及时抢救性修复保护有利于馆藏》	1995 年 9 月	《中国博物馆通讯》第 9 期

续表

序号	著作论文名称	发表(出版)时间	发表(出版)媒体
论文4	《美国Devcon铜质修补剂在修复青铜器中的应用》	1996年1月	《文物保护与考古科学》第1期
论文5	《考古发掘现场易腐蚀文物的清除与保护》	1998年7月	《贾氏文物修复之家》
论文6	《谈古代金属加工"锤鍱"打制传统工艺》	1998年7月	《贾氏文物修复之家》
论文7	答藏友三问： 1. 古旧字画能否一揭为二？ 2. 修复古铜器能否以赝顶真？ 3. "古铜病"如何防治？	1999年1月	《收藏》第73期
论文8	《矿化铜器的辨伪》	2001年3月25日	《中国文物报》
论文9	《识别假铜鼎》	2002年1月	《收藏》第109期
论文10	《龙门流失海外佛首归来记》	2003年5月28日	《中国文物报》
论文11	《利用树脂砂范模复制大型青铜器》	2003年8月	《文物修复研究》第3集
论文12	《西安新出土唐元代两墓壁画结构与破损原因》	2003年8月	《文物修复研究》第3集
论文13	《电刷镀技术在文物修复中的应用》	2004年1月	《中国博物馆》第1期
论文14	《鉴赏用语"包浆"即根》	2005年1月26日	《中国文物报》
论文15	《珐琅器的真伪辨识》	2006年3月	《艺术市场》第3期
论文16	《图说金代银盘的矫形修复》	2007年10月	《文物修复研究》第4集
论文17	《两件特殊纸质装饰文物的修复》	2009年12月	《文物修复研究》第5集
论文18	《浅淡几副辽代铜鎏金带金铐的鉴定》	2010年7月	《东方收藏》第7期
论文19	《青铜器传统修复要点》	2012年4月	《青铜器修复与鉴定》
论文20	《商周青铜器纹饰彩饰的吸引力（上）》	2012年4月	《东方收藏》第31期
论文21	《商周青铜器纹饰彩饰的吸引力（下）》	2012年5月	《东方收藏》第32期
论文22	《古陶瓷修复课程教学纲要》	2012年7月	《文物修复研究》第6集
论文23	《谈普通高校文物保护修复技术课程教学范畴》	2012年7月	《文物修复研究》第6集
论文24	《琉璃河遗址出土饕餮纹铜鼎填充颜料分析》	2016年11月	《人类文化遗产保护》第8期
论文25	《商周时期填彩青铜器初步研究——以首都博物馆藏青铜器为例》	2016年11月	《人类文化遗产保护》第8期

续表

序号	著作论文名称	发表(出版)时间	发表(出版)媒体
论文26	《走民间"文物医院"之路势在必行》	2018年7月24日	《中国文化报》(文化财富周刊)
论文27	《传承文物修复技艺是情结与责任》	2018年8月7日	《中国文化报》(文化财富周刊)

附注：另有近百篇发表过文稿，如文史知识考证类、文物研究小品文等在《中国文物通讯》《中国文物修复通讯》《文物报》《西安晚报/副刊》《铁道旅行报》《三秦都市报》等十余家刊物登载；文物修复技术知识讲座十余篇，在国家文物局主办《文物工作》连载；历代古铜类文物鉴定知识讲座，二十余讲在《收藏快报》连载，均未收录。

贾文珊

序号	著作论文名称	发表(出版)时间	发表(出版)媒体
论文1	《铅锡合金化学鎏镀金银器复制品的技法》	1998年7月	《贾氏文物修复之家》
论文2	《金属文物修复工具概说》	1998年7月	《贾氏文物修复之家》

贾文忠

序号	著作论文名称	发表(出版)时间	发表(出版)媒体
专著1	《文物修复与复制》	1996年6月	中国农业科技出版社
专著2	《贾文忠谈古玩赝品》	1998年3月	吉林科学技术出版社
专著3	《古玩保养与修复》	2000年10月	北京出版社
专著4	《中国佛像真伪识别》	2004年1月	辽宁人民出版社
专著5	《朔云山房藏香炉》	2006年11月	中国图书出版公司
专著6	《贾文忠谈古玩修复》(与贾树合著)	2007年1月	百花文艺出版社
专著7	《贾文忠谈古玩赝品》(与贾树合著)	2007年1月	百花文艺出版社
专著8	《贾文忠谈古玩复制》(与贾树合著)	2007年1月	百花文艺出版社
专著9	《贾文忠谈古玩保养》(与贾树合著)	2007年1月	百花文艺出版社
专著10	《鉴宝专家——贾文忠谈铜器收藏》	2007年1月	北京出版社
专著12	《符号中国：文化遗产卷·物质下》	2008年6月	译林出版社
专著11	《贾文忠说铜器收藏》	2008年9月	华夏出版社
专著13	《中国青铜器鉴定实例》	2009年1月	紫禁城出版社
专著14	《青铜艺术》	2010年8月	中国文联出版社
专著15	《青铜器修复与鉴定》	2012年4月	文物出版社

续表

序号	著作论文名称	发表(出版)时间	发表(出版)媒体
专著16	《贾文忠金石传拓集》	2012年1月	文物出版社
专著17	《贾文忠全形拓精选集》上、下	2013年1月	文物出版社
专著18	《吉金萃影——贾氏珍藏青铜器老照片》（与贾树合著）	2016年9月	文物出版社
专著19	《金石永年——贾文忠全形拓》	2017年6月	学苑出版社
专著20	《贾文忠金石艺术集》（与贾树合著）	2018年9月	学苑出版社
论文1	《日本原始农耕考察团赞扬中国农业博物馆办得好》	1987年5月29日	《中国文物报》
论文2	《中国农业博物馆努力发挥特长积极为社会服务》	1992年11月8日	《中国文物报》
论文3	《商代兽面纹卧虎铜方鼎修复过程》	1994年1月	《实用美术技法》第13期
论文4	《北京孔庙大成殿御书木匾》	1994年2月	《紫禁城》第81期
论文5	《真真假假"宣德炉"》	1994年5月	北京日报
论文6	《重视文物修复人才的培养》	1995年9月24日	《中国文物报》
论文7	《谈瓷器修复知识》	1995年1月	《古玩大世界》
论文8	《试论刷镀技术在文物修复中的应用》	1995年4月	《文物修复与研究》
论文9	《老北京的春明女中》	1995年12月31日	《中国文物报》
论文10	《王德山与北京文物修复业》	1995年4月23日	《中国文物报》
论文11	《文物的检测与反检测》	1996年1月	《东方收藏家》第1期
论文12	《从文物修复角度谈鉴定》	1997年12月	北京第三届民间收藏家学术研讨会论文
论文13	《浅谈文物修复工作存在的问题及其对策》	1997年10月	《中国博物馆通讯》
论文14	《唐卡及保养杂谈》	1997年7月	《收藏》第7期
论文15	《谈传统家具的修复》	1997年5月	《收藏》第5期
论文16	《古墨概论》	1998年7月	《明清古墨精选》
论文17	《浅谈铜镜铭文》	1998年7月	《贾氏文物修复之家》
论文18	《关于文物修复中存在的问题》	1998年3月29日	《中国文物报》
论文19	《蹴鞠》	1998年7月5日	《中国文物报》
论文20	《老北京的兔儿爷》	1998年10月25日	《中国文物报》
论文21	《春节话金鱼》	1999年1月25日	《中国文物报》
论文22	《老北京年俗》	1999年2月7日	《中国文物报》

续表

序号	著作论文名称	发表（出版）时间	发表（出版）媒体
论文 23	《紫砂神韵》	1999 年 3 月 10 日	《中国文物报》
论文 24	《清古墨农桑图》	1999 年 4 月 4 日	《中国文物报》
论文 25	《海外遗珍》	1999 年 7 月 11 日	《中国文物报》
论文 26	《悠悠钟声祈吉祥》	1999 年 12 月 29 日	《中国文物报》
论文 27	《民国时期青铜复制的民间四派》	2000 年 1 月 19 日	《中国文物报》
论文 28	《陶器作伪谈》	2001 年 1 月 21 日	《中国文物报》
论文 29	《淡雅高贵宣德炉》	2010 年 9 月	《文物天地》第 9 期
论文 30	《中国第一张藏书票与收藏家关祖章》	2001 年 2 月 4 日	《中国文物报》
论文 31	《提倡收藏文物复仿制精品》	2001 年 2 月 11 日	《中国文物报》
论文 32	《文物复仿制品要创名牌》	2001 年 2 月 18 日	《中国文物报》
论文 33	《古陶瓷修复现状和对策》	2001 年 2 月 28 日	《中国文物报》
论文 34	《现代玉穿上旧衣扮古典》	2001 年 4 月 1 日	《中国文物报》
论文 35	《温湿度对文物的损坏》	2001 年 7 月 22 日	《中国文物报》
论文 36	《搞收藏要交多少学费？》	2001 年 8 月 15 日	《中国文物报》
论文 37	《赵汝珍与〈古玩指南〉》	2001 年 9 月 5 日	《中国文物报》
论文 38	《有害气体对文物的影响》	2001 年 9 月 14 日	《中国文物报》
论文 39	《收藏心语：收藏妄想症者戒》	2002 年 4 月 10 日	《中国文物报》
论文 40	《"牌"的泛滥》	2003 年 1 月 15 日	《中国文物报》
论文 41	《文博百家言：文物修复任重道远》	2003 年 4 月 2 日	《中国文物报》
论文 42	《抢救民俗文物刻不容缓》	2003 年 5 月 30 日	《中国文物报》
论文 43	《兽面纹单柱平底青铜爵辨伪》	2003 年 8 月 6 日	《中国文物报》
论文 44	《鉴赏交流：拴马桩》	2003 年 10 月 8 日	《中国文物报》
论文 45	《宣德炉鉴藏述略》	2006 年 3 月 1 日	《中国文物报》
论文 46	《中国应有自己的文物修复理念》	2007 年 10 月 26 日	《中国文物报》
论文 47	《东北地区古代民间铜镜鉴赏》	2008 年 3 月 26 日	《中国文物报》
论文 48	《罕见的提线木偶戏纹铜镜》	2009 年 7 月 29 日	《中国文物报》
论文 49	《文物的保养》	2013 年 9 月	《文物天地》第 9 期
论文 50	《金石学与全形拓》	2017 年 9 月	《中国文物科学研究》第 3 期
论文 51	《玻璃类和珐琅类古玩的保管》	2017 年 4 月	《文物天地》第 4 期
论文 52	《石质、石膏和宝石类文物的保管》	2017 年 10 月	《文物天地》第 10 期

贾文进

序号	著作论文名称	发表(出版)时间	发表(出版)媒体
论文 1	《镶嵌金银器的传统技法》	1998 年 7 月	《贾氏文物修复之家》
论文 2	《秦铜车马的仿制作旧彩绘要点》	1998 年 7 月	《贾氏文物修复之家》

贾 汀

序号	著作论文名称	发表(出版)时间	发表(出版)媒体
专著 1	《隆化鸽子洞元代窖藏文物保护与研究》	2014 年 12 月	文物出版社
论文 1	《元代鹰纹织金锦大袖袍的保护与研究》	2009 年 7 月	《文物保护与修复的问题卷四》
论文 2	《浅谈馆藏纺织品文物的预防性保护》	2009 年 7 月	《文物保护与修复的问题卷三》
论文 3	《明代缂丝加绣质疑》	2009 年 9 月	《首都博物馆馆藏古代纺织品保护研究报告》
论文 4	《鸽子洞洞藏纺织品文物的保护修复技术路线》	2014 年 12 月	《隆化鸽子洞元代窖藏文物保护与研究》
论文 5	《发髻网罩修复保护》	2014 年 12 月	《隆化鸽子洞元代窖藏文物保护与研究》
论文 6	《鸽子洞洞藏纺织品文物金线的科学分析》	2014 年 12 月	《隆化鸽子洞元代窖藏文物保护与研究》
论文 7	《两件刺绣花卉护膝的保护修复及研究》	2014 年 12 月	《隆化鸽子洞元代窖藏文物保护与研究》

郭 玢

序号	著作论文名称	发表(出版)时间	发表(出版)媒体
论文 1	《书画装裱中常遇到的几个问题》	2007 年 10 月	《文物修复研究》第 4 集
论文 2	《传统的装裱工艺，一流的先进设备——谈首博字画修复室的前瞻性》	2009 年 12 月	《文物修复研究》第 5 集
论文 3	《两件特殊纸质装饰文物的修复》	2009 年 12 月	《文物修复研究》第 5 集
论文 4	《小型砖石文物的修复》	2011 年 11 月	《金石杂项类文物修复》
论文 5	《馆藏明代〈钟馗驾牛图〉的修复》	2012 年 7 月	《文物修复研究》第 6 集
论文 6	《字画文物的中小修应急措施》	2012 年 7 月	《文物修复研究》第 6 集
论文 7	《馆藏张之万柳岸风帆图轴的修复》	2014 年 7 月	《文物修复研究》第 7 集
论文 8	《一种无机纳米材料的抑菌性能研究》	2014 年 7 月	《文物修复研究》第 7 集

续表

序号	著作论文名称	发表(出版)时间	发表(出版)媒体
论文 9	《契约文书保护修复》	2016 年 11 月	《人类文化遗产保护》
论文 10	《严重破损字画的修复方法——以清代祖谱画的修复为例》	2018 年 5 月	《人类文化遗产保护》

贾 树

序号	著作论文名称	发表(出版)时间	发表(出版)媒体
专著 1	《贾文忠谈古玩修复》(与贾文忠合著)	2007 年 1 月	百花文艺出版社
专著 2	《贾文忠谈古玩赝品》(与贾文忠合著)	2007 年 1 月	百花文艺出版社
专著 3	《贾文忠谈古玩复制》(与贾文忠合著)	2007 年 1 月	百花文艺出版社
专著 4	《贾文忠谈古玩保养》(与贾文忠合著)	2007 年 1 月	百花文艺出版社
专著 5	《符号中国:文化遗产卷(物质·下)》	2008 年 6 月	译林出版社
专著 6	《贾文忠金石传拓集》	2012 年 1 月	文物出版社
专著 7	《青铜器修复与鉴定》	2012 年 4 月	文物出版社
专著 8	《贾文忠全形拓精选集》上、下册	2013 年 1 月	文物出版社
专著 9	《吉金萃影——贾氏珍藏青铜器老照片》(与贾文忠合著)	2016 年 9 月	文物出版社
专著 10	《贾文忠金石艺术集》	2018 年 9 月	学苑出版社
论文 1	《文物打假四人谈》	2006 年 3 月 15 日	《中国文物报》
论文 2	《全形拓有传人》	2006 年 5 月 31 日	《中国文物报》
论文 3	《铜刻墨盒的鉴藏》	2006 年 8 月 16 日	《中国文物报》
论文 4	《应重视文物修复、复制技术人才培养》	2011 年 3 月 16 日	《中国文物报》
论文 5	《全形拓考略》	2013 年 6 月	《文物天地》第 6 集
论文 6	《德惠先贤任重道远》	2014 年 1 月 29 日	《中国文物报》
论文 7	《从秦权的修复中认识篆字的历史与艺术价值》	2014 年 10 月	《文物修复研究》第 7 集
论文 8	《文物修复和文物档案应引入 X 光片技术》	2016 年 7 月	《文物修复研究》第 8 集
论文 9	《馆藏嘉祐铜则的复制与研究》	2019 年 7 月	《文物修复研究》第 9 集
论文 10	《广西贺县龙中岩洞墓出土战国青铜箕形器的修复与研究》	2019 年 12 月	《中国国家博物馆文物保护修复论文集》

贾氏捐赠

1989年，贾文忠临摹作品捐赠郭沫若故居

1995年，贾文忠收藏品捐赠中国邮电博物馆

贾文忠捐赠唐代鱼符证明

贾文忠捐赠西汉弩机证明

2008年，贾文忠创作书画作品捐赠国务院机关事务管理局西山服务局

2016年，贾文忠创作书法作品被中国人民大学家书博物馆收藏

2017年，贾文忠捐赠北京联合大学1000余本图书

文物修复世家向北京25中学捐赠汉代陶马

2013年01月23日11:32　来源：人民网-书画收藏频道　手机看新闻

2013年1月22日，25中校长给贾氏父子颁发捐赠证书。

人民网北京1月23日电　昨日，贾文忠先生和国家博物馆文物修复传承人贾树父子向北京25中学捐赠了祖传收藏品"汉代彩绘陶马"，同时北京25中的"翱翔计划"顺利启动。

向北京25中学捐赠汉代陶马的新闻报道

2017年12月1日（周五） DEC. 1 FRIDAY			
19：00—19：30	中国国家博物馆贾树先生捐赠 清代木胎金漆彩绘蝶形扬琴仪式 CEREMONY OF JIA SHU, NATIONAL MUSEUM OF CHINA, DONATING GOLDEN PAINTED WOODEN YANGQIN OF THE QING DYNASTY	中央音乐学院 教学楼201演奏厅 Academic Building Concert Hall 201, CCOM

贾树向中央音乐学院捐赠清代扬琴

2017年，贾树捐赠内蒙古乌拉盖博物馆清代铜佛2尊

2017年，贾树捐赠北京服装学院清代女童上衣1件

2018年，贾树捐赠天水市博物馆清代绘画2幅

2018年，贾文忠传拓作品捐赠中国教师博物馆

2018年，贾文忠传拓作品捐赠孔子博物馆

媒体关注

北京卫视《中国梦 365 个故事》

中央电视台《东方之子》　　　　　　中央电视台《东方时空》

中央电视台《走近科学》

中央电视台《人物》

中央电视台《科技人生》

中央电视台《探索·发现》

中国国际电视台《贾文忠全形拓技艺》

北京卫视《这里是北京》

北京卫视《什刹海》

纪录片《口述：缘系青铜——口述人贾文忠》

湖南卫视《我的纪录片：拓刻贾传》

中央电视台《中国国家博物馆100年纪录片》录制

《中国记忆》节目画面

贾树修复殷墟出土妇好偶方彝，《中国记忆》摄制组在中国国家博物馆文保院拍摄

2019年，贾文忠、贾树、贾如在中国国家博物馆参与中央电视台《中国记忆》拍摄文化遗产日特别节目

< 国博君

视频 | 国博24小时

１天24小时，国家博物馆——一家国内外享负盛誉的博物馆中各

我们用一个短视频

热忱地邀请大家走近国博

了解奋斗的国博人，努力的国博人

了解一场场文化盛宴的背后

有他们怎样的付出与坚守

10:00 坚守在这里的文物"医生"

清晨，迎着晨曦

国博人从城市的四面八方凝心汇聚

在每一个开馆的日子里

观众是博物馆里一首流动的歌

坚守在这里的老中青三代学者

日日将学问传承

坚守在这里的讲解员们

日日娓娓讲述着文明的故事

坚守在这里的文物"医生"

日日为国宝"诊脉疗伤"

2019 年 10 月 13 日发布纪录片《国博 24 小时》，贾树参与录制（国家博物馆微信公众号"国博君"）

2012年1月26日《北京晚报》

文物世家三代人修复万余国宝

□ 丁肇文

贾氏文物修复之家传承表

创始人	于师傅（外号：歪嘴于）（？—1911年） 清宫造办处工匠（清宫八大怪之一）出宫后在前门内前府胡同开办"万龙合"修古铜作坊
第二代	张泰恩（1880—1958年） 继承于师傅衣钵，改称"万隆和古铜局"，后迁东晓市。开创老北京"古铜张"派修复技术
第三代	王德山（1911—1989年） 先后收8个徒弟
第四代	贾玉波（1923—2000年） 新中国第一代文物修复专家
第五代	贾文超（1948— ） 故宫博物院副研究馆员，青铜器修复专家 贾文熙（1950— ） 西安市文物保护考古所，文物修复专家 贾文珊（1953— ） 精通青铜器修复、复制 贾莉莉（1959— ） 汲古阁文物商店 贾文忠（1961— ） 首都博物馆中国农业博物馆研究馆员，文物修复、鉴定专家，全形拓专家 贾文进（1963— ） 北京市美术公司文物复制厂
第六代	贾　汀（1977— ） 贾文熙之女，首都博物馆从事纺织品保护修复工作 郭　玢（1986— ） 贾莉莉之子，首都博物馆从事古书画保护修复工作 贾　树（1987— ） 贾文忠之子，国家博物馆从事青铜器修复与保护工作

质朴的青铜器、温润的瓷器、精美的玉器……人们在博物馆里看到的是文物的完整和精美，但在这光鲜的背后，却有着修复专家的辛勤劳动。正是他们的一双双妙手，才能使得最初斑驳破损的古老器物完好如初地"复活"在世人面前。

龙年正月十四，由文化部主办的中国非物质文化遗产生产性保护成果大展即将在北京开幕。此次展览，主办方特别为"贾氏文物修复之家"预留了一个展位。届时，贾氏一门三代——60多年来曾经与后母戊鼎（旧称司母戊鼎）、孔庙御匾、新干虎形器、春秋编钟等国宝级文物结缘，曾经让无数"破铜烂牌"重新焕发神韵的这家人，将在公众面前精彩亮相。

文物修复人员，可称为"文物医生"，或是清理，或是修复，甚至是"克隆"（文物复制），是他们使那一堆堆锈蚀斑斑、残缺不全的文物重现往日的神韵。贾玉波便是文物修复业里堪称大师的人物。

文物修复技术作为一个独立的行业，大约产生于1840年以后。老北京文物修复业的创始人是清末内务府造办处绰号"歪嘴于"的太监，他专事修复宫廷古玩。19世纪末，"歪嘴于"走出紫禁城，在前门内开设万龙合古铜局，以修复青铜、金银、陶、玉石等器物为业。他的弟子张泰恩，人称"古铜张"，继承发展了其文物修复技术，开创了民间"青铜四派"之一北京派的"古铜张"派。

1937年6月，13岁的贾玉波由家乡河北束鹿来到北平，拜在琉璃厂"古铜张"派第三代传人王德山门下。他勤奋好学，终于掌握了高超的技艺，不仅精于修复铜器、金银器、陶瓷器、石器，而且翻模、铸造、錾刻、鎏金、鎏银样样精通。

1959年9月，已是北京市粮食局检验科科长的贾玉波，接到了参加历史博物馆文物修复的通知。新中国十大工程之一的历史博物馆，主体建筑刚刚完工，有关机构紧急抽调数万件文物，筹建中国通史展——这是一项史无前例的工作。当年年底，贾玉波回到老行当，任北京市美术公司驻历史博物馆文物复制组的组长。起初，贾玉波与师傅王德山、师兄杨政填等人开始修复手枪、地雷、红缨枪等革命文物。很快，后母戊鼎、四羊方尊、虢季子白盘、龙虎尊等数千件国宝陆续到来，经他们之手，或被修复或被复制。

20世纪60年代初，北京市文化局将文物加工部划分到局属美术公司文物复制厂，贾玉波担任铜器组组长。其时，贾玉波的师兄王长青去了河南省博物馆，王荣达在上海博物馆搞修复工作，师弟刘增堃在河北省博物馆。在京的有王德山、贾玉波、杨政填、刘俊声、王喜瑞师徒，另外还有"古铜张"派的另一脉传人赵振茂、高英、王存计等。正是这些人开创了新中国的文物修复事业，为文博事业立下了汗马功劳。

贾玉波刚到文物加工部，就作为美术公司的特艺技师应邀去中国历史博物馆，参加中国通史陈列筹展工作，他在这里一干就是20多年。从50年代末至80年代，贾玉波与王德山、杨政填、高英等人共同修复、复制了著名的后母戊大鼎、四羊方尊、龙虎尊、虢季子白盘、大盂鼎、犀牛尊、龙虎尊、马踏飞燕、石寨山贮贝器、铜漏壶及陶器秦兵马俑等大型珍贵文物数百件，抢救了大批濒临损毁的国宝。有家传绝技在身，有贾玉波的现世榜样，他的五子二女中，六个都在文物系统工作。

长子贾文超任职故宫博物院，专事青铜器修复。次子贾文熙曾搞过古建筑测绘、设计制图工作，后在西安市文物保护考古所从事考古发掘和文物修复，新首都博物馆筹备时请他修复了首博大批馆藏青铜器。三子贾文珊虽未任职文博单位，仍醉心于文物修复和复制。他继承了父亲的技法，北京大葆台西汉墓博物馆陈列的相当于原物五分之一大小的秦一号、二号铜车马的模型就出自他手。

四子贾文忠先后在北京市文物局、首都博物馆、中国农业博物馆从事文物修复、征集、鉴定等工作。他酷爱金石，在书画篆刻方面有较深的造诣。他敢于打破陈规，勇于探索新材料、新方法，开辟了青铜器修复的新天地。20岁出头就为北京孔庙大成殿修复过清代九位皇帝御书的九块大匾。1988年，中国农业博物馆成立，"挖"走了这个"年轻的文物修复专家"。

1990年，贾文忠参加江西新干出土文物的修复。这批罕见的瑰宝破损严重。其中难度系数最高的是一件商代兽面纹卧虎立耳铜方鼎。此鼎出土时严重变形，碎成了十几片，被泥沙层层包裹着。有的部分已经腐蚀掉了。修复的过程极其繁复，清洗、除锈、整形、焊接、补配、錾花、做锈，再用化学的方法表现出腐蚀生锈的效果，每一道工序都要好几天的时间，一套流程下来需要花费几个月的时间。这件青铜器，是贾文忠修复过的最难的器物之一。

1990年，轰动全国的三门峡西周虢国墓被发现，成为当年国家十大考古发现之一。由于墓穴坍塌，出土的上万件青铜器的破损程度极其严重。文物部门特聘贾文忠参与并指导这批文物的修复。虢国墓出土的青铜器有上千件，其中最有价值的是那套君王编钟。这是迄今发现的西周晚期最珍贵的一套编钟，共八件，每个上面都有铭文。出土时，这些编钟多已破碎，钟身锈迹斑斑。经过贾文忠的精心修复，编钟不仅恢复了旧貌，而且声音依然和谐悦耳，一点儿都不走音。

2007年2月14日，中央电视台举办的《民间寻宝》节目上，一件曾被陈逸飞出价100万美元的战国铜镜尤其引人注目。节目进行到向观众展示阶段，令人意想不到的事情在瞬间发生了。就在礼仪小姐移手之际，古镜突然从盒内滑落到地上，摔成了碎片，现场专家和观众顿时大惊失色，不知如何收场。这时，栏目负责人方书华当场承诺将邀请国内最著名的青铜器修复专家贾文忠将这一古镜尽全力修复完整。破镜怎能重圆？方书华不是骗人的吧！现场观众疑问重重。而就在数天以后，这个疑问就烟消云散了。经贾文忠修复后的战国铜镜由中央电视台归还给了宝物持有者，一场似乎难以化解的风波就这样轻而易举地平息了。

为了这门手艺的传承，贾文忠不仅对修复技艺进行了理论上的梳理，而且为了修复行业内的沟通和交流，成了中国文物学会文物修复委员会的主要发起人。他四处演说讲课，希望在大学中设立文物修复专业，使这门日渐紧缺的技艺能够摆脱"师承制"的古老模式，得到更大范围和更科学的传承。1995年利用在海淀走读大学担任客座教授的机会，贾文忠再一次提出在高校中设立文物保护修复专业，实行学历教育，这一次，他的策划案终于得到教育部的批

《北京晚报》3个整版图文报道贾氏文物修复世家

准。如今，全国有20多所高校开设了文物鉴定和修复专业。他还先后受聘于北京大学、清华大学、中央民族大学、北京联合大学，担任客座教授。

"如果说我这辈子前30年主要是在做文物修复的话，后20年我更注重的是让文物修复这一古老的行业如何在新时代得到提升。"在接受记者采访时，贾文忠更强调自己最近20年的努力。而经过粗略统计，贾文忠在前30年的时间里，修复各类珍贵文物1200余件，修复后成为国家一级文物的就有近百件；最近20年，他最得意的则是自己先后发起并参与策划主办了9届全国文物修复技术研讨会，将全国文物修复工作者撰写的600余篇论文结集出版了6部"文物修复研究"文集，参与策划了30多期各类文物修复培训班，特别在青铜器、古典家具、古陶瓷修复方面培养了大批修复人才，出版个人专著十余本……

贾文忠先生除了谙熟青铜器修复，还是青铜器全形拓技艺的稀见传承人之一。全形拓可谓西洋照相术还未传入中国前的"影像照片"。保存和研究文化遗物，一张普通宣纸、少许精辟墨色、几句文雅题跋，却铸就了拓片在中国千余年不朽的完美生命，陈介祺、王国维、罗振玉、容庚、郭沫若、商承祚、于省吾、唐兰……他们有一个共同的爱好——把玩青铜器全形拓。

全形拓起源于清嘉庆年间的马起凤及弟子六舟，民国时期，周希丁发展到鼎盛时间，傅大卣继为弟子。1979年以来，贾文忠投傅大卣门下，拜师潜心研习金石传拓技艺，悟得全形拓真传。如今，贾文忠的全形拓作品已成各界政要名士收藏上品。2011年国家文物局送法国前总统希拉克贾文忠传拓国宝"西周伯矩鬲全形拓"，一时传为国礼馈赠佳话。

也许是被父亲对青铜器修复技艺的执着所打动，贾文忠的儿子贾树放弃了大学里所学的新闻学专业，和父亲一起担起了这份手艺传承的责任。2010年，贾树成为中国国家博物馆的一名文物修复工作者。他上班后的第一份工作，就是参与复制国宝青铜器——后母戊大方鼎。

这份工作对贾树有着特殊的意义。据修复室的老师傅们介绍，从他16岁到中国历史博物馆工作到今天改名后的中国国家博物馆，都没有对这件国宝进行过复制。历史上唯一的记载，就是贾树的爷爷贾玉波，在20世纪50年代末与王德山、杨政填、高英等人共同修复、复制了著名的后母戊大鼎。如今，历史仿佛回到了原点，时隔半个世纪，贾玉波的独孙贾树，重复了爷爷的工作。

大鼎复制工作完成后，贾树又投入新国博的开馆筹备中，和师傅们一起担任中国古代青铜器展、中国古代佛造像展、中国古代通史展的文物修复与保护工作，修复青铜器、石刻造像、木佛造像、陶器，还为烟台博物馆修复国家一级文物——秦权。而贾家的第三代中，贾汀、郭玢也在首都博物馆从事纺织品、书画的修复工作。

《人物》杂志 1999 年第 7 期

文物修复大师贾玉波和他的儿子们

□ 朱　威

1998 年 7 月，《贾氏文物修复之家》一书的出版在中国文物界引起不小的反响。在这本介绍贾玉波老先生和他的五个儿子在文物修复及其学术领域所获成绩的文集里，启功、贾兰坡、刘九庵、朱家溍、王世襄、耿宝昌、杨伯达、罗哲文、康殷等方家学者和邵华泽、张文彬、张德勤等现任和前任国家宣传、文物管理部门的负责人纷纷题词祝贺，盛赞贾氏一门以其回春妙手，为祖国文化遗产的保护做出的巨大贡献；漫画大家方成还用生花之笔勾勒出一幅《贾玉波修复文物图》。

一本书，何以能引起这么大的关注？贾玉波又是什么样的人呢？

古玩铺里的革命者

文物修复是一门独特的行业。文物修复人员可称为文物医生。博物馆陈列的那些浑朴的青铜器，精致的玉器，细腻的瓷器……都有他们的辛勤劳动；或是清理，或是修复，甚至是"克隆"——文物复制。是他们使那些一堆堆锈迹斑斑、残缺不全的文物重现往日的神韵。贾玉波先生便是文物修复业里堪称大师的人物。

文物修复技术作为一个独立的行业，大约产生于 1840 年以后。老北京文物修复业的创始人是清末内务府造办处绰号"歪嘴于"的太监，他专事修复宫廷古玩。19 世纪末，"歪嘴于"走出紫禁城，在前门外开设万龙合古铜局，以修复青铜、金银、陶、玉石等器物为业。他的弟子张泰恩（人称"古铜张"）

继承发展了其文物修复技术，开创了民间"青铜四派"之一北京派的"古铜张"派。

1937年6月，13岁的贾玉波被通古斋掌柜乔友声由家乡河北束鹿带到北平，拜在琉璃厂"古铜张"派第二代传人王德山门下。当学徒是苦差事，受苦受累受骂，有时免不了还挨打。这些，勤奋好学的贾玉波都熬过来了。为了学习传拓技术，夏季里背上一卷凉席就到荒野古庙去拓碑……苦尽甘来，他终于掌握了高超的技艺，不仅精于修复铜器、金银器、陶瓷器、石器，而且翻模、铸造、錾刻、鎏金、鎏银样样精通。

40年代，学有所成的贾玉波出师自立，以修复青铜器为生。仅中华人民共和国成立前，经他修复的商周青铜器就达千余件。但其中的大部分已流往海外，只留下照片资料。每提起这些，贾玉波总是遗憾不已。至今，贾老还保留有三四十年代修复过的商周青铜器玻璃底片500余张。这些底片上，记录着中国光荣与苦难的文物大多能在美国弗里尔美术馆、大都会博物馆以及日本、英国等博物馆出版的介绍中国文物藏品图录中找到。50年代，陈梦家先生曾挑出600余幅照片，有些编在《美帝国主义掠夺我国青铜器选》图集中。

贾玉波的传奇之处不仅在于精湛的技艺，还在于他是古玩行里的一位革命者。他1947年参加革命，在琉璃厂海王邨现中国书店以修复文物为掩护，为北平南城地下党做情报工作。

中华人民共和国成立后曾在北京市总工会担任要职的张荣光回忆，1947年7月，他奉命进入北平，以寻找失去联系的地下党组织，并发展党员。时值蒋介石撕毁停战协议、重开内战的特别时期，中共驻北平军调处已撤出，党的地下组织遭到严重破坏，对敌斗争环境异常残酷，随时都有被捕的危险。张荣光一进城就住到贾玉波家。贾玉波和妻子王翠云冒着生命危险照料他吃住，帮着报户口，领得身份证，又介绍他到宣武门外教子胡同的煤铺当伙计作为掩护。1948年10月，东北野战军入关，北平处于白色恐怖中，城防司令楚希春公布了通匪者杀、造谣者杀、24小时不报户口者杀、没有身份证者杀等所谓"八大杀"，中共地下党组织再度遭到严重破坏，贾玉波置个人和全家的安危于不顾，千方百计地协助再度进城的张荣光。在他巧妙的帮助下，张荣光多次化险为夷。贾玉波还多次完成张荣光交办的送情报、接头、联络等任务。

妙手回春显高艺

北平和平解放后，贾玉波进入前门区粮食供销社工作。当时，稳定粮食市场是紧迫任务，因此组织上选派一批可靠的干部充实粮食战线，贾玉波被调到粮食局任主管加工科科长。

1954年公私合营，王德山与几位徒弟合开的古铜作坊成为北京特艺公司文物加工部，后改属市文物商店。国庆十周年大庆期间，北京市文化局又将其归并北京市美术公司，承担了中国人民革命军事博物馆、中国历史博物馆大量文物陈列品的修复、复制任务。由于时间紧，任务重，人手少，贾玉波便回到文物加工部重操老本行。60年代初，北京市文化局将文物加工部划分到局属美术公司文物复制厂，贾玉波担任铜器组组长。其时，贾玉波的师兄王长青去了河南省博物馆，王荣达在上海博物馆搞修复工作，师弟刘增堃在河北省博物馆。在京的有王德山、贾玉波、杨政填、刘俊声、王喜瑞师徒，另外还有"古铜张"派的另一脉传人赵振茂、高英、王存计等。正是这些人开创了新中国的文物修复事业，为文博事业立下了汗马功劳。

贾玉波刚到文物加工部，就作为美术公司的特艺技师应邀去中国历史博物馆，参加中国通史陈列筹展工作，任美术公司派到中国历史博物馆复制组的总负责人，他在这里一干就是20多年。从50年代末至80年代，贾玉波与王德山、杨政填、高英等人共同修复、复制了著名的司母戊大鼎、四方羊尊、龙虎尊、虢季子白盘、大盂鼎、犀牛尊、越王勾践剑、石寨山贮贝器、铜漏壶及陶器、石器等大型珍贵文物数百件，为中国历史博物馆通史陈列、中国人民革命军事博物馆古代战争史陈列及陕西、安徽、河南、山西等省市博物馆和中科院考古所等单位筹办的基本陈列和文物修复工作做出了重大贡献，抢救了大批濒临损毁的国宝。

贾玉波参与过许多重大考古发掘出土文物的修复工作。1964年，中国科学院考古研究所与朝鲜社会科学院的考古学者联合对中国东北的旅大地区青铜器时代遗址、黑龙江宁安渤海上京龙泉府遗址和吉林敦化渤海贵族墓地进行了考古发掘。中国历史博物馆的高英和北京市美术公司的王德山、贾玉波、祝茂群等行家应邀参加出土文物的修复和复制工作。因为许多复制品要提供给朝鲜学者作为研究资料，所以要求极高。各位大师如八仙过海，各展所长，最终高水平高质量地完成了任务。1976年河南安阳发掘第23代商王武丁的配偶妇好墓，出土的青铜器达460余件，这在殷墟考古史上是个空前的发现。贾玉波等成功地完成了妇好墓出土的青铜器的修复。妇好墓的发掘与文物的修复和研究，对于研究商代的历史文化，青铜器的断代与组合，铸造工艺，牙雕、玉雕等传统工艺的发展水平具有极高的价值。

贾玉波对技术精益求精，一丝不苟。为了复制秦铜车马，他多次前往陕西参观，在1983年至1984年间完成了全国第一套铜车马的复制。1986年，这套铜车马在香港展出时，竟使不少专家误认为是真铜车马来了，可见其技艺之精。他复制的鎏金长信宫灯、错金银博山熏炉、朱雀灯、长乐宫灯、错金银器虎噬鹿、双翼兽、犀牛尊、铜貘和青铜器马踏飞燕、广汉铜立人等，无论是器型，还是鎏金、嵌金银、铜锈层做旧等都足可乱真。这批器物至今仍在中国历史博物馆和各省博物馆展出。在中国历史博物馆工作期间，他专为国务院复制的青铜器，是国家领导人赠送来访外国元首的珍贵礼品。

贾玉波是从旧社会过来的人，传统却不守旧，他不断尝试将新技术应用到工作实践中。可以说，他是老一辈文物修复大师中最具创新思想的代表人物。是他最早成功地把橡胶、搪塑、乳胶模具的翻制技术应用到文物修复、复制上，以替代石膏模；后又将此技术应用于补配残缺块的铸造，取代了传统的手工打制和锡铅合金铸造补配。60年代末，他从中国科学院考古所购置一套电解铜设备，建立了电解铜实验室，研究出将电解铜制作的铜模具运用于文物修复的工艺。在探索青铜器的化学作旧方面，他试验出多种方法，多种药液配方，如以化学镀金方法复制鎏金器，取代了沿袭几千年的"火镀金"鎏金工艺，避免了汞对人体的危害；继而研究出无氰电镀，避免了化学镀金中氰化物对人体的危害。如今，这些技术已在文物修复中广泛地应用。毫不夸张地说，贾玉波对文物修复技术的进步和推广起了巨大的推动作用。

桃李不言，下自成蹊

生性简朴、为人谦和的贾玉波，一生淡泊名利，尽管技艺惊天，却从不炫耀自傲。前些年，虽然他子女多，家庭负担重，但从未因此影响过工作，总是早出晚归。午饭就是从家里带的两个窝头、咸菜，外加白开水……

师承制是传统的培养人才方式。这种父传子、师带徒的言传身教方式，使工艺技术薪火相传，千百年来为中国造就出一代代青出于蓝胜于蓝的新人。文物修复的传承也是以师承制为主。旧时，手艺是谋生的饭碗，许多师傅把技术看得很重，对待绝活儿像保守武功秘籍，生怕"教会徒弟，饿死师傅"，从不轻易传授。但贾玉波对得之不易的绝技却毫无保留，无论是在博物馆修复、复制文物，还是开课带徒，他都采用传、帮、带的方式，手把手地传技授艺，指导学生在实践中学习。40多年来，他与同辈的文物修复专家一起，为国家培训出数十名文物修复人才。这批"古铜张"派的第四代传人已成为文物修复事业的主力军。

中国历史博物馆初建时技术力量薄弱，只能进行文物修复而不能复制，仅能翻制一些造型简单且不规范的模具，用的还是失真率高的牙胶模、油泥模。当时，石膏翻模效果较好，但致命弱点是如果分模线选不好，模块脱不下来，会使文物毁于一旦，而且复杂器物翻模，有的要分成上百块，只有熟练的制模技术人员才能胜任。这就使中国历史博物馆的文物修复、复制工作主要依靠北京市美术公司的支援。贾玉波先生在这里长年耐心指导，毫无保留地教会了中国历史博物馆的技术人员翻模的每一个步骤和技巧。由此，中国历史博物馆逐渐形成了一支技术全面的文物修复与复制的专业队伍。

玉波长流

贾玉波对文物事业的重大贡献，还在于他将自己的绝技悉心传授给儿子们，父子两代共同将文物修复与复制技术发扬光大，为抢救国宝不遗余力地辛勤工作，这在全国也是仅见。

贾玉波有五个儿子。他们自幼便耳濡目染父亲的修复技术，并实际操作仿效。工作实践中，在继承传统工艺技术的基础上，贾氏兄弟不断探索着引进现代科技，修复和复制了众多的珍贵文物，取得了丰硕的成果。

长子贾文超任职故宫博物院，专事青铜器修复。"文化大革命"时期，他义务在父亲单位打下手，学习石膏翻模及铜器锡焊、粘接等技术。多年来，他修复的重要文物一、二级品上百件，如铜方炉、司母辛方鼎、鹰形金冠饰等，三级以下文物达四五百件。1980年，他到山东淄博修复并复制了全国罕见的特大长方形夔龙纹多钮西汉铜镜，复制的铜镜在日本展出时得到了极高评价。列为1989年全国"十大考古新发现"的江西新干大洋洲商墓，出土了大批大型精美的商代青铜器，贾文超与同事们一起采用现代技术与传统修复方法，使青铜卧虎柱足大方鼎等十多件商代大型珍贵文物重放光彩。其中定为一级品的青铜虎是贾文超硬从一堆碎铜片里整理修复出来的。这只虎的文物照片，成了虎年报刊上的明星。

次子贾文熙曾搞过古建筑测绘、设计制图工作，现在西安市文物保护考古所从事考古发掘和文物修复。近年参与列为1990年、1991年、1996年"十大考古新发现"的河南三门峡西周虢国墓地、西周中期平顶山应国墓地出土文物的修复工作，修复了著名的有70个铭文的柞伯簋和有40多个铭文的应侯壶、鼎、盘等。他给河南灵宝黄帝陵设计了"天、地、人"三个青铜大鼎，每个鼎高2.5米，重1000公斤，堪称"鼎王"。他为上海博物馆陈列的一套原大秦始皇铜车马做旧，为西安中国书法艺术博物馆复制了有中国第一文物之称的"石鼓"和青铜何尊、秦砖汉瓦等。

三子贾文珊虽未任职文博单位，仍醉心于文物修复和复制。他继承了父亲的技法，特别精于焊接和钣金技术，有些文物缺梁、缺扳就是由他补配的。北京大葆台西汉墓博物馆陈列的相当于原物五分之一大小的秦一号、二号铜车马的模型就出自他手。

四子贾文忠先后在北京市文物局、首都博物馆、中国农业博物馆从事文物修复、征集、鉴定等工作。他酷爱金石，在书画篆刻方面有较深的造诣。他敢于打破陈规，勇于探索新材料、新方法，开辟了青铜器修复的新天地。如，将袋装高分子材料应用到文物修复上，既加强了文物的强度，又避免了传统修复方法带入危害文物本体的物质。他曾为北京孔庙大成殿修复过清代九位皇帝御书的九块大匾。1990年，贾文忠参加江西新干出土文物的修复。这批罕见的瑰宝精美细腻，结构复杂，有的破损严重，要把这样极难修复的器物完美地展现在世人面前，需要高超的技术。有件青铜鼎已碎成多块，但头发丝般细的花纹却清晰可见，把这些无规则的碎块拼对、整形、焊接成器物原来的形态与外观，不能有丝毫的差错。经贾文忠之手，这堆杂乱无章的碎铜片神奇般地变成珍宝。贾文忠还曾担任国家重大考古新发现——河南三门峡西周虢国墓地出土文物修复主持人之一，修复品中被定为一级品的青铜器达数十件。

在北京市美术公司工作的五子贾文进，主要从事青铜文物修复和复制工作，精于青铜器做旧、金银镶嵌，其复制的大批文物已走向国际市场，赢得广泛的好评。

今天，修复文物要有高超的技艺和相当深厚的理论素养，更要有接受高新技术的意识和勇气。贾氏第二代在文物修复技术的继承和发展方面有所突破，他们除参加文物修复的技术实践外，还潜心钻研，著书立说。贾文熙编著的《文物养护复制适用技术》和贾文忠著的《文物修复与复制》《贾文忠谈古玩赝品》等，都是系统阐述文物修复技术的专著。

贾氏兄弟是文物修复界的中坚。在市场经济浪潮冲击下，文物市场非常活跃，为文物商修复商品或是复制文物，都是来钱的路。但贾氏兄弟遵循父训，恪守清贫，拒绝文物商贩的高薪诱惑，将自己的文物修复技术贡献给国家的文物事业。贾文忠、贾文熙还参加了中国文物学会文物修复委员会的发起和组织工作。1991年文物修复委员会成立后，贾文忠担任常务理事、秘书长，主持秘书处的日常工作。贾文熙主编的《中国文物修复通讯》是文物修复界同人交流的桥梁。为了调动全体会员的积极性，弘扬文物修复技术，在一无资金、二无专职人员的困难条件下，贾文忠不辞辛劳地四处奔走，向各级文物主管部门申明情况，向热心于文物事业的企业、事业单位及公司寻求帮助。为发掘传统修复技术，贾文忠组织将年高的老师傅的精湛技术总结编辑成《文物修复与研究》，这是功德无量的善举，真正抢救了一批活国宝。同时，在北京、陕西、河南等地举办文物修复技术培训班和承担专项文物修复任务时，贾氏兄弟都积极地将技艺和经验传授给各地从事文物修复工作的新一代。

平凡的贾氏一门，为文物事业做出了不平凡的业绩。

贾氏五兄弟与父亲贾玉波

《京华时报》2009年8月21日"60年家春秋专题"

贾氏三代文物修复使命折射文物业 60年变迁史

□ 王　阳

家庭介绍

贾玉波：1923年12月17日至2000年3月10日。新中国第一代文物修复专家。

贾文忠：1961年生。贾玉波之子。中国农业博物馆研究馆员。

贾　树：1987年生。贾玉波之孙。

后母戊鼎、四羊方尊、孔庙御匾——新中国成立60年来，贾玉波一家与这些名字紧紧相连。作为新中国屈指可数的文物修复技术人员，他们唤醒了这些停靠在他们身边的"破铜烂牌"，并赋予其新的神韵。

60年中，贾氏一家的生活跌宕曲折。隐现其间的，是三代普通人改变自己命运的奋斗历程，也是中国文物业60年的民间变迁史。

琉璃厂的地下党

1949年2月3日，站在迎接解放军进城仪式的队伍里，26岁的地下交通员贾玉波心中忐忑不安。

贾玉波13岁时来京，跟清宫造办处太监"歪嘴于"的第三代传人王德山学习青铜器古玩修复。后来，在宣武区琉璃厂，他开了一个修复青铜古玩的小店。

青铜古玩修复，很多时候被视为"屠龙之技"。"铜是古代贵金属，存世时就是宝贝。尤其是殷周青铜器，多为皇家用器，每逢国家大事才铸器留念。哪来那么多宝贝让你修？"贾文忠说。

然而，贾玉波师徒赶上了一个特殊的时代。

20世纪三四十年代，琉璃厂是古玩交易的一个重地，也是青铜器出没最多的地方。贾文忠说："(民国时)军阀混战，政府控制力太弱，民间盗墓严重，后母戊鼎、四羊方尊等国宝级青铜器，大多是在这一时期发现的。"

一件件带着铜绿、泛着青光的青铜器，"停"在了贾玉波师徒的手中。"停"，是这个行业常用的一个动词，用来说明人与器物之间的状态。和很多中国文人一样，这些工匠认为，器物既有外表，又有灵魂。"停"的意思是，器物的生命远远长于这个时代。在这一刻，它恰好停靠在了自己的手边。这与金钱无关，也与所有权无关。

每次送走这些偶然"停靠"在自己身边的青铜古器之前，年轻的贾玉波总会花大价钱，用当时最时髦的照相技术——玻璃版，把这些器物的样子"留"在自己身边，先后攒了上千张照片。

在国际上，这也是中国青铜器瑰宝层出不穷的一个时代。陈梦家编著的《殷周铜器集录》，收录全美各大博物馆、私人机构收藏的青铜文物845件。其中的312件，均为琉璃厂古董商卢芹斋在这一时期倒卖的。

1948年年底，战火纷飞，贾玉波修复生涯中的第一个黄金时代已过去。这一刻，他心中忐忑不安的有两点：一是，持续近三个月的围城，家里已没有存粮，老婆儿子吃啥；二是，13岁开始修古玩的他，若新政权不让修，还能干啥？

入城仪式结束后，中共华北局城工部地下工作者张荣光带着贾玉波到北平市军管会报到，他的忐忑烟消云散。他被分配到前门区粮食供销社检验粮食质量，成了"琉璃厂人人羡慕的军管会干部"。

从武器到后母戊鼎

1959年9月，已是北京市粮食局检验科科长的贾玉波，接到了参加历史博物馆文物修复的通知。

新生的共和国，在第一个 10 年内焕发了巨大的建设激情，并以前所未有的速度前行。新中国十大工程之一的历史博物馆，主体建筑刚刚完工，有关机构就紧急抽调数万件文物，筹建中国通史展——这是一项史无前例的工作。

当年年底，贾玉波回到老行当，任北京市美术公司驻历史博物馆文物复制组的组长。做决定前，贾玉波一晚没睡，"在粮食局算国家干部。文物修复，说得再好听，也是一工人"。

起初，贾玉波与师傅王德山、师兄杨政填等人开始修复手枪、地雷、红缨枪等革命文物。很快，后母戊鼎、四羊方尊、虢季子白盘、越王勾践剑等数千件国宝陆续到来。工作分为两块，一是修复，一是复制。"后者更多一些。按中央与地方当时的约定，每调一件文物，要还当地一件复制品。"

这一年，贾玉波与妻子王翠云已经有了 5 个孩子。老大贾文超出生于 1948 年，老二贾文熙出生于 1950 年，老三贾文珊出生于 1953 年，随后，老四贾新、老五贾莉莉这两个女孩也出生了。

会发光的毛主席像章

1969 年，再一个 10 年来临时，伴随着"全国山河一片红"的喇叭声，贾玉波等人成了全国闻名的毛主席像模具制造者。

始于 1966 年的"文化大革命"，几乎叫停了所有的文物修复工作。1966 年 8 月，接到红卫兵打算冲击故宫的紧急电话后，周恩来下令关闭故宫。冲到故宫神武门前的红卫兵，不甘心无功而返，贴大字报将"故宫博物院"更名为"血泪宫"。

这时，全国各地找毛主席像模具的人已踏破了北京市美术公司的门槛。起初，贾玉波等人与雕塑家张松鹤一同工作，后者负责制作毛主席像，贾玉波等人则用该标准像做出标准模具。后来，青铜器修复中的一些技术，在毛主席像章上得到了改进。喜欢琢磨新技术的贾玉波，试着用电解铜做模具，与同事研制出了会发光的夜光毛主席像章，轰动一时。

这一年，家人团聚的日子越来越少。贾玉波经常出差去外地指导修建毛主席塑像；长子贾文超是老三届，前往河北插队；次子贾文熙随后去了陕西插队。年少的贾文忠和弟弟贾文进留在北京。"我在南城宣武区南横街小学读书。考试背毛主席诗词，背十几首，就是好学生。大多数时候，我们跟着抄家的红卫兵到处'破四旧'看热闹。"

"破四旧"，是指"破除旧思想、旧文化、旧风俗、旧习惯"。贾玉波的家中，已早早地破了"四旧"。贾玉波的爱人王翠云在街道做治保委员。"街道传达完'破四旧'的精神，我母亲回家拿出了父亲收藏的一大摞老青铜器拓片和名人书画，一把火全烧了。"贾文忠说。

煤炉烧出的工艺品

1979年，第三个10年来临时，中华人民共和国从各个领域恢复理性。多年练就的这一手复制手艺，悄然改善了贾玉波一家的经济状况。

刚刚过去的这个10年里，文物、乒乓球是外交领域展现中国实力的两大利器。

1971年7月5日，此前被称为"血泪宫"的故宫重新开放；数天后，美国国务卿基辛格访华，参观了故宫。次年2月，尼克松点名要求参观故宫的消息成了国际媒体的头条，中国宝贝再一次吸引了世界的目光。

在民间，国门渐开后，青铜器、唐三彩这些带有典型中国元素的东西，成了来华旅游者的最爱。

"上世纪70年代中期，国家缺外汇，提倡用文物仿制品换外汇。看到同行都干后，我爸也偷偷地在自家煤炉上烧制了一些仿古的陶制工艺品，放到文物商店里寄售。我爸手艺好，他做的能卖9元，商店卖了后分我家3元。"贾文忠说。

1978年年底，贾文忠通过考试进入北京市文物局修复组工作，月工资是18元；这一年，插队回京的老大贾文超也调入故宫博物院工作；老二贾文熙，则从插队的农村进入西安市文物考古所工作。

每月一次的家庭聚会时，贾文忠会到前门烤鸭店买一只烤鸭。"18元一只。我有一个同学在前门全聚德工作，可以走后门挑大个的。"

安居乐业

1989年，刚刚过去的这个10年，是中国走向改革开放的10年，也是贾玉波一家变化最大的10年。

20世纪80年代初，贾玉波从干了20多年的美术公司退休，五子贾文进接了他的班。随后，在单位只是个技术工人的贾玉波，在社会上成了知名文物修复专家。全国各地的博物馆邀请他去当修复文物顾问，一些工艺品公司也聘请他去指导工艺品生产。

"每个月收入上千，当时是笔巨款了！"贾文忠说。

有家传绝技在身，有贾玉波的现世榜样，他的五子二女中，六个都在文物业工作。

1983年，时为首都博物馆工作人员的贾文忠修复了国子监的9块清帝御匾；1988年，中国农业博物馆以一套楼房"挖"走了这个年轻的"文物修复专家"。

盛世收藏兴

1999年、2009年，中华人民共和国第五个10年、第六个10年接踵而至，贾文忠的工作室门庭若市。

中国的民间收藏热，以1999年为界。前一个10年，是民间财力积蓄力量的时期，各类收藏悄然升温；后一个10年，则是民间收藏突然爆发、价不惊人死不休的时期。

中国社会持续了100多年来的文物净流出，仰赖国家经济力量的强大，也在这个时代画上了句号。1995年，故宫博物院以1800万元人民币买下北宋张先《十咏图》；2000年5月2日，中国保利集团公司以总价3000多万港元购得圆明园大水法前十二铜兽首中的虎首、牛首和猴首。

不外出时,被业界誉为"青铜修复神医"的贾文忠会把自己关在办公室里,低头面对那些需要修复的青铜古器,一如他的父辈那样。一遍遍地凝视、一次次地拼接抚摸过后,原本锈蚀缺损、难以辨认的破铜块儿,一点一点地露出了原本的面目和魂魄。

父亲那一代的修复技术,已有很多地方被改进:牙科大夫使用的洁牙机,现在用来除去沾染在青铜器上的杂质;更先进的,还有激光除锈仪、等离子除锈机。

今年年初,贾文忠被评定为研究馆员,享受教授级待遇;大哥贾文超早几年也获得了副研究员的职称。"是儒不是匠,是匠不是儒"这句文物界老话,这一刻在他们家终结。这是他们的父亲干了一辈子都未获得的荣誉。

2009年年初,贾文忠送22岁的儿子贾树去澳大利亚昆士兰大学学习英语。他希望儿子将来协助自己从事世界文化遗产方面的工作。贾家的第三代中,还有贾汀、郭玢也在从事纺织品、书画的修复工作。

8月中旬,贾树发了一份电子邮件回国。信中,贾树给父亲翻译了澳大利亚一博物馆的网页。他认为,网页中的那个青铜斝,是爷爷珍藏的那上千张玻璃版底片中的一件。

他和父亲约定,找机会去看看这个曾"停靠"在爷爷手中的青铜斝。

《三联生活周刊》2009 年 9 月第 32 期

传统文物修复，还守得住手艺吗？

□ 曾　焱

这一行的老人都没了。

从 2002 年开始，中国文物学会修复委员会秘书长贾文忠就在想办法为传统文物修复技术申报国家非物质文化遗产，今年已经是第七个年头。如果按照过去的师承规矩来排辈，贾文忠应该算作传统修复行业北京"古铜张"派的第四代传人，他父亲贾玉波曾在"古铜张"第二代传人王德山门下学徒，1949 年后成为中国国家博物馆（原中国历史博物馆）的第一代青铜器修复专家，复制过"后母戊鼎"和"四羊方尊"等国宝重器。到他这一代，贾氏三兄弟承继家传手艺，也都成了国家级博物馆的修复名师，行里称"贾氏文物修复之家"。在贾文忠看来，传统文物修复对保护中国物质文化遗产所起到的作用是其他方法难以替代的。

"中国传统文物修复技术是伴随中国原创文物产生的，比如青铜器修复产生于商周时期，中国书画修复产生于战国时代。中国传统文物修复技术的流传和传播方式则主要是师承制，手艺大多是口手相传，父子相传，有很多技术传男不传女。同行之间技术保密，每种流派及每位师傅都有各自的高超手艺和绝活。这与当时的年代有关，手艺就是饭碗。"贾文忠告诉我，在他父亲那一代，谁的手艺好谁就能过上好日子，"我爸 1949 年前在琉璃厂修古玩，修一件东西这一年都可以玩儿了，因为一次挣的钱就够花一年了。"

贾文忠回忆，20 世纪 90 年代曾提出在修复界搞师承制，后来也没成，"师傅带徒弟怎么带，文物修复师怎么评定？师傅带徒弟没学历，没人承认，没用啊，所以说，这个又失败了。比较合理的文物修复传承方式，还应当是学院教育和师徒手口相传相结合。很多大学开设了文物保护和修复课程，但往往只有理论介绍，没有实际操作，而实际操作是非常苦的事。在1949年前，学徒最少得三年，而且这三年人家不让你学，得打杂，三年之后才开始让你干点什么，一个搞修复的没有十年八年的工夫是学不成的。所以我们现在这种单独凭学院教育就能学成的可能性不大，学院教育只是把技术的科技含量提高，人的认识水平提高了，但手艺不是凭理论水平就能提高的。总的来讲科技在进步，手艺在落后。"

贾文忠介绍，中国传统文物修复技术大致可分为古代书画装裱、古籍修复、金属类修复、陶瓷器修复、木器家具修复以及各类文物复制、碑帖传拓、囊匣制作等几个大项。"传统修复在五六十年代地位很高，当时北京建了十大博物馆，很多文物是坏的，得修，这时候手艺人吃香，全国有名头的修复人员都集中在了各博物馆，包括故宫在内，故宫当年从上海请来的裱画师傅的工资是院长工资的两倍。"贾文忠说，由于没有很好地整理老一辈文物修复师傅的经验，从事这项工作几十年的老人几乎都没有了，中华人民共和国成立后第一、二代修复工作者在世的不多了，第三代、第四代也到退休年龄了。1993年，受国家文物局和中国文物学会的委托，文物修复委员会开了第一届全国文物修复技术研讨会，当时评出一份"名师榜"，全国有80位从事文物科技保护和修复、复制工作在30年以上的老人都在榜上。现在再拿出这份名单，贾文忠仔细找了一遍，只能感慨他所知道的老师傅大多已去世了，北京地区当年有29位修复师在榜上，如今还在世的，也就五六人，有些连一个徒弟也没带，手艺就跟着走了。"修复这个行业在博物馆里属于最基层，评职称也不容易，比如摄影师拍的照片可以署名是他拍的，搞修复的人却不能署名，评职称时修复的东西就不算作品。现在社会一律强调英语水平和发表作品数量，这就限制了这些手艺人的发展和传承。比如修个《五牛图》、《清明上河图》，这比写本书难吧？但这不算数，必须得写本书。"

文物修复的"中医"和"西医"

在文物修复观念上，中国的传统修复和西方存在差异。贾文忠告诉我，文博界有种说法是将它们比作中医和西医,"搞传统修复的人就像中医一样,望闻问切,搞科技保护的人就像西医,需要用X光这些来检测"。

在西方文物修复界,意大利专家布兰迪(Cesare Brandi)1963年撰写的《文物修复理论》影响深远。他在书中提出最小介入、可逆性、可再处理性、可识别性等原则,代表了西方文物修复保护的主流观点。相比之下,中国传统文物修复认同"补全"和"作旧",比如书画和青铜器强调修旧如旧,陶器和石器要修旧缺旧,但这是一种自然形成的、没有文字的模式。贾文忠认为,在和国际文物修复理念接轨的同时,应该建立中国的修复理念。"青铜的东西去锈,用科技手段先进仪器可以把锈去掉,可如果碎成一百多瓣,要修起来就必须用传统手段。我认为对青铜器、中国书画等独创的中国艺术形式,修复技术还应该尽量用中国传统的方法。在中国,一个博物馆有没有好的传统修复人才,看它的展览就知道了。现在我们对博物馆展览器物的修复大多采取补全外表、内部可识别的方法。事实上,古代书画修复和某些特殊文物虽然在外观上可以做到无法辨识,但在现代科学工具的帮助下,还是可辨识的。因此,我们认为中国的传统修复做法也可以被认为是可识别的,中国传统修复的完美无缺的做法,也可以被纳入可识别的范围。"从1993年全国第一届文物修复技术研讨会至今,文物修复委员会这些年陆续出版了五本学术文集"文物修复与研究",除了用文字记录下来传统技术,也探讨比较中国和西方的修复方法,试图寻找到适合保护和修复中国文物的方式。比如对于中国古代书画,修复专家们认为只有进行传统装裱才能保存,但早在20世纪90年代,山东、湖南等省的博物馆的传统修复人员就已经撰文提出,修复古旧书画过程中的传统"接笔"工艺应该慎用,甚至停用。"接笔"是指在修复破损书画时,为了追求画面的完整而补添残缺的画意,身手不凡者可以以假乱真,但往往也改变了字画的原貌,给后人鉴定带来困难,像张择端的《清明上河图》就曾在明末被人"接笔",画面上错加了驴身和大车,直到1974年重新接裱此画时才被发现,恢复原貌。但国内修复界对西方修复中国文物的方式也提出不同看法,比如西方修复人员对金银器和青铜器进行修复时,会将表面的绿色锈蚀全部去掉,另外他们主张对青铜文物进行封护处理,致使颜色容易变深。这些在国内的传统修复界看来也是不可接受的。

　　理念可以讨论，现状却很难回避。同为文物大国，意大利在 1939 年由布兰迪创办了第一所文物保护修复学校——罗马中央修复学院后，现在国立、私立的这类学校已经有 16 所，专业文物修复师达到 6000 多人，光是进行纸张修复的工作室就有 99 个。而据中国文物学会文物修复委员会的统计，中国目前有 2000 多万件馆藏文物，文博行业的专业修复人才却不到 500 人。"中国的文物市场热了以后，这个行当在私下里也会发展。像现在的私人古籍修复行业很好，因为这么多拍卖行拍古籍，都是在民间修。古陶瓷修复也多了，每年拍多少瓷器啊，磕磕碰碰的很多。据我所知，包括我们文物修复委员会办班培训出来的在内，现在修瓷器的有好几百人，另外还有古典家具修复、青铜器修复，这些人都很活跃。干这个行业，不是说你想干就能干好的，还得看灵感，十个学徒最多有两个有悟性的能学成。有的人干了一辈子，修的东西还那德性。再一个是行业内文物修复系统缺少激励机制，修好修坏一个样，形成了有一批民间高手修的东西比博物馆的强。社会上这批搞修复的人是想，我要混碗饭吃，怎么混？手艺必须比别人好，这是社会竞争，也是社会需求。"

　　贾文忠对日本文物修复的"国宝"体制很羡慕。日本的文物修复人员 19 世纪也还都在民间，近百年来，这些人随着社会进步逐渐由传统艺人晋身为专业技术人员。1959 年日本成立了一个"国宝修复师联盟"，将几家最有实力的修复作坊集合在一起，成为日本修复装裱业的主体。这个联盟定期组织法定的文物修复技术人员培养讲习，传习手艺，也是负责国家文物补助事业的政府职员了解修复技术、材料以及保存等科学知识的重要场所。"手艺就是文化遗产。有些老师傅过去能干的东西现在都干不了，再过几年还有谁再来修这个东西？真不好说。"

《收藏界》2009年7月刊

从"文物郎中"到"实战派鉴定专家"
——记中国民间国宝评审委员贾文忠

□ 戴 莹

"贾文忠",百度搜索相关网页147000篇,在收藏界,特别是青铜器鉴定与修复方面,只要提起贾文忠,恐怕是无人不知,无人不晓。这位既有深厚理论基础又具实战经验的专家,同时还身兼数职:九三学社社员,中国农业博物馆文物研究室主任、研究员,中国文物学会专家委员会委员,中国文物学会文物修复委员会秘书长,文化部艺术品评估委员会委员,中国文物学会文物鉴定委员会委员,全国工商联古玩商会中国青铜研究会会长,中央电视台《鉴宝·艺术品投资》顾问,等等。

日前,记者终于得见这位富有传奇色彩的人物,他的办公室位于农展馆院内静寂的后湖边上,背后是他亲手栽的一片竹林,室内幽静淡雅,书柜桌面堆满了各种书籍,墙上挂着的则是他自己的书画作品和青铜器全形拓作品。

由修复介入鉴定是一条捷径

熟悉贾文忠的人都知道,一开始他并不专门从事文物鉴定工作。那么是何原因使他逐渐从文物修复到修复鉴定双管齐下的呢?这条路是否能行得通呢?贾文忠以自己的亲身实践回答了这个问题,他认为不仅行得通,而且由修复介入鉴定还是一条捷径。

他告诉记者,文物修复是对文物历史进行还原的过程,是一个得以对文物进一步了解,逐渐摸清其铸造和因时间、环境而发生变化的过程,反其道而行之，辨别真伪就不难了。"我觉得搞鉴定的人，就应该学习怎么修复，比如：做青铜器鉴定的人，你亲自到铸造厂去铸几件青铜器，做几件仿制品，再做做锈，在有条件的情况下，再亲手修复几件青铜器。只有这样才能获得更直观的感受，知道什么样是可以做出来的，什么样是做不出来的，这也是为什么启功先生、谢稚柳先生等人的眼力，往往比只会鉴定的人强。因为他们二位都擅长绘画，并临摹古人作品，也可以说是实践出真知吧。"

贾文忠还指出修复和鉴定二者之间其实是一种相辅相成的关系，"修复成就了鉴定的眼力，同时鉴定亦提升了修复的水平"。但他强调修复始终是他工作的重心，让经历了岁月沧桑的文物，尽可能再现昔日光彩，这是于国于民都非常重要且有意义的事情。记者注意到，在贾文忠工作室里，摆了许多残缺的器物，有的缺一个耳朵，有的缺一条腿、一个盖。也有一些曾经残缺的文物，经他的妙手，如今已旧貌换新颜。贾文忠随手拿起一面铜镜，让记者找修复的痕迹，任记者怎样瞪大眼睛，也发现不了一点蛛丝马迹，接着他又拿出一张修复前的照片，原物已经破碎成五块，看到原物，记者不由得惊叹其修复技术的高超。贾文忠告诉记者，文物修复这门技术就是要达到"乱真"的效果，但是修复的过程也让他明白哪些是可以乱真的，哪些是无论技术怎么高超都不可能达到的，因此可以说他鉴定的眼力很大一部分是出自实践，这也是他在一些方面高于学院派鉴定眼力的原因。

造假者是我的老师

俗话说："名师出高徒"，出于对贾文忠精准眼力的好奇，很多人常追问他师傅究竟是何方神圣。贾文忠总半开玩笑半当真地回答："造假者就是我的老师。"虽是玩笑话，但是说到造假者们的高超技艺，确实常常让贾文忠"赞叹不已"，尤其是这两年他跟随央视《艺术品投资》栏目民间寻宝，各地的假东西、各种造假方法都让贾文忠大开眼界："每一回寻宝都能见着一两件能够感动我的东西，人家作假的方法太妙了，有一些我们都做不出来。可惜是用在了这些方面，如果用在文物修复方面，肯定可以发挥更大的作用。"

贾文忠说道：目前市场上造假的方法层出不穷，很多动用了高科技手段，让很多专家都难断是非。原来仿制不出来的红斑绿锈、蓝锈、水锈，现在都能做，甚至连红斑绿锈中的结晶也能做得相当逼真。他就见过一种高超的造假手段：先用硅胶在原物上翻下模子，然后依据考古发掘报告中公布的合金成分铸造。第三步再模拟文物地下埋藏的环境配置溶液，精准到含多少微量元素、酸碱度是多少，通过"时间加速"，比如文物在地下埋藏了两千年，就将各种元素的配比乘以2000倍，用电解或者高温加热仿制品，使其长出锈来。这样仿制出来的东西，带范线、垫片，花纹逼真，分量也和原物一模一样，且绝不含有现代成分，就算拿去做金相分析，也看不出丝毫的破绽。

"不过，魔高一尺，道高一丈，假的终究是假的，总有露出破绽的地方，看得多了，一般仔细观察就能明白怎么回事。我的鉴定眼力，除了得益于近三十年的修复经验，从某种意义上说，造假者技术的不断升级也提升了我的眼力，"贾文忠笑着说，"一般造假的人有文化者少，真的青铜器往往经过了古人的精工细做，且历经时间的洗礼，其蕴涵的文化和神韵，不论什么样的高科技，都不能仿制的。"从事青铜器鉴定十多年来，贾文忠最大的心得就是：看的越多，学的越多；市场是最好的老师，且山外有山，人外有人，理无专在，学无止境。

文物修复世家

贾文忠之所以和文物结下了不解之缘，其实并非偶然。他出生于文物修复世家，其父贾玉波，即是清朝著名的铜器修复行业"古铜张"的再传弟子。

贾玉波先生一生修复的古铜器不计其数，中华人民共和国成立后在中国历史博物馆从事文物修复工作，参与修复、复制了国宝重器后母戊鼎、西汉长信宫灯、马踏飞燕、秦俑等国宝级文物。深受父亲影响的贾文忠，也对文物萌生了浓厚的兴趣。他有空就往父亲的工作室跑，看老师傅们干活，边看边记，不懂就问，学到了许多文物修复的方法和知识。17岁参加工作，子承父业，曾先后在北京市文物局、首都博物馆、中国农业博物馆从事文物修复、复制、征集、鉴定研究工作。曾修复过北京琉璃河出土西周青铜器、北京孔庙大成殿内清代九位皇帝御书的九块大匾及北京地区出土珍贵文物，参与修复全国重大考古发现江西新干大洋洲出土商代青铜"兽面纹卧虎耳铜方鼎"，指导主持修复全国重大考古发现河南三门峡西周虢国墓地出土大批带铭文珍贵青铜器，参与修复浙川下寺出土的楚国青铜器。在拥有了大量实践经验的同时，他还进一步深造，曾就读于北京大学考古系研究生班，对于文物鉴定修复等理论知识进行了系统的学习，提升了自己的理论水平。

在贾家，跟他有同样兴趣的还有现在故宫博物院的大哥贾文超、首都博物馆的二哥贾文熙等，侄子、侄女也均在文博行业从事文物修复这一行，哥儿五个及小一辈，如众星捧月般拱卫着父亲，形成了文物界有口皆碑的"贾氏文物修复之家"。

全形拓继承人

除了在文物的修复和鉴定方面颇具盛名，贾文忠的博识在文物圈里也是有名的，这完全得益于他兼容并包的态度和勤奋好学的精神，不囿于一家一法，像蜜蜂采集花粉那样博采众长。他的老师特别多：早年跟名画家胡爽盫学过画虎，跟篆刻名家傅大卣、大康（殷）学过治印，跟魏隐儒、马宝山学习过书画版本和碑帖，跟程长新、赵存义学习过青铜器、古墨、陶瓷等方面的知识，临过《清明上河图》、《富春山居图》和敦煌壁画，为北京孔庙复制过吴道子画的"孔子行教像"石碑，为北京郭沫若故居复制过郭老给吴晗的条幅，还复制过闻一多、茅盾的墨迹，均达到了乱真的地步。这其中的任何一条，对任何一个普通人而言，都是宝贵的人生经历。

全形拓也是贾文忠的拿手好戏。这种以墨拓作为主要手段，辅助以各种技巧，将青铜器的立体形状复制表现在纸面上的特殊传拓技法，初始于清末，消失于民国，近五十年来几乎失传。傅大卣先生是为数极少的"金石传拓技术"传承者之一，在贾文忠学习篆刻的几年里，傅先生也将各种传拓技术毫无保留地传授给了他。闲暇之余，贾文忠也将此当成嗜好，见到相关器物就拓下来，后来又从书法家大康（康殷）先生那里学到了颖拓技艺。作为全形拓的传承人，贾文忠创新性地将金石传拓和颖拓结合起来，形成了独具风格的艺术作品。著名文物大师史树青在看到其作品时连声赞叹道："贾文忠全形拓下真迹一等，优于民国时期的各家作品，继承和发展了这种传统绝技，而且对我国的文物保护事业作出了杰出的贡献。"

鉴定讲的是良心

在目前"专家""证书"满天飞的状况下，鉴定专家的良心难能可贵。贾文忠就是这样一个有良心的专家，说真话，真的就是真的，假的东西绝不昧着良心说成真的。冲着贾文忠的眼力，很多人找他鉴定，其中也不乏希望他能"破例"开假证书的人。贾文忠告诉记者，前两天就有一个人找他，想要出售一个假的青铜器，请求他开一个证书，许诺给贾文忠十多万元现金。贾文忠十分生气，怒斥来者，并将其驱逐出门。凭着自己在青铜市场十多年的经验，贾文忠建议普通收藏者尽量不要收藏青铜器，青铜器的价值普遍很高，如果你抱着捡漏儿的心理去收藏，很容易受骗上当。大收藏家在这方面也要小心谨慎，要相信专家，但不要迷信专家，决定收藏前最好听取多方意见。

为了使收藏爱好者们更多地了解青铜器鉴定和修复的相关知识，贾文忠还经常在外讲课，他先后在北京大学、清华大学、中央民族大学及国家文物局举办的"全国青铜器修复培训班""全国古陶瓷修复培训班""全国馆藏古代家具修复培训班"讲授文物保护、修复、鉴定课程，把自己的心得毫无保留地传授给别人，现在他的学生遍布北京和全国的文博单位。他还发表过多篇论文，出版了《文物修复与复制》、《贾文忠谈古玩赝品》、《古玩保养与修复》、《中国佛像真伪识别》（与金申合著）、《鉴宝·鉴宝专家贾文忠谈铜器收藏》、《贾文忠谈古玩系列丛书》等专著。

今后，他有很多的计划——准备写一本有关青铜器鉴定的大部头书，全面介绍各类实用的鉴定方法；到更多的地方去跑跑，主要是为了开阔眼界，更好地进行鉴定……这些计划，其实都只关乎一个主题：青铜器。从青铜器修复到实战派专家，贾文忠走了近三十年，并且硕果累累，可以预想，这个一直以来孜孜不倦的先行者，一定会在将来的青铜鉴定史上留下更浓墨重彩的一笔。

中央电视台 10 套《探索·发现》栏目

手艺——守护青铜贾文忠

这是一部被镌刻在金属上的文明史和艺术史。

这是代表着权力、信仰和尊贵的符号和象征。

然而，当它们重现天日的时候，曾经是如此残破不全。

是这样一门手艺在恢复着青铜时代往日的辉煌。

2011 年 4 月，为了解开青铜器修复这门古老手艺的传承之谜，我们来到了青铜器文物修复专家贾文忠先生的家。在这里，贾文忠先生拿出了关于修复技艺最宝贵的历史留存。

贾文忠先生告诉我们，他从事青铜修复手艺的父亲，在 20 世纪三四十年代拍摄了很多修复后的青铜器照片，现有二十多件存在海外的博物馆中。

如今，贾文忠先生已经年近半百，他不仅继承了这些记录着家族青铜器修复技艺历史的玻璃底片，也同样继承了青铜修复这门技艺。

中国的青铜文化起源于公元前 21 世纪，止于公元前 5 世纪。这段时期相当于文献记载的夏、商、西周至春秋时期。青铜器的出现，使得农业和手工业的生产力水平普遍得到提高，史称"青铜时代"。中国并非最早进入青铜时代的国家，但是中国青铜器所达到的巅峰，却是其他国家无可匹敌的。

当这些曾经深埋于地下的国之瑰宝跨越三四千年之后重现天日时，却往往已经面目全非：或残破不全，或挤压变形，有的甚至是一堆破碎的铜片！

商代的青铜器后母戊鼎一只鼎耳缺失，经修复补配而成；商代的四羊方尊由 20 多块碎片修复而成；汉代的马踏飞燕，马的颈部有洞孔数个，马头及尾巴的几绺鬃毛掉下，三个马蹄心空着……每一件青铜器都铭记着一段尘封的历史，正是青铜器修复技艺，一点点地将那些破碎的记忆重新拼补起来，解读出国之重器的厚重与华丽，让它们所承载的历史有了被诠释和述说的可能。

面对着博物馆里一件件精美的青铜器，我们已经不能够分辨出究竟哪些是完好出土的历史文物，哪些是可以乱真的手工修复了。这门至今依然鲜为人知的传统技艺，究竟是在复原那古老文化的文明精髓，还是在创造一种对历史和艺术的现代理解呢？

1989年9月20日下午，江西省新干县修补赣江大堤的工人们在取土时，无意中挖出了一批古董，后经江西省文物考古队继续发掘，一座埋藏于地下三千多年的商代大墓重现天日。在出土的大批文物中，仅青铜器就有484件。

新干青铜器群的考古发现，是江南考古的一次重大突破，是1990年中国十大考古新发现之一。

作为文物修复方面的专家，贾文忠参与了这次考古行动。他的工作对这次考古发现起到了重要的作用。

我们现在看到的经贾文忠修复后的商代兽面纹卧虎铜方鼎，从新干大墓出土的时候，只是13块残破的铜片，不仅变形严重，而且有两块碎铜片被锈和沙土包裹着。但是，就是这些支离破碎的青铜残片，引起了考古工作者极大的关注。

青铜鼎的出现，对于商周时期的考古发现究竟意味着什么呢？

鼎，古人烹煮肉食的器具，伴随着青铜时代的到来，成为最重要的祭祀祖先、沟通人神的礼器。作为礼器，鼎必须经过装饰以使其摆脱实用功能。而鼎的数量则彰显着主人的身份、等级和权力。可以说，在墓葬中发现了鼎，就证明了墓主人的非比寻常，而墓主人身份的秘密则最有可能通过对鼎的研究得知。

当人们都将注意力投向这些碎片还能否复原的时候，贾文忠却提出了一个让人意想不到的要求——迅速清洗铜鼎残片。

由于青铜器在出土的时候没有被及时处理，沙土的硬化让清理的工作变得更加复杂。浸泡在溶液中的青铜器，还将经历机械除锈和化学除锈的工艺，才能重新焕发青铜的光泽。

清洗，是青铜修复技艺中的最初环节，这个看似简单的步骤却是这些重见天日的青铜器露出庐山真面目的唯一途径。但是，所有的考古人员都更加期待的是当青铜的表面被清理之后，另外一种可能的出现，那就是青铜鼎上是否会出现珍贵的铭文。

青铜器铭文，也叫金文或者钟鼎文。商代早期的青铜器就已经有零星的铭文。那时，铭文还只是标注族氏，便于识别的作用。西周时期，铭文的内容已经几乎涵盖了当时社会生活的方方面面。因此，传世的青铜铭文往往一字千金，其历史价值和艺术价值都不可估量。

这件商代青铜鼎虽然最终没有发现铭文，但仅仅是青铜修复的清理环节，其细致和科学的操作，就不得不让我们对这门技艺另眼相看。

总的来说，青铜修复技艺可以分为四个主要的环节：第一步是要对出土的青铜器进行清理和整形；第二步是对有缺损的部位进行补配；第三步是焊接成型；第四步则是对修复好的器物进行做旧处理。

对于那些出土时就已变形甚至支离破碎的青铜器，在清洗完之后，另一道重要的工序，就是对青铜器进行拼对整形。

修复商代兽面纹卧虎铜方鼎已经是11年前的事了，可对铜鼎的拼对整形依然让贾文忠记忆犹新，因为那是当年他在修复时遇到的最大问题。

整形后的兽面纹卧虎铜方鼎已经显露出其千年前的风采，然而，贾文忠却还要对方鼎表面的纹饰开始进行拓片的工作。通常应用于书法临摹的这道工序，对青铜器的修复又会有怎样的作用呢？

在贾文忠看来，在青铜器的补配环节中，对缺损纹饰的补配显得尤其重要。这些国之重器的精美纹饰背后，究竟还藏着怎样的玄机呢？

商代青铜器上最为普及的纹饰饕餮纹，有专家指出，不懂饕餮纹就罔谈懂青铜器。这一纹饰的意义虽然至今在学术界仍有争论，但是其流畅的线条，却成为商代青铜器"狞厉"之美的见证，让"万物有灵"的朴素世界观有了最为直观的展现。

然而，青铜器上的纹饰却不只有饕餮纹，千变万化的纹饰如何才能准确地补配呢？青铜修复的艺人们学会了用拓片的形式进行复制，并最终发展成了一种更具观赏性和艺术性的形式——全形拓。

在贾文忠先生的家里和办公室中，随处可见这些精美的青铜器全形拓片，它们本身就是一件件精美的艺术品。

　　拓片的作用，最早是修复者用于留存资料之用，而当摄影术日渐普及之后，贾文忠先生的父亲则选用了更为现代化的手段来保存青铜器修复的资料，这就是我们前面提到的贾家的传家宝——玻璃底片。历代艺人的传承，秉承着一个不变的主题：技术和艺术的结合，才是青铜修复技艺的真髓。

　　对文物进行修复和复制这门技艺，最早可以追溯到春秋时期。几千年的传承，让从事青铜器修复这门技艺的手艺人，往往都成为杂家。他们不仅要掌握修复方面的技术，更重要的还要有美术、绘画、书法甚至篆刻等方面的修养。青铜器的修复技艺已经不只是一门简单的技术，而成为一门综合的艺术。

　　一件出土时残破不全的青铜器，在经过清理整形和补配之后，就进入了修复的第三个阶段：焊接。这个看起来最没有技术含量的工作，却曾经让贾文忠伤透了脑筋。

　　位于河南省三门峡市的虢国博物馆，曾是西周时期的国君大墓，这里共出土各类文物3万多件。在1990年的最初发掘中，最让考古队员感到欣喜的是在陪葬品中发现了一套八件的编钟，因为这是西周晚期墓葬发掘中唯一完整的一套。

　　考古专家李学勤介绍：编钟的出现是中国青铜器历史走进周朝之后的一大特色。这一时期，青铜器逐渐淡化了商代对自然忌惮和膜拜的神秘色彩，代之以更加具有生活情趣的人间烟火气。

　　这套编钟出土时大都残破不全，贾文忠参与了编钟的修复工作。

　　在对编钟清理之后，进行到焊接的流程时，贾文忠有了一个大胆的设想：能否让这套曾深埋于地下的古老编钟，重新奏响出近三千年前的雅韵和古音呢？

　　贾文忠在焊接的时候充分考虑乐器击打的特殊需要，而修改了原本简洁的焊接工序。

　　今天，我们焊接青铜甗的程序，要比编钟容易很多，但是具体操作起来，还是会遇到一些小麻烦。

　　青铜作为合金虽然熔点只有800℃，却具有很高的硬度，即便是经过了几千年的锈蚀，这种硬度还是给焊接前的打磨带来了不小的麻烦。然而，正是这样的金属硬度，让青铜生产工具大大超越了之前使用的石器，在生产力的发展上起了划时代的作用。

而物质生活条件的丰富，促使了人们的日常生活向精神追求转移，西周编钟的出现恰恰就是这样的证明。

经过精心修复，虢国编钟重新奏出了三千年前的乐音，这乐音击打出的是古老的文明与修复技艺的完美和声。

从事青铜器文物修复几十年的贾文忠先生，在青铜器的鉴定方面也颇有造诣。这两个看似毫不相干的专业领域，在贾文忠看来却息息相关。

一件残破的青铜器，在经过整体复原修复后，要对补配部位以及焊接口进行做锈，使之表现出腐蚀生锈的效果，俗称"做旧"。这是青铜器修复的最后一步。它将直接影响文物的修复效果，更是制造赝品者费尽心机的关键步骤。

青铜器经过几千年的锈蚀所形成的地子，并非能够轻而易举地被矿石颜料进行模仿。在修复做旧的现场，一个特别的工具引起了我们极大的兴趣，这个特殊工具就是我们每天都在使用的牙刷。

贾文忠从5岁开始学艺，他的修复手艺是父亲手把手教出来的。他的父亲是我国第一代古文物修复专家青铜器修复大师贾玉波先生。作为"古铜张"派的第三代传人，他一生修复了数十件国宝级青铜器文物。

父亲的口手相传，让这个家族兄弟五人中，有四人都从事了青铜器的修复工作，成为"古铜张"派的第四代传人。

为了这门手艺的传承，贾文忠先生不仅对修复技艺进行了理论上的梳理，而且为了修复行业内的沟通和交流，成为修复协会的主要发起人。他四处演说讲课，希望在大学中设立文物修复专业。

也许是被父亲对青铜器修复技艺的执着所打动，贾文忠的儿子贾树放弃了大学里所学的新闻学专业，和父亲一起担起了这份手艺传承的责任。

这薪火相传的是中国悠悠几千年的文明之光，它被凝固在青铜礼器的华丽中，升华在每个中国人对祖先智慧的感动里。

2011年5月31日

《光明日报》2012 年 3 月 31 日

贾文忠的青铜器人生

□ 修 瑞

贾文忠从记事起就迷上了青铜器，17 岁开始独立修复国家级文物，"北京人"的发现者贾兰坡赞誉贾文忠的手艺"不可多得"。在三十多年时间里，贾文忠修复青铜器等国家级文物上千件、出版论著数十部。很难说贾文忠究竟是什么专家。修复、鉴定、金石、全形拓片……不过，有一点是可以确认的，那就是他半百人生岁月中，贯穿主线的就是青铜器。

1937 年初夏，贾文忠的父亲贾玉波拜在琉璃厂的民间"青铜四"派之一的北京派"古铜张"派第二代传人王德山门下，成为"古铜张"派的第三代传人，那年，贾玉波才 13 岁。光阴荏苒，到了 20 世纪 40 年代末，学有所成的贾玉波终于出师自立。十几年没日没夜的学习，贾玉波不仅精于修复铜器、金银器、陶瓷器、石器，而且对翻模、铸造、錾刻、鎏金、鎏银样样精通。

中华人民共和国成立后，贾玉波 50 年代至 80 年代在中国历史博物馆为中国通史陈列搞文物修复工作，这一时期贾玉波的修复手艺达到了顶峰。他先后参与了国宝重器后母戊鼎、西汉长信宫灯、马踏飞燕、秦陵兵马俑等国宝级文物的修复和复制工作。贾文忠在这样一个家庭长大，很小时便在父亲身边受到耳濡目染。

小时候的贾文忠没有什么玩具可玩，就玩父亲做坏了的一些唐三彩小马、小铜佛、小俑人。他很喜欢这些东西，捧在手里一个劲地看，很小时就对文物萌发了极大的兴趣。有时候，父亲在家帮朋友做一些活儿，顺便教孩子们怎样修理铜器、粘接陶器，他都记在心里。平时，贾文忠一有时间就往父亲的工作室跑，看老师傅们干活儿，随身带个小本子，边看边记，不懂就问。老师傅对这个好学的孩童尤其喜爱，毫不吝惜地对贾文忠言传身教。贾文忠学到了许多文物修复的方法和知识。

1979年贾文忠高中一毕业就来到北京文物局工作，被分到文物复制厂青铜修复组工作。当时的工作主要是修复和复制价值较高的珍贵文物，正赶上"文化大革命"文物退还，一入行就能接触到很多珍品文物，贾文忠说自从参加工作后最重要的是接触到了一批老专家，如程常新、傅大卣、马宝山、魏隐儒、赵存义等恩师。加上贾文忠从小培养起来的兴趣，这些得天独厚的优势，使贾文忠一步一步、日积月累地走上了文物修复的道路。在贾文忠的文物修复中，不可不提的也许要数修复三门峡西周虢国墓地出土的青铜器文物和修复江西新干县出土的商代青铜器文物了。那是在1990年，轰动全国的三门峡西周虢国墓被发现，成为当年国家十大考古发现之一。由于墓穴坍塌，长年埋藏于地下，出土的上万件青铜器的破损程度极其严重，致使相关的文物研究无从下手。国家文物局、河南省文物研究所和三门峡文物局对此非常重视。1991年5月，文物部门特聘贾文忠参与并指导这批文物的修复。

虢国墓出土的青铜器有上万件，其中最有价值的是那套君王编钟。这是迄今发现的西周晚期最珍贵的一套编钟，共八件，总重146.75千克，形制为合瓦形，每个上面都有铭文，四个大的均为51个字。出土时，这些编钟多已破碎，钟身锈迹斑斑。经过贾文忠的精心修复，编钟不仅恢复了旧貌，而且声音依然和谐悦耳，一点都不走音。1992年，经贾文忠修复后的这套编钟和其他包括七件一套的铜鼎和壶、盘、匜等铜器30余件以崭新面貌参加了故宫举办的文物精华展，参观者啧啧称赞。

贾文忠修复这种复杂至极的文物，最有难度的是江西新干县出土的商代兽面纹卧虎立耳铜方鼎。此鼎造型、纹饰与中原殷商文化的铜器相似，罕见的是它的立耳上各有一个造型新奇的卧式小老虎。铜鼎出土时严重变形，碎成了十九片，被泥沙层层包裹着。有的部分已经腐蚀掉了。

修复的过程极其繁复，清洗、除锈、整形、焊接、补配、錾花、做锈，再用化学的方法表现出腐蚀生锈的效果，每一道工序都要好几天的时间。辛苦自不必说，光是和文物整天打交道这种孤独感就是普通人难以承受的。这些过程既需要高超的技术，也需要高度的耐心，常常一坐一站就是一天，累得腰酸背疼，两眼发花。一套流程下来几个月也就过去了。

贾文忠修复文物时，手不闲着，心更不闲着。每件文物在他手里最少三五天，长的能有两三个月，可以说他把每件文物都吃透了，如何制造的，纹饰特点，铭文内容，锈蚀或损坏程度，锈迹色泽，出土时的情况，全都看在眼里，记在心上，已不是单纯的修复，而是进行研究了，修复完了，研究课题也就完成了。

在文博领域一直有一个说法，就是"是儒不是匠，是匠不是儒"。奔波在一线的人没什么理论素养，象牙塔里的学问家又缺乏实践的能力。这个定论同样困扰着贾文忠。从高中毕业就走上工作岗位的贾文忠，在40岁以前一直摸爬滚打在实践一线，没有接受过正统的大学教育。"即使能辨别真假，可以妙手回春，却说不出个所以然来。从研究上来讲，一件器物详细的来龙去脉以及其中蕴含着的深厚传统文化才是最为重要的。"意识到这一点之后，贾文忠毅然来到北京大学就读研究生班。几年的研究生学习，贾文忠一天也没有浪费。他翻遍了和青铜器相关的著作，同时又兼任青铜器修复实践的老师。

研究生毕业以后，贾文忠真正成了一个儒匠合一、理论与实践并重的青铜器专家。这段学习经历也启发了贾文忠。"如果将文物修复作为一门专业在学校设立，那老祖宗的传统技艺不就能传承有序了吗？"困扰贾文忠已久的问题终于有了答案，那就是将文物修复搬进大学课堂。贾文忠先生将传统文物修复技术讲进了北京大学考古文博学院、中央民族大学博物馆专业、清华大学艺术品高级研修班，系统地讲授传统文物修复的发展历史和各类文物修复的方法。

贾文忠一边从事教学和实践，一边还对传统修复进行研究和整理工作，先后出了(含合著)《贾文忠谈古玩修复》《古玩保养与修复》《贾文忠谈古玩赝品》《贾文忠谈古玩保养》《贾文忠谈古玩复制》《鉴宝专家——贾文忠说铜器收藏》等专著十余部，论文数十篇、200多万字。贾文忠在30年的时间里，修复各类珍贵文物1200余件，修复后成为国家一级文物的40余件，其高超的修复技艺可见一斑。

《中华手工》2012 年第 9 期

贾文忠：抚平青铜的伤痕

☐ 文/王剑　摄影/陈东

或许你还记得这则曾经轰动一时的新闻：2007 年 1 月，在央视《艺术品投资》栏目和江苏丹阳联合举办的"2007 民间寻宝记"评选"十大宝物"时突然出现了意外状况——一面据称曾经被陈逸飞出价 100 万美元的战国青铜镜在展示时，因为礼仪小姐不小心失手，古镜竟从盒内摔落在地面碎成几片……一时在场众人瞠目结舌，藏品主人更是异常痛心。栏目负责人赶紧表示，将邀请国内最著名的青铜器修复专家尽力修复。

"当时我把古镜从丹阳带回北京，经过一周的修复，终于'破镜重圆'。"时隔数年，贾文忠说起这件当年的往事，依然记忆深刻，这位 51 岁的中国农

伴随收藏大潮，贾文忠与鉴宝紧紧地联系在了一起，其实骨子里依然是那个贾文忠毕生与青铜器为伍的手艺人

业博物馆研究员，中国文物学会文物修复委员会秘书长就是当时被请来"救场"的人。

贾氏文物修复之家

在驳杂的传统技艺行当中，商周时期就已诞生的"青铜器修复技艺"可谓冷门中的冷门，但却又是考古与博物馆事业中不可缺少的一部分。如果没有修复师的"妙手回春"，很多青铜器也就没有机会展示在世人面前。

如同小说中那些高深的武功秘籍一样，青铜器修复这门手艺也有着有趣和传奇的历史传承。贾文忠的技艺来自他的父亲贾玉波，而这一门派的创始人则是一位详细姓名已不可考、江湖人称"歪嘴于"的清宫造办处工匠。这位能工巧匠于1898年出宫后在前门内前府胡同开办修古铜作坊，并收徒传艺。后来的传人，就是赫赫有名的"古铜张"张泰恩，之后是王德山，再然后就是贾文忠的父亲贾玉波。

贾玉波是一位了不起的人物，学艺数十载，手艺精湛，在中华人民共和国成立前就修复过大批古青铜器，中华人民共和国成立后成为新中国第一代青铜器修复专家，参加过国宝重器司母戊方鼎、马踏飞燕和秦兵马俑的修复、复制工作，经他之手的青铜器和其他文物现藏于世界各大博物馆中。受到他的影响，贾氏一家都精通青铜器的修复，行里称"贾氏文物修复之家"。贾文忠就是其中的佼佼者之一。

在中国农业博物馆藏品楼办公室里，贾文忠对我们娓娓道来："青铜器修复是一个和作诗一样，'功夫在诗外'的技艺。绘画、篆刻、色彩，乃至相关的历史知识，都要会，要精通。"这也难怪，青铜文物年代各异，纹饰多样，造型复杂，再加上光阴荏苒可能还有部分缺失，要想修复得完美无缺不仅仅是对修复师美术、修复功底的考验，对其文化素养也要求极高，修复者需要十分了解各个历史时期的青铜器知识，掌握其特点，才能最终完成修复。

贾文忠从六七岁就开始画画，刻图章，很小就在父亲身边耳濡目染。父亲的口传身授，再加上自己的勤奋好学，让他渐渐掌握了父亲的真传。后来他到北京文物局工作，在青铜修复组接触到很多珍贵文物，并受到了很多名师的指点。"这对我帮助很大。"贾文忠渐渐在工作中积累下了丰富的修复经验，技艺也日趋精湛。

让国宝重生

除了文章开头提到的修复摔碎的古铜镜之外，修复三门峡西周虢国墓地出土的青铜器文物和江西新干县出土的商代青铜器文物是贾文忠青铜器修复不得不提的两件大事，尤其是被称为当年十大考古发现的三门峡西周虢国墓青铜编钟，更是对贾文忠的巨大考验。

由于已沉睡地下千年之久，这套珍贵的虢国墓青铜编钟出土时已经千疮百孔，锈迹斑斑，要让其恢复原状异常困难，再加上还要重现编钟的原始发声，那就更是难上加难。为了摸索编钟的发声原理，贾文忠专门拜师学习，最后终于找到了解决的方法。

"编钟碎了后敲出的声音跟破锣一样，如果用胶粘，它的声音不脆、发闷。只能在热温情况下用另一种金属严密焊在一起，让它中间没有一点缝隙，这样还能回到原来的声音。"经过深思熟虑和多次比较，贾文忠终于找到了办法。"最好的方法就是锡焊法，不会对编钟产生破坏，又能重现编钟最初的声音。"话虽简单，但操作起来无疑是一个艰苦的过程，最终，贾文忠完成了这一浩大而又重要的工程——不仅仅让编钟恢复原貌，更让这套珍贵的编钟，在诞生上千年后的今天，能发出与当初一样悦耳的声音。

普通文物最难修复

修复一件青铜器过程相当复杂，青铜文物大多年代久远，长埋于地下，被泥沙层层包裹，有的部分会腐蚀，甚至会严重变形，碎成很多块的不在少数。因此青铜器修复工作第一步就是拼对，像做拼图游戏一样将碎片大致拼出个完整的形状；其次是清洗，即拿清水将青铜器表面的杂质去除掉，如果洗不掉就用刀子或是刻字笔之类的电动工具挫掉，另外还要用弱酸溶解去锈；接下来对变形的地方还需要整形，用捶打、顶压、撬扳等方法复原形状。以上这些准备妥当之后，就要开始挫焊口，进行焊接。

据贾文忠介绍，损毁严重的青铜器还需要补配，用铜、锡或者树脂材料补齐缺失的部分，有时还需要在补配的部分雕刻和原物一样的花纹；然后是打腻子，上色和做锈，做出和原来一样的腐蚀生锈的效果。

发展到今天，修复青铜器的工具除了锉刀、量具等传统工具，一些新技术也被引入了这门古老的技艺，比如焊接用的电烙铁，和用来清除杂质的牙科大夫用的洁牙机，等等。修复青铜器所花的时间也因物品品相而定，少则五六天、多则数月不等。

"每一道工序都很难，每一道也都要做好，否则下一步就进行不下去。"几十年来，贾文忠修复过的青铜文物已不下千件，其中被称为"国宝"的不在少数，但他并不以为意。"大家可能有个误区，认为修复国宝级的青铜器是最高境界。其实国宝级的文物是最容易修的，因为它们通常保存得很完好，稍微有磕碰的地方也容易修复。最难的其实是普通文物，碎成100多片的都有，这才需要高超的手段。"

"捡漏儿"不靠谱

近些年来的收藏热让贾文忠也"火"了一把，作为央视"鉴宝"栏目的专家顾问，他多次到全国各地品鉴当地的民间宝物，所到之处都受到藏宝人的热烈欢迎。

"不过总是伪多真少。"贾文忠还记得有一次在北京潘家园旧货市场进行鉴宝，上千名收藏者递交了3000多件藏品上来，结果最后发现只有几件是真的，所占的比例微乎其微。

"捡漏儿不是件靠谱的事儿。"贾文忠说，好多民间收藏爱好者热衷于"捡漏儿"，认为电视剧、电影经常演的那种一跤跌得个大元宝的事也能发生在自己身上。实际上，在当下"捡漏儿"的结果往往就是上当。有一次他在浙江鉴宝时就见到过一个民间收藏者，兴冲冲地拿了个"战国青铜鼎"来鉴定，贾文忠看了下，一问，被告知是花了6万元买来的。"其实那是个赝品，现代人仿制的，如果是真品的话，单价起码在10万元以上。遇到这样买到赝品假货的情况，也只能当自己交学费了。"而这样想"捡漏儿"却买到赝品的例子在贾文忠这些年鉴宝的过程中可谓屡见不鲜。

当然，民间的藏品也不乏珍品，在眼花缭乱的各路赝品中鉴得少数珍品，对收藏者和鉴定者来说都是一桩美事。贾文忠还记得一位叫叔大生的民间收藏者拿了个铜鼎到"鉴宝"栏目，这件铜鼎来得可谓传奇，是当年叔大生的祖父母搭救了一位落难的客商，后来客商为了报答就把这个铜鼎送给了两位老人家。

"经鉴定那是一个清中期制成的铜鼎，有些仿商周时期的铜器，但又有自己的特点。像这种就不能跟赝品等同，青铜器的仿制从宋代就开始了，比如有宋仿、明仿、清仿等，像这个鼎就有自己朝代的特点，也很有收藏价值。"最后贾文忠为这个鼎给出了11万元人民币的参考估价。

"做文物修复的修复师看这些古物眼睛很'毒'，有时比鉴定专家看得还准。"贾文忠这样说道。文物的修复和复制可以说是一套技术，目的都是恢复原貌，让人看不出有修复或是新造的痕迹。"这些年赏鉴了很多民间藏品，可以说，现在一些赝品的制作技术十分'高超'，甚至有时骗过专家的眼睛，达到以假乱真的地步。"说到这里，贾文忠呵呵一笑。"但在修复师眼里，因为熟知修复的整套工序，所以往往能发现其中的蛛丝马迹，从而辨认出真假。"

"先看型、后看花，拿在手里看底下；紧睁眼、慢开口；铭文要细查，锈斑、地子是关卡。"贾文忠告诉了我们一个口诀，"这是老前辈们总结出来的。"赏鉴青铜器要注意很多细节之处，比如铭文的款式、锈质、氧化层等。"这几年走南闯北到各地鉴宝也是个'学习'的过程，看看现在造假又有什么'新技术'。"贾文忠说，知己知彼，才能辨伪存真。

从业30多年，为了将青铜器修复这一传统技艺发扬光大，贾文忠曾多次举办各类青铜器、古陶瓷鉴定和修复培训班，相关著作也出版了多本。他的儿子贾树也受其影响进入了文物修复的行当，继续将"贾氏文物修复之家"发扬光大。

全形拓技艺

除了青铜器修复与鉴定，贾文忠还精通全形拓技艺。这门技艺又称立体拓、器物拓、图形拓，是一种以墨拓技法完成，要求拓技者具备熟悉素描、绘画、裱拓、剪纸等技法，把器物原貌转移到平面拓纸上的一种特殊技艺。

在20世纪初，照相技术还没有出现之前，人们要想欣赏和描述青铜器型制与纹饰，所采取的手段之一，就是以墨传拓青铜器全形。即使在照相技术发达的今天，青铜器的线图仍广为采用。全形拓这种费时费工的纯手工技术，师傅难寻，传承不易，逐渐成了稀罕而珍贵的艺术品。

贾文忠师从全形拓高人傅大卣，颇得其真传。他创作了上百幅青铜器全形拓作品，其中"西周伯矩鬲全形拓"被选为赠送给法国前总统希拉克的礼物。

贾文忠与师兄马国庆（左）、傅万里（右）研讨青铜器全形拓片

《中国日报》CHINA DAILY 2017 年 7 月 10 日

Preserved on Paper

□ Liu Xiangrui

An ongoing exhibition shines light on whole-shape rubbings, a technique which creates a three-dimensional effect to show an item's shape and details on it. Liu Xiangrui reports.

More than 60 rubbings of ancient bronze ware and other relics by Jia Wenzhong, an expert on bronze ware identification and relic repairs, are on display at Prince Kung's Mansion in Beijing.

Unlike regular rubbings that only represent the surface of relics from one side, the rubbings by Jia are whole-shape rubbings, a technique that was developed nearly 200 years ago, which creates a three-dimensional effect to show an item's shape and details on its surface.

The technique used to be very popular before photography was introduced into China and was used in epigraphy, the study of inscriptions.

"For people back then who were interested in epigraphy, they usually studied the relics through paintings and rubbings. Rubbings were much more accurate than paintings, so some experts believe that without rubbings there would be no epigraphy," says Jia.

The traditional technique is still widely used and plays an important part in archaeology, the 56-year-old adds. Jia was born into a family in Beijing that for generations was devoted to repairing cultural artifacts, especially bronze ware, and he mastered the skills to create whole shape rubbings during his long relic repair career.

Among the pieces on display in the exhibition are rubbings of famous bronze pieces such as the Boju li, an ancient three-legged bronze vessel used for sacrifices that was unearthed in Beijing in 1974, but which dates back to the Western Zhou Dynasty (c.11th century – 771 BC).

The Boju li rubbing, which is regarded as one of Jia's representational works, was given to former French president Jacques Chirac as a present by China in 2011.

Although he had worked on many important bronze pieces before, Jia says, it was still a great honor for him to have a chance to do a rubbing of the Boju Ge, which is a national treasure.

To make a rubbing, he carefully measures the bronze ware and chooses the best angle to present the piece on paper. He makes line drawings of its different parts, using a special kind of paper, and these are then separately laid on different parts of the item to be rubbed. Then the rubbing, which involves several steps, is carefully done to capture the patterns in ink. The papers bearing the patterns are finally pieced together on a sheet of paper to complete the whole-shape rubbing.

"It took me a whole week of careful work to complete the Boju Ge piece," he recalls.

The exhibition is in three parts: Jia's whole-shape rubbing technique, his rubbings of bronze ware themed on zodiac animals, and an introduction to his family's contribution to epigraphy.

The exhibition runs till July 17.

Jia has been involved in cultural relics repair work since the late 1970s, and has made significant contributions to the inheritance and promotion of the traditional whole-shape rubbing technique.

Currently Jia is making efforts to pass on the old technique to students who major in cultural relics' protection and scientific archaeology at Beijing Union University.

"Now I have two master's students who are studying whole-shape rubbing," says Jia, adding that he is preparing to apply for the craft to become national intangible cultural heritage.

20 Monday, July 10, 2017

LIFE

CHINA DAILY » CHINADAILY.COM.CN/LIFE

Jia Wenzhong shows his rubbings of ancient bronze ware and other relics at an exhibition in Beijing's Prince Kung's Mansion. PHOTOS PROVIDED TO CHINA DAILY

PRESERVED ON PAPER

An ongoing exhibition shines light on whole-shape rubbings, a technique which creates a three-dimensional effect to show an item's shape and details on it. **Liu Xiangrui** reports.

More than 60 rubbings of ancient bronze ware and other relics by Jia Wenzhong, an expert on bronze ware identification and relic repairs, are on display at Prince Kung's Mansion in Beijing.

Unlike regular rubbings that only represent the surface of relics from one side, the rubbings by Jia are whole-shape rubbings, a technique that was developed nearly 200 years ago, which creates a three-dimensional effect to show an item's shape and details on its surface.

The technique used to be very popular before photography was introduced into China and was used in epigraphy, the study of inscriptions.

"For people back then who were interested in epigraphy, they usually studied the relics through paintings and rubbings. Rubbings were much more accurate than paintings, so some experts believe that without rubbings there would be no epigraphy," says Jia.

The traditional technique is still widely used and plays an important part in archaeology, the 56-year-old adds.

Jia was born into a family in Beijing that for generations was devoted to repairing cultural artifacts, especially bronze ware, and he mastered the skills to create whole-shape rubbings during his long relic repair career.

Among the pieces on display in the exhibition are rubbings of famous bronze pieces such as the Boju Ge, an ancient three-legged bronze vessel used for sacrifices that was unearthed in Beijing in 1976, but which dates back to the Western Zhou Dynasty (c.11th century-771 BC).

The Boju Ge rubbing, which is regarded as one of Jia's representational works, was given to former French president Jacques Chirac as a present by China in 2011.

Although he had worked on many important bronze pieces before, Jia says, it was still a great honor for him to have a chance to do a rubbing of the Boju Ge, which is a national treasure.

To make a rubbing, he carefully measures the bronze ware and chooses the best angle to present the piece on paper. He makes line drawings of its different parts, using a special kind of paper, and these are then separately laid on different parts of the item to be rubbed. Then the rubbing, which involves several steps, is carefully done to capture the patterns in ink. The papers bearing the patterns are finally pieced together on a sheet of paper to complete the whole-shape rubbing.

"It took me a whole week of careful work to complete the Boju Ge piece," he recalls.

The exhibition is in three parts: Jia's whole-shape rubbing technique, his rubbings of bronze ware themed on zodiac animals, and an introduction to his family's contribution to epigraphy.

The exhibition runs till July 17.

Jia has been involved in cultural relics repair work since the late 1970s, and has made significant contributions to the inheritance and promotion of the traditional whole-shape rubbing technique.

Currently Jia is making efforts to pass on the old technique to students who major in cultural relics' protection and scientific archaeology at Beijing Union University.

"Now I have two master's students who are studying whole-shape rubbing," says Jia, adding that he is preparing to apply for the craft to become national intangible cultural heritage.

Contact the writer at liuxiangrui@chinadaily.com.cn

Jia's rubbings demonstrate a technique which was very popular before photography was introduced in China.

《中国日报》新闻报道

Really Getting The Whole Rub

Liu Xiangrui

To demonstrate the charm of traditional whole-shape rubbings, Jia Wenzhong, a 57-year-old expert on ancient-bronzeware identification and relic repair, has brought his latest rubbings and calligraphy works to be displayed at the Dehe Garden in the Summer Palace, a heritage site in Beijing.

The exhibition, co-sponsored by the Summer Palace Administration Office and the China Agricultural Museum, opened on Dec 18 and will run for three months through the end of the Spring Festival holiday.

Unlike regular rubbings that only represent the surface of relics from one side, Jia's works are whole-shape rubbings. The technique developed nearly 200 years ago creates a three-dimensional effect to show an item's shape as well as the details on its surface.

Jia Wenzhong works on a whole-shape rubbing of a bronze wine vessel from the Shang Dynasty (c.16th century-11th century BC)

The technique was widely used in epigraphy, the study of inscriptions, before photography was introduced in China.

"Ink rubbing is an important invention of ancient Chinese people, and its popularity played a crucial role in the development of epigraphy," Jia explains.

"Whole-shape rubbing is the most advanced version of the technique and used to be the only method that allowed people to see the complete shell and details of the object."

After the emergence of modern technologies, most notably photography, ink rubbing has become less popular. But it's still applied in archaeological work, especially in the recording and research of bronzeware, oracle bones and stone carvings.

This exhibition includes more than 50 pieces of Jia's whole-shape rubbings and calligraphy works, which are based on a diverse range of relics, from bronze utensils and mirrors to ancient tiles and bricks.

Most of them bear auspicious subjects, such as a "pig delivering good luck" to celebrate the upcoming Year of the Pig and Han Dynasty (206 BC–AD 220) tiles with lucky patterns.

Many of the works are recently created, including rubbings of six pieces of bronzeware selected from the Summer Palace's collection.

According to Li Guoding, head of the Summer Palace Administration Office, the organization has a rich collection of ancient bronze relics, most of which were acquired by members of the Qing Dynasty (1644–1911) royal family. Of the aforementioned six bronze pieces, two are national first-grade and four are second-grade cultural relics. All are representative of the entire collection.

Two of the relics, a round-mouthed food vessel and a square caldron-both dating back to the Shang Dynasty (c.16th century–11th century BC)—are exhibited alongside Jia's rubbings.

The six rubbings will be donated to the Summer Palace as permanent-collection items.

"The exhibition can enrich the content of the cultural tour we designed for the Summer Palace and provides visitors with good cultural-tourism options during the New Year and Spring Festival," says Li.

Jia's art, which belongs to the category of intangible cultural heritage but combines painting or inscriptions by other artists, can fully show the richness of traditional culture, Li says.

Jia, a native of Beijing, was born into a family that has a long tradition in relic repair. He has been involved in restoration since the late 1970s, working at organizations including the Beijing Bureau of Cultural Heritage, the Capital Museum and the China Agricultural Museum.

Jia's whole-shape rubbings have evolved thanks to his rich experience in bronzeware restoration. He absorbed the experience of his predecessors and explored new techniques to form his own unique methods, which allow him to present accurate shapes, clear details and realistic effects.

His rubbing of the Boju Ge, which is regarded as one of Jia's representative works, was given to former French president Jacques Chirac as a present by China in 2011.

Boju Ge is an ancient three-legged bronze vessel used for sacrifices that was unearthed in Beijing in 1974 that dates to the Western Zhou Dynasty (c.11th century–771 BC).

In recent years, Jia has also been devoted to the inheritance and promotion of whole-shape rubbing, including training younger generations to perform the almost-lost technique.

《北京晚报》2016年5月1日

北京工匠老北京"古铜张"派第四代传人贾文忠

□ 文 / 牛伟坤　摄影 / 安旭东

2016年5月1日，顶着文物世家"光环"成长起来的贾文忠，这半辈子似乎一直泡在文物堆儿里，每天打交道最多的都是几千年前的老玩意儿。但他自己却并不是个老古董，常把"与时俱进"挂在嘴边，也落实在行动上：出书、教课、推出接地气的生肖拓片……他以新潮的方式坚守着"修复"这一古老行业，让其在新的时代里焕发新生。

修复作品"天衣无缝"

17岁中学毕业进入北京文物局修复工厂工作，对贾文忠来说似乎是顺理成章的选择。而当时"跟古董打交道"这个职业并不被周围的人看好，以售票员、驾驶员、邮递员为代表的"八大员"才是社会上吃香的工作，甚至有同学直言："你怎么干那事儿呢，真看不起你。"不过，对别人的这些"直言不讳"倒是没怎么放在心上，"这就是我的兴趣所在，你说有什么办法打开手电筒，光线穿过薄薄的玻璃板打在墙上，各种青铜器便投射出迷人的剪影，这个是鼎，那个是鬲……"在这光影里从小在文物修复师傅身边长大的贾文忠，很快开始崭露头角。21岁就接下了修复北京孔庙九块皇帝御书大匾的重担。1990年，参加了江西新干大洋洲出土文物的修复。这批出土文物数量大、品种多、造型奇、铸造精、纹饰美，在江南属首次发现。然而，里面很多文物破损严重，将他们恢复到"完美如初"需要的是极高超的技艺。其中一件"商代兽面纹卧虎立耳铜方鼎"至今依然是他的得意之作。"这个鼎出土的时候泡在沙子里，碎成了十几片，有的地方严重变形，有的地方还出现了缺损。"这是贾文忠接受的关于青铜器的最初启蒙。

少年时期的贾文忠有着与同龄孩子不一样的嗜好，历史博物馆（今国家博物馆）的一层文物修复室、中国科学院考古所的修复室都成了他消遣课余时间的乐园。"考古所的修复室里有几个外地的单身师傅，每天干活儿干到很晚。我夏天没事儿干的时候，就会跑到修复室里，在一旁看着，有时候也打打下手。到了晚上11点再从美术馆站赶末班车回家，有段时间天天如此。"回忆起当年的"打小工"岁月，贾文忠来了兴致。贾文忠回忆说，当年有一个师傅是复原头盖骨的，满屋子都是骷髅，师傅通过在上面贴橡皮泥，试图还原出头盖骨主人生前的模样，"颧骨有多高，面部肌肉有多厚，这些细节都能还原出来"。这种"见证奇迹"的时刻，而10岁就能翻模子的贾文忠，无疑也成为修复室师傅们得力的小帮手。

一张薄纸片成国礼

2011年国家文物局赴法国进行交流活动，选择什么礼物成了困扰访问团的难题。千挑万选之后，胜出的居然是一张薄薄的纸片。送给法国前总统希拉克之后，这张"纸片"成了法国总统的心头好。这"纸片"就出自贾文忠之手，是首都博物馆镇馆之宝"青铜器伯矩鬲"的全形拓片。原来，法国前总统希拉克热爱中国青铜器，每次来中国访问都到博物馆看青铜器展览。这张全形拓片正是"投其所好"。

全形拓，又称立体拓、器物拓、图形拓，是一种以墨拓为主要手段，辅以线描、绘画等技法，把器物原貌复制到纸上的技艺。全形拓的对象往往是较为珍贵的艺术品，以青铜器为主，也有为紫砂器做全形拓的，但数量不多。

全形拓作品就如同器物的影像，在近代照相技术未普及之前，它是保存器物影像的一种有效方法。特别是有些传世物，原器遗失，只有全形拓保留下来，这些拓本就更为重要了。一幅完整的全形拓作品，以器物图形为中心，往往还配有名家题跋，使书画合璧，相得益彰。

近年来对全形拓的投身,对于贾文忠来说,似乎是顺理成章的事情。长期在文物系统工作,修复和过手的青铜器数以千计;多年来,他又先后拜胡爽庵、康殷(大康)、傅大卣、程常新、马宝山、魏隐儒、赵存义等为师,学习金石篆刻、书画、鉴定知识,他开始逐渐接触到"全形拓"这一古老技艺。贾文忠慢慢发现,中华人民共和国成立以来,全形拓技术虽有传承,但作品日渐稀少。主要原因是重要青铜器多收归馆藏,一般拓工很难接触,再加上工艺复杂,技术难度大,因而少人问津。而这些难处,对于贾文忠来说,恰恰是得天独厚的优势——贾文忠把传承全形拓当成了自己义不容辞的责任。

从2007年起,贾文忠开始推出全形拓生肖系列作品,让全形拓这门古老的技艺成为能够走进普通大众生活中的艺术品。"希望这样可以拉近普通民众与古老技艺的距离,也不失为一种传承方式的尝试。"

贾文忠修复工作照

30 年修复珍贵文物 1200 余件

贾文忠，长于文物世家，老北京"古铜张"派第四代传人。是新中国第一代文物修复专家，曾参与修复了著名的后母戊鼎、四羊方尊、秦兵马俑等大批珍贵文物。从小捏着胶泥、修着石膏模子长大的贾文忠，在父亲的耳濡目染之下，正式传承了"文物医生"的衣钵，进入北京市文物局文物修复工厂工作。二十出头就曾接下大任，负责修复了北京孔庙九块皇帝御书大匾。此后，又参与江西新干大洋洲出土商代青铜器、河南三门峡西周虢国墓地西周青铜器以及浙川下寺出土的楚国青铜器修复等国家级考古工程。30 余年间，贾文忠修复各类珍贵文物 1200 余件，修复后成为国家一级文物的就有上百件之多。

现任中国农业博物馆研究馆员的贾文忠，除了修复青铜器，还作画、刻图章、写书法、做鉴定，以一个"多面手"的修养精进着自己的手艺。不过，他更多的精力还是投入了全形拓的传承和保护上。作为在近代照相技术未普及之前保存器物影像的一种有效方法，全形拓目前面临着绝迹风险。贾文忠正在推动全形拓的申遗之路上四处奔走着。

感悟做工匠，就要一条路走到黑

在贾文忠看来，做工匠就要有"一条路走到黑"的勇气和坚持。但这种坚持并不是"墨守成规"，而是要"与时俱进"，在充分了解社会发展的基础上，给传统的技艺注入新的活力。同样的，这种"与时俱进"也不是"技术的全盘现代化"，而是辅助工具的革新。工匠本人也需要随着时代的发展不断革新自己的知识结构和艺术水平。但是无论如何的"与时俱进"，精益求精将是工匠们所追求的永恒的最高准则。

《北京晚报》2018 年 6 月 13 日

画中金石

□ 杨昌平

因工作原因，笔者接触过一些拓片，比如汉画像石的拓片。据说民间有人专门收购汉画像砖，然后大量制作拓片出售。

拓片就是将宣纸蒙在器物表面用墨拓印来记录花纹和文字，数量、内容之丰富可谓包罗万象，如甲骨青铜、碑刻墓志、摩崖造像、钱币画像等。拓片有极大的研究、欣赏和收藏价值，但在大众看来，还是略显单调。比如色彩一般是黑色，图案就是古代器具、碑刻等。上周去拜访我国青铜器修复鉴定专家、全形拓传承人贾文忠，才发现贾先生另辟蹊径，把拓片与禅意画相结合，丰富了拓片的艺术形式，给人耳目一新的感觉。

在贾先生的工作室，笔者看到一幅题为《邀月》的画作，上方是唐代文物月宫镜的拓片，下方则是诗仙李白手持酒杯，抬头望月。月宫镜纹饰凸雕月宫图，中央为枝繁叶茂的桂树，树干中部隆起镂空为镜钮，一侧为嫦娥振袖起舞，下有蟾蜍做跳跃状，另一侧为玉兔捣药。唐代李商隐《嫦娥》诗云："嫦娥应悔偷灵药，碧海青天夜夜心。"这种工艺精湛的镜子给人"开匣见明月，持照如嫦娥"的感觉。如果只有一面月宫镜，其艺术价值也仅在于让人欣赏唐代制镜工艺之精湛，但把月宫镜当作空中的圆月，再让诗仙李白"出镜"，让人不由得想起"花间一壶酒，独酌无相亲。举杯邀明月，对影成三人"。

"拓片以墨为主，看上去黑乎乎的，太单调。我就琢磨着怎样让拓片'活'起来，尝试着与画结合，尤其是和禅意画相结合，赋予拓片新的意境。"看到笔者驻足观赏《邀月》，贾先生介绍起自己的新思路，我们的谈话就从拓片与禅意画如何相结合开始。

金石融进禅意画的意境

中国农业博物馆的东南角，有一座不起眼的小楼，楼门口没有张贴任何标志，中国农业博物馆的文物研究室就在小楼内，那里是贾文忠先生工作的地方。

贾先生生于北京金石世家，是老北京"古铜张"派第四代传人，从17岁就开始从事文物修复和青铜器鉴定。工作近四十年来，经他手修复的青铜器已经上千件，可以说是这一行里的"大拿"了。青铜器修复和鉴定，听起来就是严肃古板的工作，干这行的应该都是老学究吧？贾先生认为不然，用他的话来说："我就是爱玩，玩的学问太大了，实际真正的大家都是玩出来的，像王世襄老先生，好玩，玩什么都能玩出名堂来。"

当然，从才艺的角度讲，贾先生玩的内容，相当于提高了艺术素养。六七岁时，他爱上了画画，书没怎么好好读，课本边、作业上，画的全是美人头、军官脸。再后来画上了国画，看见报纸上印的画都剪下来存着，模仿着画。为了买点小画片，省下来几分钱的车票钱，他曾从南横街走到王府井。

"小时候我住在琉璃厂附近，我爸晚上经常到附近的文物店或画店打电话。那阵儿，琉璃厂的文物商店都不对外开放。每次打电话，他都会用自行车带上我，他打电话，打完了还和画店值班的老先生聊会儿。我就在画店里看画，那儿挂的都是齐白石、李可染、陈半丁、李苦禅这些大家的画，还有一些有名的碑帖，看见喜欢的就用带的纸照着临摹。"贾先生回忆起自己学习绘画的经过，用他的话来讲，这也是"玩"的过程。后来，他求父亲向那些看店的老先生打了招呼，常常放了学就去看画。"我还记得在1977年时，历史博物馆举办迎春画展，我把临摹的一幅曹克家的画也送去展览，结果还被人买走了，给了我6块钱。那时候我才16岁，甭提多高兴了。"

贾先生的工作室中，有两张大大的工作台，除了各种复制青铜器物的摆件，还卷放着很多全形拓片。闲暇之余，贾先生就琢磨着为一些拓片配上一幅小画，画中古意今趣让人回味无穷。

"像这幅《涅槃》，拓片是北魏时期一个造像的底座，表面只有一些题字，从观赏的角度看是挺难看的。我就琢磨着配上什么画呢？这个底座是佛座，上面有别的东西都不合适，但是让一尊睡佛侧躺在上边，然后周围有一些弟子在拜佛，这张拓片的意境就完全不一样了。"贾先生介绍说，他为拓片所配的画，大多为禅意画，而且每张都是孤品，无法复制，也不能重复，因为"重复就不好玩了"。

他的作品《大汉遗韵》也是如此，画中拓片是他20年前传拓的洛阳汉画像砖，并收藏至今。前些天，他又拿出这张拓片，思考月余，几笔勾勒出三个正在围观砖上内容的文人，赋予这张拓片新的含义。

"我每次画的时间不长，但构思费时，基本上每张拓片的配图都要思考一两个月，争取每件作品都能体现出意境。我这里的拓片都挺珍贵的，有一些原型就是文物，不可能让你随便去传拓。"贾先生说，为拓片配禅意画，是想跳出传统的圈子，让人看着更喜欢。

禅意画是中国画独特的艺术表现形式之一，其笔简意足，意境空阔，清脱纯净，在脱尘境界的简远笔墨开示中，体现了一种不立文字、直指本心的直观简约主义思想和卓而不群的禅境风骨。基于儒，染于禅，归于道，简而能远，淡而有味。贾先生的禅意画正是如此，比如他的作品《童子拜观音》，拓片是观世音菩萨的宝像，贾先生配一双手合十的童子，堪称笔简意足。

伯矩鬲拓片送给法国前总统

在一本《金石永年——贾文忠全形拓》的画册中，第一张图片名为伯矩鬲。伯矩鬲，1974年北京琉璃河251号墓出土，上下铸造大大小小的7个牛头，盖内及颈部内铭文相同，造型精美绝伦，艺术水平高超，形象地反映了商周时期的铸造技术，现作为国宝级文物收藏于首都博物馆。2011年6月，国家文物局委托贾文忠先生为伯矩鬲制作全形拓片，作为礼品赠送给法国前总统希拉克。

全形拓，又称立体拓、器物拓、图形拓，是一种以墨拓为主要手段，辅以线描、绘画、剪纸等技法，把器物原貌复制到纸上的一种技艺。全形拓的对象往往是较为珍贵的艺术品，以青铜器为主，也有为紫砂器做全形拓的，但数量不多。全形拓作品如同器物的影像，在近代照相技术未普及之前，它是保存器物影像的一种有效方法。

"全形拓这门技艺，相传是清朝嘉庆年间的六舟和尚创造的。六舟和尚晚上拿着蜡烛欣赏青铜鼎，看到墙上映出鼎的影像，他灵机一动，先是以灯取形，把原器的尺寸量好画出轮廓，再以厚纸做漏子，用极薄六吉棉连纸扑墨拓之，拓前须先用白芨水以笔刷器上，再用湿棉花上纸，待纸干后，以绸包棉花作扑子拓之，这便是六舟和尚创拓的全形拓。"贾先生介绍说，1921年的时候，北京出现了一个学术研究团体——冰社，取《荀子·劝学》中"冰，水为之，而寒于水"之义。冰社成员每周六考释铭文、鉴别金石。冰社副社长周希丁擅长全形拓，傅大卣先生从周希丁这里继承了传拓绝技，他一生手拓钟鼎、砚、印章、甲骨、玉、陶、铜、石器等数万件。

贾先生17岁参加工作后，就拜傅大卣先生为师。他不但学到了傅先生的篆刻技艺，更将他的各种几乎失传的传拓技术传承了下来。他将学到的技艺融合创新，所拓器物，全形准确、纹饰清晰、铭文规范、笔画有秩，而拓片上器物的阴阳明暗、凹凸远近在似与不似之间又有了传统中国画的古韵。其后，他又拜书法家大康为师，从大康先生处学到了颖拓技艺。那以后，全形拓成了他业余生活的另一种爱好，几十年来从未放下，过手的器物都会想办法拓下来。

法国前总统希拉克酷爱中国青铜器。1997年，希拉克在访华期间参观上海博物馆，时任馆长马承源把《中国青铜器全集》前十四本赠予希拉克。看到书中的一张图片，希拉克脱口而出："这不是二里头文化三期的青铜器吗？"如此专业的提问，令众人惊叹不已。"希拉克在法国建了一个青铜器博物馆，向中国国家文物局发出了邀请，国家文物局就让我到首博，从展柜里取出伯矩鬲，花费一周的时间，用全形拓技术制作了一张拓片，作为礼物送给希拉克。"贾先生感慨道，全形拓技术是他四十年前跟着老师学的，没想到现在基本上没啥人会，这几年又受到重视，他先后传拓了上百种文物。

虽然全形拓技术懂者寥寥，但市面上鱼龙混杂，也有不少所谓的全形拓拓片出售。贾先生介绍说，市面上假的拓片太多了，那些销售者不会全形拓技术，就在电脑上做版，然后打印在纸上。现在全国各地的博物馆都缺少懂全形拓技术的人员，于是，北京联合大学从2017年起招收全形拓技艺传承研究生，贾先生是特聘教授，负责教导学生，以将全形拓技术传承给更多的人。

擅长与青铜器"对话"

上文说了很多贾先生的专长，但是，那些还不是贾先生最擅长的技术。18岁的时候，贾先生就进入北京市文物局，开始从事青铜器的修复工作，至今已近四十年。经他手修复的文物，已有上千件，其中包括几十件国宝级文物。可以说，贾先生最擅长的是修复青铜器。

与全形拓和禅意画不同，青铜器修复技术是贾先生的家传技艺，他的父亲贾玉波是新中国第一代文物修复专家。后母戊鼎、四羊方尊、孔庙御匾……贾玉波一家与这些名字紧紧相连，作为新中国屈指可数的文物修复技术人员，他们唤醒了这些"停靠"在他们身边的"破铜烂牌"，并赋予其新的神韵。

"清宫造办处有一个姓于的师傅，外号'歪嘴于'，他当时在清宫里修铜器，据说清宫里有'八大怪'，修铜器的算一怪。"谈起青铜器修复技术的师承关系，贾文忠先生回忆说，所谓怪，是一种称赞，意指能做到别人做不到的东西。当年"歪嘴于"老往琉璃厂跑，琉璃厂那些做买卖的老板，都积攒着一些坏的青铜器，没人要。"歪嘴于"就对那些老板说："你把坏的青铜器给我，我给修修。"一来二去，买卖越做越大，他收了七个徒弟，开了个万龙合修古铜作坊，专门修复青铜器。"歪嘴于"的七个徒弟把青铜器修复技艺在北京城传开。1937年6月，"歪嘴于"的第三代弟子王德山新收了一个只有13岁的小徒弟，他就是贾文忠的父亲贾玉波。

出师之后，贾玉波在琉璃厂开了个青铜器修复的作坊。他对青铜器修复的热爱和执着，深深地影响了儿子贾文忠。"我从小跟着父亲，天天在那儿学，十几岁就会修复青铜器。小时候，我们家比较穷，买不起玩具，家里人也比较多，七个孩子，九口人，那时候挣钱也不多，买不起玩具，就玩一些小铜器，都是当时父亲修的。现在回想起来，那都是值钱的东西，但当时拿着就当个玩具。就这么着，我从小就爱上了青铜器修复这行。"贾先生介绍说，10 岁的时候，他到考古所的修复室玩，看人家怎么修，还到历史博物馆的修复室学，凡是没课的时候，他都扎在那儿，看人家怎么干活，对这个特上瘾，天天琢磨这些。

中国传统青铜器修复肇始于宋代，古代青铜器的修复是随着金石学的发展而兴起的。修复方法是利用中国传统的锡焊法和铜胎打制法，将残破的青铜器复原，再用胶水调颜料涂抹，外罩一层黄蜡。这些方法传到贾文忠这一代，有了巨大的进步，他说："现代科技给了我们许多帮助，可以借鉴很多仪器，比如牙科上用的洁牙机，就可以用在清锈上，还有一些机械设备，也可以用在修复上。"

1990 年，轰动全国的三门峡西周虢国墓被发现，成为当年国家十大考古发现之一。由于墓穴坍塌、长年埋藏于地下，出土的上千件青铜器的破损程度极其严重，致使相关的文物研究无从下手。1991 年 5 月，文物部门特聘贾文忠参与并指导这批文物的修复。

"青铜器出土一般是十铜九补，意思是十个青铜器有九个都是需要修复的。过去墓葬都是木结构的，木结构的棺室塌陷后，会把铜器给砸坏，还有的虽然没被破坏，但被锈迹包裹，也需要修复。考古队从虢国墓挖掘出一套珍贵的青铜编钟，所以国家文物部门让我去主持修复工作，并带一班徒弟。"贾先生介绍说，那套编钟共八个，是那个时期中国唯一的一套铜甬钟。把八个编钟复原，对贾文忠来说并不困难，难的是如何恢复音色和音高。他从了解编钟的发音方式开始，查阅了大量相关资料。编钟因钟壁厚度的不同，经敲打，可以发出不同的声音。

"修编钟不能用胶粘，因为还要恢复它的声音，所以要焊接，焊接时里边不能有空的地方，要给它焊实，这样发出的声音好。"回忆修复的过程，贾先生表示，青铜里三种金属的组成不一样，要测它的合金成分，含多少锡、多少铅，再按配方把缺的东西补上。如今，这套两千多年前的编钟，在河南省博物馆展出，敲打时依然能发出悦耳的声音。

中国古代的铜器，是我们的祖先对人类物质文明的巨大贡献。虽然从目前的考古资料来看，中国铜器的出现晚于世界上其他一些地方，但是就铜器的使用规模、铸造工艺、造型艺术及品种而言，世界上没有一个地方的铜器可以与中国古代铜器相比。贾先生介绍说："中国青铜器是全世界独有的，中国青铜器的造型，完全是古人对大自然的一种崇拜，比如中国青铜器上有龙，有兽面，有虎等各种图案，但它不是直观的，而是各种变形，这种艺术恰恰是西方国家十八世纪文艺复兴时期所追求的东西。另外，中国青铜器上的铭文也非常重要，因为商周的不少历史要从青铜器上的铭文去得到。比如保利收藏一个簋，上边刻着'禹治水，以德治国'，而且还写着华夏族怎么怎么着，这就证明历史上的大禹治水确有其事，而且有华夏民族的诞生，有这段记载，就能把这段历史给说清楚。"

目前，文物修复队伍与实际需求相差悬殊，而各大博物馆里库存的文物中有不少损坏的。作为文物修复"大拿"、享受国务院政府特殊津贴的专家，贾先生正在筹划举办文物修复培训班，以传承技艺、培养人才，使更多的文物能重现昔日容貌。

《北京日报》2016 年 7 月 12 日

贾文忠：与古人对谈金石

□ 周晓华

"贾文忠，从事文物修复和青铜器鉴定的专家，生于北京金石世家，老北京'古铜张'派第四代传人。"看到这样的介绍，首先在脑中产生的关联词是传奇、是神秘；看了近期关于文物修复的许多报道，又觉得这份工作其实是枯燥、是寂寞。

等接触了，所见所闻却只是日常二字。

贾文忠，现在是中国农业博物馆的研究馆员。他，朝九晚五地上班，中午在单位食堂一碗米饭、一荤一素两个菜是日常；路过农展馆旁一处豪宅，同样不敢问津，闲聊一下调侃几句是日常；至于出土的闻名全国乃至世界的大墓、国宝级的文物、动辄上亿的奇珍异宝，见识多了、修复多了、过手多了，对他不过是日常；儿子贾树也干了这行，在国博从事青铜器修复与保护。打电话来交流业务，父子俩的对谈，外行听不懂几句，在他也还是日常。

从这日常里流出许多故事是平实的。几十年的风雨过往淡淡讲来，如同他的全形墨拓，古朴圆浑，细品，金石韵味悠长。

泡在琉璃厂的年少时光

贾文忠出生在北京市宣武区潘家河沿的一个四合院里。四合院高高的门槛，胡同里的街坊四邻亲善，家家夜不闭户安宁。历史悠久的街巷，会馆就有十多家，不同地域的会馆形成的差异和融合，带出来的人文气息，给他留下了美好温馨的童年记忆。

从潘家河沿搬走后，他还带着孩子常回去看看。只是近些年，随着城市的扩张发展变迁，他念过的小学、读过的中学没了，鳞次栉比的会馆没了，历史悠久的庵呀庙呀也都没了，就连潘家河沿的名字也早就改成了潘家胡同，近两年胡同也拆迁了，"再回去，找不到熟悉的东西了，没什么念想了。"说起旧事，他摇头感慨。

贾家是个大家，五男二女七个孩子，贾文忠排行老六。

父亲贾玉波13岁从河北辛集县来北京琉璃厂，在青铜器修复艺人王德山门下学艺，成为"古铜张"派的第三代传人，更是新中国第一代文物修复专家。贾家的孩子里，六个都从事与文物相关的行业。

孩子多，吃饭的嘴就多。在物资匮乏的20世纪六七十年代，吃的是冻萝卜和棒子面做的菜团子；老大穿了老二穿，补丁摞补丁的旧衣服是家里孩子的日常。虽然是这样不够吃的状态下，玩依然是孩子最惦记的事儿。除了在胡同里藏猫猫、上树掏鸟下河捞鱼，贾文忠有别家孩子没有的玩具，那是父亲在博物馆复制文物时做坏了的小玩意儿，什么小铜佛、小铜锁、没了尾巴的陶马、缺了腿的陶人，都是他把玩的小物件。不上课的时候他也常去中国历史博物馆父亲干活的修复室，看父亲和同事们干活儿，青铜器、陶器的修复，甚至古人头骨的复原，他都饶有兴致地观察，在心里记，回家自己试着做石膏模具。小学的时候，他就会翻模子，自己捏些小泥人、做些小玩意儿，16岁，他已经能做出逼真的铜币、牛尊这样的文物仿制品了。

六七岁时，他爱上了画画，书没怎么好好读，课本边、作业上，画的全是美人头、军官脸。再后来画上了国画，看见报纸上印的画都剪下来存着，模仿着画。为了买点小画片，省下来几分钱的车票钱，他曾从南横街走到王府井。

9岁时他开始用宣纸画画了，一画就入迷，常常忘了吃饭，忘了睡觉。

"我记得，我爸晚上有时候会去琉璃厂的文物店或画店打电话。那阵儿，琉璃厂的文物商店都不对外开放。每次打电话，他都会用自行车带上我去，他打电话，打完了还和画店值班的老先生聊会儿天。我就在画店里看画，那儿挂的都是齐白石、李可染、陈半丁、李苦禅这些大家的画，还有一些有名的碑帖，看见喜欢的就用带的纸照着临摹。"

后来，他求父亲和琉璃厂那些画店文物店看门的打招呼走个后门，常常放学吃完饭就去看画。因为机会来得不容易，他格外珍惜，看得用心，记得用心。

"1977 年，中国历史博物馆外宾部举办一个迎春画展，我正学习临摹曹克家的画，就把临摹的一幅小猫的画也送去展览，结果还被人买走了，给了我 6 块钱。那心里，甭提多高兴了。"这以后，他画画的兴趣更浓了，加上家附近又建立了一家裱画厂，看画更方便了。他看名画，不断临摹，又把画好的画放在琉璃厂，卖几块钱去换笔墨纸砚，再画更多的画。

年少的时光就这样过去了。

清退抄家文物，结识大批前辈大家

贾文忠上学的时候，实行的是十年制的教育，小学五年，中学五年。17 岁，他高中毕业了，那是 1978 年。虽说已经恢复了高考，可这十年，学农学工学商，除了语录背得好，文化课基本荒废了，考大学不现实，只有就业了。

那时候，售货员、服务员、理发员、驾驶员、邮递员、炊事员等职业被称为"八大员"，是许多人眼中的肥缺，家里没有过硬的关系没法干上这几行。

"1978 年，北京文物局成立一个文物复制工厂，这等于把文物局原来一个文物修复组扩建成一个厂，正好招人，我就参加了考试。复制青铜器呀陶器呀我熟悉呀，去翻了个模子，一下就通过了，去了文物复制厂。"

许是机缘巧合，许是命运安排，17 岁的贾文忠和父亲一样干上了文物修复这一行，成为一名文物修复工。那个年头，文物修复工和木工、电工、泥瓦工一样都是普通工人，远远没有前面说的"八大员"的职业那么风光，更没有现今只要涉及文物鉴定修复的人，人们都要当作专家学者高看一眼的待遇。

"这个工作是幕后的无名英雄。观众去博物馆看见陈列的文物，说多精美多精美的，谁也不知道这玩意儿以前碎成什么样，坏成什么样，谁也不会问它是谁修好的。搞摄影的还能在作品上落个名儿，修复是没有名儿的。"

虽然进了个并不被看好的行业，每月只有 16 元的工资，贾文忠却从工作起就抱定了踏踏实实干活的心。因为父亲给他讲得最多的话是：做一件事得把它做好，手艺人，把手艺做好，才能有好饭碗。

贾文忠进到文物局的那年，"文化大革命"结束没多久。他主要做的事，是复制各种青铜器陶器，清退抄家文物，仅他翻制历代铜镜的石膏模具就达上百件之多。父亲教他的东西开始大量用于实践。"虽说主要做复制，但对我来说，更多的收获是通过这个工作，亲眼看见、亲手摸到了大量的珍贵文物，同时结识了大批行业里的前辈大家：搞书画碑帖的李梦东、傅大卣、马宝山；搞瓷器的孟宪武、常镜涵、孙学海；搞书画的赵存义、刘云普；搞古籍的魏隐儒、张金榜……他们都在当时的文物局落实组里，做整理库房、清点文物、退还文物的工作。"

工作和休息时间，贾文忠没事就爱和这些老先生待在一起，听他们说古论今，品鉴文物。每一件文物的来龙去脉，收藏传承的背后都有江湖，有人心，有历史的兴衰，更有人性的考量。

十几岁的年龄正是求知欲最强的时候，贾文忠在求知若渴的学习中意识到，修复文物，不能拘泥于一器一物，更不能满足于学会了修复的技艺流程，"做这行，要成为多面手，各行业的东西都要能借鉴到修复里。要是单纯为了修复而修复，那就把这事儿做死了。"因为父亲那辈就和这些老先生多有相识相交，加上他敏而好学，老先生们很愿意把自己的所学授于这个年轻人。书法、绘画、篆刻、碑拓、装裱，贾文忠有机会就留心学习。仅从篆刻说，在那几年里他就刻了上千方印。"我那时候临摹汉印，书法也得学，没有书法功底，章也刻不好。我从王府井美术服务部买了几块最便宜的青田石、汉寿石，练习刻印，刻完了磨掉、磨了再刻，直到不能用了为止。"

二十出头，修复孔庙大匾

1983年，文物复制厂宣布解散，贾文忠被分配到了首都博物馆。他的所学所记，有了更多的实践机会。

在首博，他参与的第一项大工程就是整理开放孔庙的主殿——大成殿，并按历史原貌恢复大成殿的文物陈列。其中，修复孔庙皇帝御书的九块大匾是刚刚二十出头的他值得记忆的一笔。

这些大匾是当时清朝几位皇上祭孔时为孔庙所题写，有康熙的"万世师表"、雍正的"生民未有"、乾隆的"与天地参"等。这些木质的大匾年久失修，满身尘垢，有些字都已坏失。

木质的大匾不能用水冲洗尘垢，只能用气泵一点点吹掉，然后在破损的地方打腻子，刷佛青地儿，再涂上金粉。最难的修复要数缺损的字了，匾很大，每个字都有一米见方。没有那么大的毛笔，当时主持修复工作的崔宗汉想出一招，用软布代替毛笔蘸墨写出大字，再用腻子将字堆出来。这时，贾文忠所学的书法知识就派上用场了。

虽然主攻的是青铜器修复，但在首都博物馆，铁、木、陶、布、纸、骨、瓷、石，各种材质文物的复制贾文忠都做过。对他而言，可不是想成为行行都通的"万金油"，而是希望触类旁通举一反三，更好地借鉴。"只有见多识广，才能眼高手高。有些东西你在书本上没法学到，每件器物的大小器型结构各不相同，你只有认真琢磨，仔细体会，不断把复制出的东西和真品去对照、改进。在这个过程中，你可以体味到许多无法言说的东西。"

修复虢国墓青铜器

1990 年，轰动全国的三门峡西周虢国墓被发现，成为当年国家十大考古发现之一。由于墓穴坍塌、长年埋藏于地下，出土的上千件青铜器的破损程度极其严重，致使相关的文物研究无从下手。国家文物局、河南省文物研究所和三门峡文物局对此非常重视。1991 年 5 月，文物部门特聘贾文忠参与并指导这批文物的修复。

"有幸亲身参加这种修复工作，是千载难逢的机会。每件文物在我手里最少三五天，长的能有两三个月。每件文物，从上到下、从里到外、从纹饰到铭文都仔仔细细地研究。可以说，每一件修复过的国宝级的文物对我都是一个课题：如何制造的，有什么样的纹饰特点，铭文内容，锈蚀或损坏到什么程度，锈迹色泽，出土时的情况。我不是把这当作一件单纯的手艺活儿去完成的。"

虢国墓出土的青铜器有上千件，其中最有价值的是那套君王编钟。这是迄今发现的西周晚期最珍贵的一套编钟，共 8 件，总重 146.75 千克，形制为合瓦形，每个上面都有铭文，4 个大的均为 51 个字。出土时，这些编钟有不同程度的破损，钟身锈蚀严重。

经过极其繁复的程序，清洗、除锈、整形、焊接、补配、錾花、做锈……贾文忠恢复了这套编钟的旧貌。1992 年，这套编钟以崭新面貌参加了故宫举办的文物精华展，当参观者听到编钟奏出来美妙音乐，赞叹古人的智慧和艺术成就时，怕不会有人想到修复它们的背后，有人耗费了怎样的精力体力，又掌握着怎样高超的技艺。

文物修复是中国的一门传统技术，自有文物的概念起，这门手艺就相伴而生。"我们的前辈在文物修复上有着很多高超的传统技艺，但是一直走的都是口手相传的老路，留下文字的东西不多，有实践经验却缺少理论的总结。我从参加工作起，就特别注意在这方面下功夫。"

经过大量的实践，贾文忠在整理父辈留下来的丰富经验的基础上，不断总结并上升到理论高度，先后出版了著作（含合著）《文物修复与复制》《贾文忠谈古玩修复》《古玩保养与修复》《贾文忠谈古玩赝品》《贾文忠谈古玩保养》《贾文忠谈古玩复制》《贾文忠说铜器收藏》等二十余部专著。同时，他由理论到实践的脚步也一直也没有停止。

"其实做这个工作的最高境界，是和古人沟通——在拿到一个真品的时候，琢磨那个时代铸造这个器物的人，他当时的条件是什么样的，他是怎么想的怎么做的。你用文化的艺术的眼光和他在交流，这样你修复出来的东西，才不仅是表面的完整，而是具有了器物的神韵。"

"真正的大家都是玩出来的"

近十年，在做文物修复的同时，贾文忠把研究的重点转移到了制作青铜器全形拓拓片上。

全形拓是一种以墨拓作为主要手段，辅助以素描、剪纸等技术，将青铜器的立体形状复制表现在纸面上的特殊传拓技法。学到这种传拓技艺，源于他对书法和篆刻的爱好。

17岁，贾文忠参加工作后，曾拜金石大家傅大卣为师。傅大卣精于鉴别金石书画，尤擅治印、刻砚，最拿手的"金石传拓技术"在中国首屈一指，他的每张拓片都是难得的艺术品。学徒的几年里，刻苦好学的贾文忠不但学到了傅先生的篆刻技艺，更将他的各种几乎失传的传拓技术传承了下来。其后，他又拜书法家大康为师，从大康先生处学到了颖拓技艺。那以后，全形拓成了他业余生活的另一种爱好，几十年来从未放下，过手的器物都会想办法拓下来。在不断摸索的过程中，他将学到的技艺融合创新，所拓器物，全形准确、纹饰清晰、铭文规范、笔画有秩，而拓片上器物的阴阳明暗、凹凸远近在似与不似之间又有了传统中国画的古韵。

最近，贾文忠正拟将全形拓技艺申报为国家非物质文化遗产。

喜欢钻研、做事认真的贾文忠在文物修复文物鉴定上从来一丝不苟，生活中却也是好玩之人。秋斗蟋蟀、冬怀鸣虫、鞲鹰逐兔、挈狗捉獾、养鸽玩哨、"玩物成家"的王世襄，是他极仰慕的大家："玩的学问太大了，实际真正的大家都是玩出来的，像王世襄老先生，好玩，玩什么都玩出名堂来。"

早在二十年前，贾文忠就曾把附近挖电缆沟时翻出的一层胶泥捡回来，堆在院里，冻一冬天，晒一夏天，去掉泥性后再澄浆，得到了上好的澄浆泥。拉坯、晾晒、入窑，他做出了仿赵子玉和万里张式样的蛐蛐罐，送给王世襄先生鉴赏。

如今，他更是常常想去乡下租个小院，闲时当个农夫，侍弄花草苗木。三五团圆月，约上几个好友，持螯把酒，谈天讲地，才是惬意。

走进他的工作室，两张大大的工作台上，除了各种复制青铜器物的摆件，还卷放着很多全形拓片。他说，曾经拓过几千张铜镜的拓片，闲的时候，慢慢在拓片上配些小画作为自己的课业。在他的解说下一张张翻看，画中古意今趣让人回味。

见一面瑞兽双鸾铜镜的墨拓如圆月悬于画中，月下坐一个宽袍大袖的文人，散淡闲适。想象他在赏玩这古镜拓片、画出胸中镜像时，正有举杯邀古人、对饮谈金石的快意和洒脱吧。

《中国文物报》2019年6月18日

青铜修复名家贾文忠：工艺传承的家族坚守

□ 马怡运

5月的北京，天气渐热，时有凉风和阵雨。中旬的一天，我们跟着导航，从中国农业博物馆的西门进入，穿过一片又一片郁郁葱葱的树林，最终在一座不起眼的小楼前停下，楼门口没有张贴标志，农业博物馆的文物研究室就在小楼内，这里便是贾文忠工作的地方。

贾文忠，字闻钟，号铜斋，出生于北京金石世家，老北京"古铜张"派第四代传人。曾拜康殷、傅大卣、程常新、赵存义、马宝山等名家为师，研习金石篆刻、书画、鉴定，先后在北京市文物局、首都博物馆、中国农业博物馆从事文物修复、保护、鉴定等工作四十载，修复青铜器数千件，其中一级文物近百件。

一杯清茶引出老北京青铜修复历史

贾文忠把我们迎进他的工作室，一边寒暄，一边耐心地刷壶沏茶后，便打开了话匣子。

贾文忠介绍，民国时期，青铜器的修复与复制兴盛，以江苏苏州、山东潍坊、陕西西安、北京等为代表的四个民间青铜修复流派比较著名。古董商们称其复制的青铜器为"苏州造"、"潍县造"、"西安造"和"北京造"。

老北京青铜器修复行业的创始人，是位清宫造办处的太监，姓于，外号"歪嘴于"。"当时的清宫造办处有八位巧匠手艺最高，人称清末'八大怪'。'八大怪'中修复古铜器的一怪就是'歪嘴于'。"清朝末年，"歪嘴于"出了宫，在前门内的前府胡同庙内（今人民大会堂附近）开了个叫"万龙合"的作坊，专门修复古铜器。于师傅先后收了7个徒弟，其中一位叫张泰恩（1880～1958年）。张泰恩在家中行七，在师傅门下也行七，所以大家都叫他"张七"。

于师傅去世后，张泰恩继承了师傅的衣钵，将"万龙合"改名为"万隆和古铜局"，局址仍在前府胡同庙内，主要业务是为琉璃厂古玩商修复青铜器。后来，张泰恩将"万隆和"迁到东晓市，生意兴隆，大批古玩商前来修理青铜器。由于业务繁忙，张泰恩也开始招收徒弟。30年内，"万隆和"共收了11位徒弟，开创了北京"古铜张"派青铜器修复业。

张泰恩的一位高徒是13岁学艺的王德山（1911～1989年，祖籍河北衡水小巨鹿）。"这王德山便是我父亲贾玉波的师父，我的师爷。"王德山的手艺在北京古玩界首屈一指。1927年，王德山出师自立。他不仅能将破损的铜器修理完好，而且能根据不同国家客人的不同喜好，将其做成洋庄货（与外国人做的生意，俗称洋庄生意，与外国人交易的商品俗称为"洋庄货"），如法国庄（多绿漆骨）、英国庄（多绿漆骨）、美国庄（多黑漆骨）等，所以古玩商们手中的铜器大多交给这位北京"古铜张"派的第二代传人——王德山和他的徒弟们修复。

上千张青铜照片述说贾氏世家缘起

贾文忠的父亲贾玉波1923年生于河北束鹿县。1937年，13岁的贾玉波由其姑夫、"通古斋"掌柜乔友声从河北老家带到北京琉璃厂，安排跟随王德山师父学习铜器修复。"大家都认为师爷王德山手艺好，名声大，跟着他学，一定不会饿肚子。"就这样，贾玉波成了民间青铜四派中北京"古铜张"派的第三代嫡传。

由于贾玉波勤奋好学，逐渐掌握了高超的修复技艺，很快就成为王德山最为信任的高徒。那时，凡是经过"通古斋"出售的青铜器都要先交到王德山和其徒弟贾玉波等人手中去锈、整理、修复。"师爷有一个习惯，就是凡是经过他们师徒之手修复过的青铜器都要拍照留存。当时的照相技术是从日本引进的，设备和底片价格都非常昂贵，所以，很多照片都是数件青铜器放在一起合拍。可惜的是，他们只拍摄了修复后的文物，而没有留下文物修复前的原始照。这些照片的数量多达上千张。"世事变迁，很多修复过的青铜器都在中华人民共和国建立前流失海外，如现收藏于美国弗利尔美术馆的青铜人面盉、美国大都会博物馆藏兽面纹方鼎等，唯有这些青铜器老照片被有心人贾玉波精心地收藏并保留了下来，成为那个时代青铜器修复的历史见证，也为后人研究青铜器修复留下了宝贵的历史资料。

贾玉波不仅精于修复铜器、金银器、陶瓷器、石器，而且对翻模、铸造、錾刻、鎏金、错银等工艺也样样精通。40年代初，学成自立后，贾玉波一直为琉璃厂的古玩铺修复青铜器。1947年，贾玉波参加革命，并以修复古铜器为掩护，为北平南城地下党收集和传递情报，中华人民共和国成立初期进入北京市军管会工作，后被派到北京市粮食局任加工科科长。1959年，刚刚落成的北京十大建筑之一的中国历史博物馆和中国革命博物馆，为满足陈列展出需求，急需大批文物修复工作者对众多文物进行修理、复制。在有关方面邀请和师父召唤下，贾玉波辞去了粮食局的干部职务，加入美术公司，重操旧业干起了文物修复工作。"父亲那晚一宿没睡，在粮食局算国家干部。文物修复，说得再好听，也是一工人，但是最终父亲还是选择了文物修复。"

从20世纪50年代末到"文化大革命"后期，贾玉波一直为中国历史博物馆（现中国国家博物馆前身）"中国通史陈列"修复、复制文物。他将现代科技运用到文物保护和修复中。他最早把橡胶、搪塑、乳胶模具翻制技术应用于传统文物修复和复制技艺，又成功研究出电解铜制作铜模具技术、化学做旧技术、电镀金技术、无氰电镀技术，这些技术至今仍在文物修复和复制中发挥重要作用。

贾玉波是新中国第一代文物修复专家，经他手修复和复制的青铜器重器无数，多藏于国内各大博物馆，如后母戊鼎、四羊方尊、龙虎尊、虢季子白盘、大盂鼎、越王勾践剑、秦铜车马、长信宫灯、马踏飞燕等珍贵文物数百件。

数十年熏陶传递家族热爱

在父亲的耳濡目染下，贾文忠七八岁就喜欢上了画画。"小时候我们家住在宣武区，离琉璃厂特别近，我没事儿就在店里看画、临摹。"父亲贾玉波和琉璃厂店里的老师傅们都很熟，都是从小一起长大的发小儿。跟着父亲，贾文忠从小就到这些店里去玩，父亲聊天，他画画。唐伯虎、齐白石、李可染、陈半丁、李苦禅等，凡是店里挂着的画，都被他临摹了个遍。

上初中以后，每周二和周六下午没课的时候，贾文忠都会偷偷跑到历史博物馆父亲所在的文物修复组去玩，"他们在那儿干活儿，我就看他们干活，我觉得特有意思，翻模、做颜色、修东西、焊东西，我都看明白了。"贾文忠初中还没毕业就已经学会修文物了。

年轻的贾文忠因为喜欢文物修复，还经常去美术馆对面的中国科学院考古所玩，"考古所有一个特别大的文物修复室，有几个技工就住在里头，经常到晚上11点才收工。我下学回家吃完饭6点多钟，家门口有个2路公交车到美术馆，我看他们干完活再坐末班车回家。"

贾文忠高中毕业那年，正好赶上北京市文物局文物修复厂招工，从小就喜欢文物修复的他去考试。"我记得当时我就徒手翻了个石膏模子，翻完了，人家说挺好，这活儿不错，你明天就来上班吧！"就这样，贾文忠在北京市文物局的文物修复厂，一干就是六年。

地下文物千百年来受到土壤内地下水中所含的酸、碱、盐类各种物质的侵蚀，土壤压力和温湿度等因素的影响，遭受到不同程度的破坏和腐蚀。青铜器也是如此，地下埋葬时，墓穴塌陷、地层变化、环境变化等都会对青铜器造成伤害，因此有"十铜九补"之说。

青铜修复工艺，在历史上是随着金石学的发展而兴起的。现代青铜器修复技术继承了古代的传统工艺，并且有所发展。主要包括清洗、除锈、整形、补配、焊接、做旧等一系列工艺步骤，使它修复到本来的样子。"青铜器修复技术从清末到现在，有了长足的发展，比如以前用的胶是树胶，现在都用进口的胶，以前用的漆是大漆，需要很长时间才能干透，现在用的化学漆很快就能干。"相比修复技术的发展而言，其实文物修复发展以及变化最大的是修复理念的更新。

意大利的布兰迪（Cesare Brandi）1963年撰写的《文物修复理论》中提出最小介入、可逆性、可再处理性、可识别性等原则，代表了西方文物修复保护的主流观点。"以前的修复理念是让一件破损的器物看不出来曾经修过，最好永葆万年。如今的修复理念是注重可识别性和可逆性，要让人知道这件文物是经过修复的，并且以后还可以重新修。"

1982年，文物修复厂解散，厂里的人员被分配到北京各处的文物部门，贾文忠被分配到了首都博物馆。对于贾文忠而言，只要不离开自己热爱的文物修复事业，到哪里都一样。

到首都博物馆之初，贾文忠有点失望，那时的首都博物馆还没有文物修复部门，只能先在保管部工作。"领导说如果你干得好，将来就成立文物修复组。"为了领导的这句话，贾文忠铆足了干劲。第一个任务是修孔庙大成殿上的匾额。

北京孔庙是元、明、清三代皇帝祭祀孔子的场所。大成殿是祭祀正殿，殿内外悬挂着清代康熙至宣统九位皇帝御书匾额、楹联以及袁世凯、黎元洪书写的匾额。"这些大匾七米长，两米多高，五四运动时堆在大殿里60多年了，上面的土堆得很厚，我把所有的匾清出来以后，挨个清理、修复，用了半年才把这九个匾都给修好。"

修好了匾额，贾文忠又翻看史书，查阅资料，了解北京寺庙如何祭孔、布置、陈设等，贾文忠又把过去孔庙里留下的祭器都给找了出来，按照史料记载原样复原。1984年孔庙大成殿开放了，贾文忠修复的文物展示在观众面前。

领导对贾文忠的工作很满意，同意成立修复组。随后的那几年，贾文忠在修复室里修复了很多琉璃河遗址出土的青铜器。琉璃河遗址位于北京市房山区琉璃河镇西部，是周昭王八年（前1045年）燕国的初都所在地，为北京城的发源地之一。琉璃河遗址的发现，将北京的建城史上溯至3000多年前的西周。琉璃河遗址出土了一批带有燕侯铭文的青铜器，对研究燕国早期历史具有重要意义。

经年累月坚守续后备力量

1987年，成立不久的中国农业博物馆要筹备一个全新的展览，请国家文物部门帮忙，国家文物部门派人借调至农博，贾文忠就是其中之一。"借调农博办展览两年，这里有自己的工作室，可以修复也可以做研究，农博环境也优雅，我就调来了。"

虽然离开了文物系统，但贾文忠始终没有离开博物馆，也没有离开自己热爱的文物保护修复事业。

20世纪90年代初，贾玉波那一代文物修复专家相继退休，文物修复行业青黄不接，对贾文忠触动很大，他萌生了要建立一个民间文物修复团体的念头。贾文忠找到了中国古建筑学家罗哲文先生商量此事。"罗公听到这个想法，特别高兴，他说可以挂靠在中国文物学会，成立一个文物修复专业委员会。"此事不仅得到了罗老的鼎力相助，孙轶青、郑孝燮、庄敏等老专家老领导也都给予了大力支持。

1991年，中国文物学会文物修复专业委员会成立，当年成立大会的合影至今还挂在贾文忠的工作室。贾文忠感慨颇深："当时很多老领导都来了，很多人现在都不在了，但是他们为文物保护修复做出的贡献，我们始终铭记于心。"2003年，中国文物学会文物修复专业委员会取得了民政部分支机构证书，坚持每年举办学术研讨会，迄今已成功举办了16届，培养了大批文物保护与修复的专业人才；每两年连续出版《文物修复研究》，给文物修复行业的人员提供了学术分享的平台。

作为文物修复专业委员会的秘书长，贾文忠还策划了很多文物保护修复培训班。从2004年开始，由国家文物局牵头，文物修复专业委员会具体实施，策划了十余次大型培训。瓷器修复、青铜修复、古代家具修复、纸质文物修复等，为我国文物修复保护事业培养了大批后备力量。

20世纪80年代初，贾文忠就认为，比较合理的文物修复传承，应当是学院教育和师徒手口相传相结合。"我提了个方案，希望文物修复可以走学历教育，正好当时的海淀走读大学也想开设一个文物修复与鉴定专业，报给教育部，最后批准了。"

文物修复与鉴定专业，从最初只有一个学校开设，并且只给予大专学历，到现在，全国47所院校开设有类似的专业，还招收了研究生，大大解决了文物修复行业人才匮乏的难题。直到今天，贾文忠仍在北京联合大学挂职，教授文物修复与鉴定的课程，"其实现如今文物保护修复事业缺的并不是人才和后备力量，真正缺乏的是对文物保护修复从业者的尊重，这种尊重不仅体现在机构人员的配置上，也体现在经济收入上。目前，一些从业者转行了，或者自己单干了，因为收入实在是很微薄。希望国家能够在这些方面多支持，能够让这些默默无闻、从事文物修复的手艺人，在事业上获得成就感，经济上获得满足感"，贾文忠在采访的最后感慨道。

近二十年，贾文忠又在为另一种与青铜器有关的传统工艺——全形拓的传承奔走呼吁，他自己制作的拓片已多达数百张，不仅将青铜重器的全型拓和自己画的生肖相结合凑齐了"十二生肖"，还为数千张铜镜拓片根据意境搭配禅意画。2017年、2018年分别在恭王府和颐和园举办了展览，共接待30余万人。2019年"5·18国际博物馆日"，又到了山东曲阜新建成的中国孔子博物馆展出；"2019年文化和自然遗产日"之时，展览走进到河北霸州……

在中国，从事工艺传承的人有很多，但家族三代都从事一项事业的寥寥无几。从贾文忠的父亲贾玉波开始，其下子女贾文超、贾文熙、贾文珊、贾莉莉、贾文进及第三代贾汀、郭玢、贾树等子孙共10人供职于各文博单位（故宫、国博、首博、农博、西安考古所等）从事文物修复工作。这样的阵势，不禁让人联想到了中国人自古崇尚的"愚公移山"的精神，它体现着一个家族为了一项事业"子子孙孙无穷匮也"前赴后继的执着。"贾氏文物修复世家"当之无愧，未来可期。

中国国际电视台 CGTN 2019 年 5 月 1 日

Antique Fabric Restorer:
We Work One Stitch at a Time

Q-tips run through fast in Jia Ting, an antique fabric restorer's lab

The q-tips, dipped in deionized water, are used to rub off the dirt from old pieces of clothes, with movements ever so lightly.

Jia says, sometimes, cleaning up just one square centimeter of cloth is considered good work for the day.

The single piece of a boot's surface that she and her team have been working on has taken several months just to clean. And cleaning is only the first step to bringing it back to life. Jia would compare her line of work to what doctors do.

"Imagine a patient seeking help from a doctor. We work in a similar way. We check the te xtiles up, sometimes giving them the equivalent of CT-scans; make a diagnosis; we do co nsultations on treatment, and we operate on them," Jia told CGTN.

The whole process kneads crafts and sciences altogether.

Jia would say that restorers are often chemists, analysts, artists and artisans all in one. Her work also demands a special strand of personality.

"Look at our work, it's one stitch at a time. You have to be able to sit steadily through all of it." Jia said.

She's born with that edge, as Jia comes from a family of antique restorers. But she was at tracted to textiles when she was just in her teens because she liked the look of vintage Chi nese clothing.

Now, as one of China's youngest associate researchers in textile archeology, Jia said she hopes to share her knowledge and love to the young students today, much as her teacher Wang Yarong had taught her.

Xie Fei, a student at the Beijing Institute of Fashion Technology, has been working with Jia on a Yuan Dynasty robe. She has learned to sit through the day, stitching and comparing notes.

"We don't think it's that hard. So long as you like the work, as we do here in the lab, you can carry it out," Xie said.

Jia said one of her career goals is to include more people in the study of textile archeology. She said many clothes are waiting to be studied and recovered.

In the museum at the Beijing Institute of Fashion Technology, she counted some 200 pieces of clothing that are waiting to go through the restoration process.

"It's impossible to finish all of them by the time I retire."

The clock is ticking.

Also, the deadline for the rare robe from Yuan Dynasty must be stitched up and put on display within the year.

"That we will sure manage," Jia said.

《商界时尚》2012年7月

修复师为古书画"整容"

□ 李 博

商界导读：艺术品不可能是我们的试验品，我们的修复工作是"悄无声息"的，遵照其原来的样子，完全不留下修复者的痕迹。

姓名：郭玢
年龄：26岁
职业：古书画修复师
工作地点：北京，首都博物馆
从业年数：8年

郭玢修复工作照

18岁高中毕业后，郭玢成了首都博物馆的一名古书画修复师。在今天的中国，他的职业选择会让人有一些疑惑，但作为"贾氏文物修复世家"的第三代，这一选择却是顺其自然水到渠成。

在央视《鉴宝》栏目的专家席上，你可以看到郭玢的舅舅贾文忠；他的外祖父贾玉波则与四羊方尊、后母戊鼎这些名字相连；往上再溯四辈师承，则是当年清宫造办处的太监"歪嘴于"，他出宫之后，就在京城琉璃厂以替人修复青铜古玩为生。

在郭玢的童年记忆里，就有父辈为了贴补家用，而用石膏铸的青铜器模子，那也是他的玩具。在这个依赖手上技术和眼力积累的行业，他已经静心"耐了8年的寂寞"，"我修复的作品，不一定被展出，但还是给我很强的成就感。那种成就感不是名和利可以衡量的，而好像是我延长了它们的寿命，甚至于将其又救活了一次，我觉得这是一件伟大的事情"。

我学习的传统技术看似简单的打浆（糊）也大有学问：先要用水洗去面粉中的面筋和麸皮，留下淀粉；其次多少淀粉配多少开水，拿捏要精准；操作时，要一边注入开水，一边打浆；需要注意的是倒水的速度，打浆的力度和频率，这些东西很难用数据量化，因为每个人都不同，全靠亲自操作领悟；在修复时，不同步骤需要的浆糊浓度也不同。8年来，我每周打两次浆，从未间断。最开始打好一次浆，也很有成就感，直到有一天，我找到感觉了，现在怎么打都不会失败了。我入行的前4年，基本上是在练各种各样的基本功。

我工作中的高科技首博的仪器配备很齐全，有拉曼光谱仪和X射线分光计，但高科技仪器基本上只用于前期对颜料和纤维的分析。实际的修复是不可能用机器的，全是手工操作。我们修复的目的是让作品保存更长的时间，所以不会使用化学药品，整个修复过程是可逆的，修复的成品也是可逆的，以待未来更好的修复技术。

《中国青年报》2017年7月11日8版

生于文物修复之家，人生的转折"天注定"——
贾树：修了7年青铜器，我还是初学者

□ 蒋肖斌

靠近北京南四环的中国国家博物馆文物科技保护中心，是出生于1987年的青铜器修复师贾树的工作之处。和位于天安门广场、终年人来人往的国家博物馆不同，这里很安静，安静到有点寂寞。

如果想买一瓶可乐，去最近的小卖部来回需要40分钟；直到去年，附近才开了一家商店，但距离一站公交。贾树的同事们在院子里辟了一片菜地，种了黄瓜、西红柿、核桃、杏树……午休时去看看自己的田园，成了最受欢迎的娱乐项目。

"我刚来的时候，全是老师傅，年轻人算上我一共俩，还都是男的。"2010年，23岁的贾树大学毕业，进入中心器物修复室工作，从此和他打交道的都是"国之重器"。而这一行，从他的爷爷、已故文物修复大师贾玉波起就开始做了。

接受《中国青年报》中青在线记者独家专访时，贾树说："做修复的年轻人习惯说，'我还不行'；老师傅习惯说，'你要多学'。工作7年，我仍然是一个初学者。"

生于文物修复之家，曾经梦想当记者

贾树可以说是"修三代"，他的家族和青铜器修复的渊源，要从80年前说起。1937年，13岁的贾玉波来到北京（当时为北平——编者注），拜在琉璃厂"古铜张"派第三代传人王德山门下。20世纪40年代出师后，成为一名青铜器

修复师。中华人民共和国成立后，贾玉波为中国历史博物馆、中国科学院考古所等修复或复制文物，经手的青铜器有后母戊鼎、四羊方尊、虢季子白盘、龙虎尊等顶级国宝。

贾玉波的孩子们都继承了父亲的事业：贾文超是故宫博物院的青铜器修复专家，贾文忠是中国农业博物馆研究馆员……到了第三代，贾树的堂姐贾汀在首都博物馆从事纺织品修复与保护，表哥郭玢在首都博物馆从事古书画修复和保护，而贾文忠之子贾树，是这一代人中唯一从事青铜器修复工作的。7月3～17日，"贾文忠全形拓展"在恭王府举行，展览同时讲述了"贾氏文物修复之家"的历史。

在贾树的记忆中，父亲每年都会买博物馆年票，带着他把北京的博物馆逛个遍。生在文物修复之家，父亲对他多少有些"继承家业"的期待。"我们家的客人见到我总会说，你爷爷当年修的东西多么好，你爸爸叔叔伯伯也在干这个，你也得学啊……"贾树一般会点点头，但那时候，他的爱好是摄影，后来大学念了新闻专业，梦想是当一名记者。

"我从大一开始实习，4年中去了很多家媒体，发表了不少稿子和照片。"本科毕业后，贾树正准备出国留学，然而，人生像"天注定"一样发生了转折——这一年，国家博物馆招聘青铜器修复师，而上一次招聘还是十几年前。

思前想后，贾树还是走上了父辈的路。2010年，修复室来了2个年轻人，迎接他们的是6位50多岁的老师傅。

刚工作先旁观三个月第一项任务复制后母戊鼎

尽管家学渊源，但毕竟从未系统学习，初来乍到，贾树当了三个月的"旁观者"。"接触的东西全是国宝级文物，万一碰坏了，都是不可挽回的损失。老师傅干活儿，我连搭把手都不敢，顶多帮忙递个工具。"

师傅教年轻人，不用特地上课，在日常工作中就会随时传授几十年的经验。比如，拿文物必须用双手；有两个"耳朵"的器物不能提"耳朵"，要抱"肚子"；把文物递给另一个人时，必须说出声"我松手了"，对方必须回答

"好",然后才能松手;别人工作台上的东西,可以看,绝对不能碰……师傅讲得特别细,小细节都是规矩。

旁观学了三个月,贾树心里终于有些底了,上手的第一项任务是参与后母戊鼎的复制。上一次有幸亲手摸过后母戊鼎的,还是贾树的爷爷那代人。这件出土于安阳殷墟的国宝,重达830多公斤,又高又大,室内放不下,复制工作就在保护中心的后院进行。那一年,贾树穿着白背心,晒着"日光浴",给后母戊鼎复制品做旧。

贾树告诉《中国青年报》中青在线记者,青铜器的做旧堪称"肉眼 3D 打印"——原件哪里有锈,复制品就要在同样位置做一模一样的,一件后母戊鼎,光做旧就花了半年。做旧的方法是用小牙刷蘸上矿物色和虫胶漆片的混合物,一点一点地弹到青铜器上,这样做出来的锈是颗粒状,十分自然。

"这种做旧方法是爷爷的上一代人在刷牙时得到启发发明的——发现衣服上粘的沫子的颗粒形状特别像青铜器的锈。"贾树说,"时代变了,手艺还在延续。不过现在修复还要结合科技检测,修复人员还得会电脑制图、科学记录、

《中国青年报》报道"贾树:修了7年青铜器,我还是初学者"

制作档案……"

贾树的工作台上，摆满了锉刀、锯子、刀片、榔头……乍一看像一个修车铺。他笑着说："这行没有专业工具，好用就行。我按照老师傅的吩咐去买过牙科工具，几乎所有修牙的都能用在修青铜器上。有的牙科工具特别细，能伸到牙缝里，用来抠青铜器的锈特别合适。"

做完后母戊鼎的复制，贾树修复的第一件真正的文物，是一个商周时期的青铜花觚。这件花觚被前人修过，但只是草率地打了个"补丁"，时间一久，补上去的铜片就和原物有了色差。贾树要把旧"补丁"拆下来，重新补上一块铜片并做旧。

"每一件文物都要根据损坏情况制定相应修复方案，没有标准，只有原则。有的裂缝可以用胶水补，有的缺损就要用锡和铜焊接。补上的东西都能拆，不给文物本体造成破坏。"贾树说，"文物修复不是流水线式的，一件文物交到我手里，就由我负责到底。如果我真的修不好，我会直说，绝对不能把文物当试验品。"

贾玉波是那个年代的有心人，在琉璃厂的古玩店工作时，修复青铜器无数，但修好一件就会被老板卖掉一件，于是他把珍贵的青铜器拍照留存。贾树"继承"了爷爷的习惯，也喜欢记录——经手的青铜器哪里有铭文、哪里坏了、每天修了什么……工作以来，贾树修了100件左右，连文带图，记了满满三个大本子。

会修一辈子青铜器吗？贾树想了想说："年纪大了可能会干不动，但应该一辈子都会和文物打交道吧。"现在，修复室连贾树在内有6个年轻人，再过两三年，老师傅们将全部退休，青铜器修复的事业将交到这群年轻人手中。

钱少事多离家远，收入一半花在收藏上

青铜器修复听上去很神秘，其实一点儿也不浪漫。贾树说："工作室里粉尘特别大，现在说大气污染严重，那我们这屋里天天爆表。现在知道要戴口罩，但父亲那代人，该干活儿就干活儿，没人戴，所以呼吸道都不太好。"

不挣钱，对身体不好，学成时间又太长，愿意干这行的年轻人越来越少。

贾树记得，自己刚工作时的工资是一个月2300元。修复室的老师傅们都没有车，前两年单位也不通地铁，他们都坐公交车来上班。

贾树说："看我这双鞋，109块还包邮。那天我去张罗父亲的展览，穿的也是这个。我从来没买过西服，吃喝也特别省，收入一半花在收藏上了。"

木雕、刺绣、陶器，甚至民国时期的帽子……贾树收藏了各种东西，共同特点是都不贵——贵的也买不起。"人家买瓷器要元青花，买木器要紫檀黄花梨，我都没有。我就买点民间的东西，几十块几百块。"贾树买过一群"小铜人"——过去的民间匠人在一块小小的铜片上敲出人物，表情、发型、配饰都栩栩如生。"我看重的是前辈匠人留下来的手艺，修复技艺和匠人手艺是相通的。"

年轻的修复师并不满足于复制前人的工作，也希望创新。2016年猴年，贾树设计了"小红猴"雕塑，"眼睛、身体的形态，尾巴的处理，中国红的颜色选择，我都是有想法的。"

设计完小猴，贾树找工厂做了50个复制品，但一律不卖不送，他有"野心"："我的目标是参展，做出自己的风格，让人一看就是我的作品。"结果，还真成了，经过投稿、评选，"小红猴"入选那一年清华大学美术学院的"礼·遇"艺术展。再接再厉，贾树2017年又做了"元宝鸡"系列。

虽然钱少事多离家远，但修文物还是给贾树带来一些意外收获。比如，家里买菜都由他负责，因为他能看出两把菜有什么区别；家里的桌子椅子坏了都能修，墙面掉漆，他能刷完之后再做旧，和周围墙面无色差。有一次，洗衣机坏了，师傅上门修，贾树出于职业习惯也跟着学，师傅惊讶地说："你挺懂行啊！"

修了7年青铜器，贾树从大男孩成长为一个3岁孩子的父亲。女儿还不懂父亲每天在干什么，但知道，父亲手里的东西都是"宝贝"。女儿不到1岁时，贾树就带着她去看国家博物馆陈列的后母戊鼎——家族几代人都为它付出过心血。

这个场景在贾家一直重复着，小时候的贾树和贾文忠，也曾这般懵懂地打量父辈手里的"宝贝"。

贾文忠：从工匠成长起来的专家

□ 宗春启

我认识贾文忠是在20世纪90年代初。那会儿我在北京日报社当编辑，主管新闻性文化副刊《京华周末》。《京华周末》四个版，每周一期，其中有个栏目是"北京人物"。一个新闻界的朋友给"北京人物"送来一篇稿，写的是文物修复专家贾文忠。

这篇稿子说，贾文忠出身于青铜器修复世家，他父亲贾玉波是老北京"古铜张"派张泰恩的再传弟子，参与过后母戊鼎、西汉长信宫灯、马踏飞燕、秦俑等重要文物的修复工作。从小对文物修复耳濡目染的贾文忠，成功修复了北京孔庙大成殿的九块匾。那都是清朝皇帝御笔亲题的，后来被扔在库房里，已经破破烂烂、字迹斑驳。经贾文忠之手修复之后，这九块匾灿烂如初，又高悬在大成殿。而当时的贾文忠，还不到三十岁。

看完这篇稿子我的第一反应是：所讲述的事实准确么？别再有夸张虚构吧！因为我有过教训：报道了一位高级工程师之后，立刻有读者来信，说他根本就不是什么高工，自己瞎吹的！为慎重起见，也是为了给这篇报道充实一些内容、配发上照片，我决定去见一见这位贾文忠。

中国农业博物馆东南角，有一排坐南朝北的平房。最东边的一间，挂着一块牌子，上书"中国文物学会文物修复委员会"。在这间屋里，我见到了贾文忠。他面带微笑，淳朴而真诚。他告诉我，这就是他的工作室。

这间大约40平方米的工作室里，四周摆满了各种古董。在我眼里，都是稀罕的文物：汉白玉佛头，锈迹斑斑的佛像，残破的陶器、青铜器……都是在博物馆里才能见到的老物件，许多还叫不上名字来。贾文忠告诉我：这个是鬲(lì)，这个叫簋(guǐ)，这个是汉代的，那个是西周的。一张工作台，台上装着一把台钳，台钳旁摆着几把锉刀，还有一把钢锯。不知道的，还以为这里的主人是位钳工。贾文忠告诉我，出土的青铜器，大都已经变成了碎片。博物馆里摆放着的完整文物，有许多是经过拼接复原的。为什么看不出拼接的痕迹？那是因为拼接之后还要经过做旧，将痕迹掩饰起来。说着，他从工作台下的一个容器里拿出一个古色古香的青铜"马踏飞燕"来，对我说：这是按比例缩小复制的，最后一道工序，是做旧，要用酸"咬"出铜锈来。抬头看墙上，墙上有大康的字，还有一幅《猛虎下山》图，一看署名，原来就是贾文忠画的。报社画家告诉过我，看一个画家水平如何，不要光看他的画，还要看他的字。从画上的题款看，贾文忠的书法水平不低。从言谈中我还发现，这位年轻人所师从交往的，尽是一些颇有名望的大家：大康，罗哲文，傅大卣，胡爽盦……至此，我对这位年轻的文物修复专家已经刮目相看了。

　　按我的要求，贾文忠给我提供了一张照片，那是他与修复后孔庙御制匾额的合影。从此，我们成了朋友，他也成为我们的作者，为我们报纸撰写过《虎年说虎》《话说宣德炉》等涉及文物考古方面的稿子。我也不时地去造访他的那个工作室。

　　那年初冬的一天，贾文忠打电话要我过去。说他买了一堆陶器，要我去挑几件。我去了一看，有卧着的牛、站着的骆驼，身量都不小，还有大大小小的俑人，小的也有一尺多高。有的造型如唐三彩，只是没有彩釉。不管是牛还是骆驼，身上都粘着很多泥土，像是刚从坟地里挖出来的古代陪葬品。

　　贾文忠说，这东西一看就知是假的。为什么？不合规矩。

　　他把一个俑人头朝下掉过来，指着没有泥土的青色内部让我看："还带着火气儿呢，明明是新近烧制的。"

　　贾文忠对我说，这是他从旧货市场买来的，四十元一筐，"连煤钱都不够！"他说。

　　怎么这么便宜？原来，这是外省农民烧制的一批假古董，运到北京来卖的。不知怎么被博物馆的专家看见了，认定是出土文物。既然是文物，那得赶快抢救下来呀！不然让外国人买去，岂不造成流失？可是，盗挖古墓，那是犯法行为；公家的博物馆，怎么好收买赃物？没收？博物馆没有这个权力。怎么办呢，专家让工作人员隐瞒身份拿钱去买——这钱当然不是出自个人腰包。"出土文物"那是什么价格呀！于是那些农民可乐坏了。他们赚够了钱急于赶快脱身，将余下的"出土文物"贱价抛售，四十元一筐！真是个笑话：博物馆的文物专家让一帮农民给骗了。

我倒是很喜欢这种假古董，但是住房面积有限，没有地方摆放，只拣了两三件小的。

贾文忠的名气越来越大，担任了中央电视台《寻宝》专家顾问，成为知名度很高的青铜器鉴定专家，可谓实至名归。在青铜器的鉴定方面，他有足够的发言权。这不仅因为经他手修复的多、经他眼鉴定的多，而且他还动手复制过不少青铜器——当然不是为了造假，而是满足人们对古代青铜器的喜爱，这使他掌握了青铜器不同年代的制造工艺甚至金属成分，熟知各种造型的纹饰、细节。因而他所具有的知识，是那些从书本、文字中成长起来的专家所不具备的。这也使他在鉴定一件青铜器的时候，有着自己独特的角度和眼光，赝品很难从他眼前逃过。听他本人讲过这样一个故事：一次在外地鉴定一件青铜器，其他专家都给予了肯定的评价，说怎么真，怎么好。贾文忠拿过来一看，笑了："你这件古代青铜器上，怎么有砂轮打磨过的痕迹呢！"其他专家一下子都不说话了。

后来我退休离开了报社，而贾文忠正值年富力强，社会活动很多，我们的交往少了。但是每逢有他的新闻，我总是格外关注，欣喜地看他获得的一个又一个成就。

在我的心目中，贾文忠，是一个从工匠成长起来的专家。他的学问，他的眼光，他的造诣，是那些徒有虚名的专家所难以望其项背的。

（作者：北京日报社原编辑）

贾文忠印象

□ 朱　威

那时，我刚到中国文物报社工作。报社租用北二条的交道口中学教室办公，安静和喧闹以45分钟的频率交替。一天，一位年轻人来访，就坐在我的办公桌对面，与同事攀谈起来。初出校门的我，对社会、对文物博物馆界可谓一无所知。但从访者与同事的聊天中，文物修复一词以及赵振茂、贾玉波、郑竹友、金仲鱼、金禹民等名字进入了脑海。访者极为健谈，令木讷的我羡慕不已。

这是与贾文忠的第一次见面。

之后，作为编辑，我常向贾文忠约稿，介绍文物修复业历史，如《王德山与北京文物修复业》《关于北京青铜修复创始人》《民国时期青铜复制的民间四派》；呼吁重视文物修复，如《重视文物修复人才的培养》《古陶瓷修复现状和对策》《关于文物修复中存在的问题》《提倡收藏文物复仿制精品》《文物复仿制品要创名牌》《要认真对待藏品的保养和修复》；文物保护技术，如《有害气体对文物的影响》《温湿度对文物的损坏》；谈文物鉴定，如《陶器作伪谈》《兽面纹单柱平底青铜爵辨伪》《宣德炉鉴藏述略》《东北地区古代民间铜镜鉴赏》。除文物外，贾文忠还涉猎民俗研究，撰写了《腊八话粥》《春节话金鱼》等。

报纸容量有限，时有忍痛割舍之举，贾文忠从无怨言。当时，我还编辑国家文物局内部刊物《文物工作》，常邀贾文忠为"知识讲座"栏目撰文。实际上，我的文物知识积累就是从这里起步的。

与贾文忠的真正熟悉起来是在1997年后，我转岗编辑副刊。为了支撑、活跃版面，请贾文忠开辟了"明清制墨名家"专栏，连续推介16位制墨家，包括生平及制墨特点，配以代表性作品的拓片，深受读者的欢迎。

熟悉了，就时常去农展馆及贾家。贾文忠书房"铜斋"是座宝库，正是看到他收藏的500余块玻璃板底片，与之商议开辟了"海外遗珍"栏目。这些玻璃板底片所记录的青铜器，是贾文忠父亲贾玉波先生20世纪三四十年代修复过的近千件商周时期青铜器，多流散在世界各地。贾文忠撰写十篇文章。这些文章引起美国弗利尔美术馆、赛克勒美术馆东方部主任苏芳淑女士的关注，并赴北京，与贾文忠见面，观赏玻璃板底片，并指出部分青铜器的收藏地。2016年12月，文物出版社出版了《吉金萃影——贾氏珍藏青铜器老照片》一书，这部凝聚了贾氏家族三代心血的著作，在一定程度上见证了民国时期的考古史和文物史。

文物收藏热兴起后，尤其电视"鉴宝"栏目使深藏博物馆的专家走进了公众视野。贾文忠有扎实的实践基础，加之丰富的理论，形成了自己的鉴定理念。理论实践兼备，口才又佳，自有观众缘，但他从无架子。有时，朋友请托请鉴定，碍于情面难以回绝，只得麻烦贾文忠，每次都痛快回应，从不推托。

贾文忠思维敏捷，极有天赋。他曾复制北魏陶像，做蛐蛐罐赠送朋友。进入21世纪以来，他致力于全形拓技艺的复兴，并在全国巡展。而每年所作的生肖全形拓，都是爱好者们竞相追逐的珍藏。因自幼喜好书画、篆刻，又曾师从胡爽盦、傅大卣、大康（康殷）学习书法、绘画、篆刻，贾文忠的书画篆刻功底深厚，其作品颇受欢迎。

贾文忠积极参与中国文物学会文物修复委员会的发起、创建，并担任秘书长一职。正是因为他的艰辛努力和付出，使得文物修复委员会成为中国文物学会最活跃的专业委员会；会员从百余人发展到上千人；全国文物修复技术研讨会连续举办了17届，论文数量越来越多，质量越来越高。对中国文物修复事业的发展而言，功莫大焉。

（作者：中国文物报社资深记者、国家文物局主管《文物天地》杂志主编）

我眼中的贾文忠先生

□ 丁肇文

贾文忠先生是我非常尊敬的一位学者，在我20多年的记者生涯中，见识的和采访过的专家不在少数，但是不论什么时候有了问题就能随手抄起电话打过去的专家不多，贾先生算是其中一位。

贾先生出身于文物世家，他是著名的文物修复专家、鉴定专家，近年来又致力于非遗技艺"全形拓"的推广。我与贾先生相识也有将近20年的时间了，犹记得刚刚认识他时，去中国农业博物馆拜访他，在院子里一间不起眼的简易小平房里，好像是个冬天的早上，贾先生搓着手摆弄着一地的青铜器，有正在修复的，也有作为参照物的假古董。那时觉得，一位著名的文物修复专家，办公室也未免寒酸些了吧？及至跟贾先生熟了，越发觉得这一幕其实正符合贾先生的气质：一来他是个实践家，不是只会纸上谈兵夸夸其谈的所谓"专家"，而文物修复和鉴定最重要的一条就是要"上手"，所以摆弄一屋子的"破烂"也正是贾先生的日常；其次，贾先生是一个平易近人的学者，没有大专家的架子，放到人群中甚至难以一眼认出，正如那间塞得满满当当的平房一样平实而质朴。

我不是文物圈内人士，对于贾先生的专业水准自不敢置喙，但是通过这小二十年的交往，我对于贾先生的人品是有亲身感受的。"如果说我这辈子前30年主要是在做文物修复的话，后20年我更注重的是让文物修复这一古老的行业如何在新时代得到提升。"在接受采访时，贾先生曾不止一次这样跟我说。为了这门手艺的传承，贾文忠不仅对修复技艺进行了理论上的梳理，而且为了修复行业内的沟通和交流，他还发起成立了中国文物学会文物修复委员会。他四处演说讲课，希望在大学中设立文物修复专业，使这门日渐紧缺的技艺能够摆脱"师承制"的古老模式，得到更大范围和更科学的传承。1995年利用在海淀走读大学担任客座教授的机会，贾先生再一次提出在高校中设立文物保护修复专业，实行学历教育，终于得到了教育部的批准，如今全国有20多所高校开设了文物鉴定和修复专业。著名人类学家、北京人遗骨的最早发现者贾兰坡曾经称赞他说："中国传统文物修复技术是中国的国粹，应当加以重视和弘扬。当前从事文物修复人才匮乏，贾文忠同志为此项事业做出了贡献，是不可多得的人才。"

贾文忠先生除了谙熟青铜器修复之外，还是青铜器全形拓技艺的传承人。全形拓是西洋照相术还未传入中国时的"影像照片"，一张普通宣纸、少许精辟墨色、几句文雅题跋，铸就了全形拓在中国千余年不朽的完美生命，民国以来的著名学者陈介祺、王国维、罗振玉、容庚、郭沫若、商承祚、于省吾、唐兰……他们都有一个共同的爱好，把玩青铜器全形拓。贾先生年轻时曾投傅大卣门第，拜师潜心研习金石传拓技艺，悟得全形拓真传。为了让全形拓这一古老的非遗技艺发扬光大，过去十余年来，贾先生把居于"庙堂之上"的全形拓技艺与深植于民间的生肖文化相结合，创造性地开发出"全形拓生肖"这一新品种，每年春节前都根据当年的生肖创作出一件，再通过珂罗版技术印制出100件，一时引得大家竞相收藏；如今贾先生已经完成了一个轮次的创作，可谓功德圆满。

（作者：北京日报社科教卫新闻部主任）

贾文忠金石全形拓艺术

冯其庸题词

精金良拓
墨影傳神

賀賈文忠金石傳拓集出版
二〇一〇年二月 張文彬題

张文彬题词

鼎彝之器拓全形　相传创自六舟僧
文忠巧匠传绝技　国宝纸上留芳馨
墨色浓淡手轻重　竟惟形准神亦真
诚我宽瓦后来上　百尺竿头祝愿君

观贾文忠全形拓

戊子年之春

罗哲文题

罗哲文题词

手镜墨之影画

李铎题词

贾文忠制作全形拓

2014年，贾文忠为中央国家机关廉政文化建设"清风"主题书画扇面展创作《吉金图全形拓大扇》

国宝全形拓鉴赏

2016年，贾文忠在美国纽约苏富比鉴赏"愙斋所藏吉金图拓本"

千里传金石　万里存知音

贾文忠出身于金石世家，自幼受家庭熏陶酷爱金石书画，受其父——著名青铜器修复专家贾玉波真传，精通青铜器修复、鉴定。贾文忠继承了传统技艺全形拓，创作了上百种全形拓作品。

"传拓"俗称拓片，若要对青铜器器型进行传拓，就必须采用全形拓的方法。全形拓是一种以墨拓作为主要手段，将古器物（主要是青铜器，也包括石刻造像、玉器等其他门类）的立体形状复制表现在纸面上的特殊传拓技法，又名"立体拓""器型拓""图形拓"。

相传清嘉庆道光年间文人阮文建公得三代彝器四种，海内金石名家争欲观瞻，他烦于应付，摹拓刻木，拓赠各友。镇江焦山寺僧六舟和尚感觉木刻有

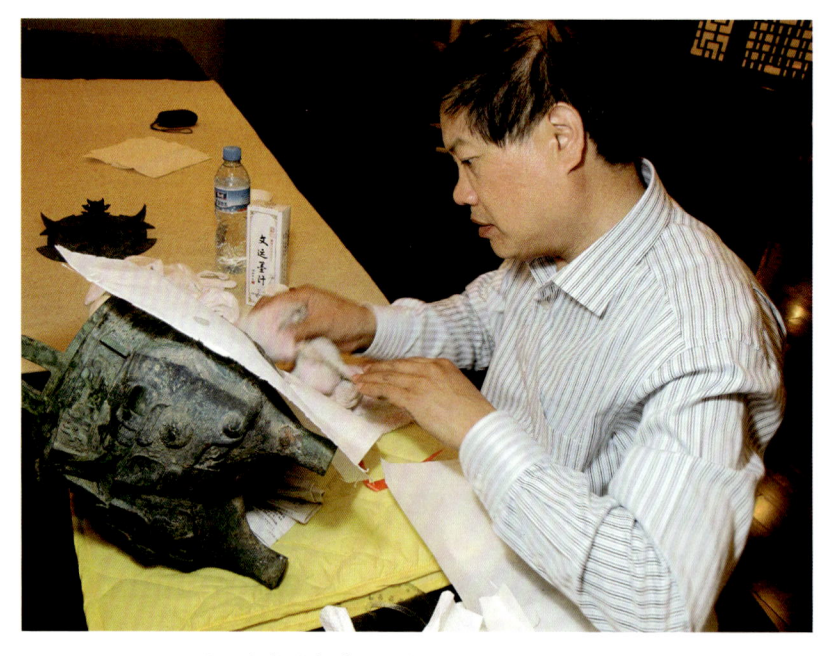

贾文忠在首都博物馆拓制西周伯矩鬲全形拓

失原形，便与其研究手拓全形。初是以灯取形，把原器的尺寸量好画出轮廓，再以厚纸做漏子，用极薄六吉棉连纸扑墨拓之。拓前需先用白芨水刷在器物上，再用湿棉花上纸，待纸干后，以绸包棉花作扑子拓之，这便是六舟和尚自创的全形拓。

全形拓是以墨拓技法完成，要求拓技者具备熟练的素描、绘画、裱拓、传拓等技法，把器物原貌转移到平面拓纸上的一种特殊技艺。一度成为金石学家追捧的对象，无数文人墨客、金石学家都沉浸在全形拓的乐趣中，而全形拓也为他们欣赏研究青铜器提供了非常难得的材料。

青铜器全形拓的拓法是在拓器物前，选择最能代表该器物特征的最佳角度，用铅笔在准备好的棉连纸上画出一个"⊥"形图，以表示器物的垂直线和水平线，再在"⊥"形图上标出器物的高度、宽度，以此为基础画出被传拓器物原大的线描图，随后把标有器物各部位位置的棉连纸分先后覆在被拓器物上，用蘸有白芨水的毛笔刷湿，上纸，用棕刷刷实，用墨拓黑后揭下，这样多次拓完器物的各个部位，完成全形拓。

立体的青铜器全形拓是一门集金石学、考古学、美学三位一体的高层次艺术门类，是中国拓片技艺发展的顶峰。翻看青铜器全形拓，品读文人题跋，真实的影像效果再一次将人们带入了金石的辉煌世界，不但在视觉上给人以美感，拓片本身带有的斑驳痕点，更是令人发思古之幽情，具有纸笔书写所没有的趣味。

拓制技法由最初的不太讲究透视、阴阳的拓平面的方法，发展到后来加入西方透视、素描等方法，通过表现光线明暗的变化，立体呈现所拓器物图像的阶段。金石学发展到民国时到达顶峰，当时最有学问的人都在研究青铜器。由于照相技术在当时还未普及，人们想窥见到一件别人收藏的青铜器是一件非常难的事。青铜器全形拓就满足了广大爱好者的需求。

光绪时金石收藏家陈介祺先用"分纸拓"法，将器身、器耳、器腹、器足等部位的纹饰、器铭分拓，然后撕掉多余白纸，按事先画好图稿之需，把拓完的各部分拓片拼粘在一起。由于所绘图稿准确，用墨浓淡适宜，使得全形拓技法得到进一步的发展。后来又在毛公鼎上尝试拓全形。近代民国时期周希丁又

2011年6月，国家文物局向法国前总统希拉克赠送伯矩鬲全形拓

将西方传入的透视、素描等技法应用到了全形拓之中，墨色更是考究，浓淡相间，所拓器物图像的立体感大为增强。

至民国时期，全形拓技术可以说达到了一种前所未有的高度。然而随着以摄影为基础的石印、珂罗版等复制技术的广泛应用，全形拓这种费时费工的纯手工技艺，急剧走向衰落，逐渐成为稀罕而珍贵的艺术品种，近50余年来消失于人们的视线之中。

作为全形拓鼎盛期代表人物周希丁、傅大卣一派的传承人，贾文忠采用了古人传统全形拓方法，所拓器物全形准确，与实物不二，纹饰清晰、丝丝入扣、铭文规范、笔画有序、效果逼真、赏心悦目，为重铸全形拓昔日的辉煌注入了浓重的一笔。

法国前总统希拉克热爱中国青铜器，每次来中国访问都到博物馆看青铜器展览。2011年6月，国家文物局副局长宋新潮代表国家文物局向法国总统希拉克赠送了贾文忠制作的青铜器伯矩鬲全形拓片，深得希拉克喜爱。

新闻来源：《北京日报》2011年7月8日

中华人民共和国国家文物局
State Administration of Cultural Heritage
People's Republic of China

10, North Chaoyangmen Street, Beijing, P.R.China   Tel: 10-59881553 Fax: 10-59881555

贾文忠先生：您好！

  承蒙您在百忙之中为我局特别制作了伯矩鬲拓片。6月11日，在位于法国萨朗的希拉克总统博物馆，我代表国家文物局向法国前总统希拉克赠送了由您制作的这幅拓片。拓片深得希拉克总统的喜爱。随函附上有关照片的光盘。

  感谢您为及时完成拓片制作所付出的辛勤劳动，希望今后继续得到您的支持。

  恭祝

夏安

国家文物局副局长 宋新潮

二〇一一年六月十四日

时任国家文物局副局长宋新潮感谢信

国礼全形拓

2017年6月30日,中国农业农村部部长韩长赋在京会见美国农业部部长珀杜时,赠送了中国农业博物馆文物研究部贾文忠研究员精心制作的《鸡年大吉》青铜器全形拓艺术作品(青铜器全形拓,是以墨拓为主要手段,把器物原貌复制到纸上的一种技艺,是照相技术普及前保存器物影像的一种有效方法。《鸡年大吉》所选择的拓模对象是四川三星堆出土的一件"青铜鸡柱头",是目前青铜文物中有关鸡造型的最早并是最完美的作品之一,艺术价值高,文化意义深远)。

中国农业农村部部长韩长赋向美国农业部部长珀杜赠送《鸡年大吉》青铜器全形拓艺术作品

韩部长指出,中美双方就经济合作百日计划早期收获达成重要成果。《鸡年大吉》作为礼物赠送给珀杜部长,有着双重含义,一是今年恰逢鸡年,鸡同"吉"同音,寓意大吉大利,二是希望早日实现中国熟制鸡肉出口美国,为推动落实习近平主席与特朗普总统海湖庄园会晤共识发挥重要作用。

文字提供:农业农村部国际合作处

中国非物质文化遗产生产性保护成果大展（2012年）

北京电视台新闻报道画面

"贾氏文物修复之家"展位

与观展嘉宾交流

国家非物质文化遗产保护专家刘魁立（左三）向外国专家介绍贾文忠全形拓作品

贾文忠、贾树与国家图书馆馆长周和平（左一）合影

贾文忠、贾树与全国人大环境与资源保护委员会主任委员汪光焘（左二）合影

文化部副部长王文章（左二）参观展位 　　　中央纪委驻文化部纪检组组长李洪峰（右一）参观展位

著名古瓷鉴定专家耿宝昌（左一）参观展位 　　　贾文忠与著名艺术家常莎娜合影

中国传统文物修复技艺吸引参观学生

《羊年大吉》全形拓揭幕

2014年12月，文物界泰斗谢辰生（左）、耿宝昌（右）为贾文忠创作的《羊年大吉》全形拓揭幕

北京新闻报道《羊年大吉》全形拓揭幕仪式

《羊年大吉》全形拓揭幕仪式在全国农业展览馆举办，谢辰生、耿宝昌等文博界专家学者汇聚一堂，著名演员、收藏家王刚出席活动，接受媒体采访

《鸡年大吉》全形拓揭幕

2016年12月，文物界泰斗谢辰生为贾文忠创作的《鸡年大吉》揭幕

北京电视台采访全形拓传承人贾文忠

"金石永年——贾文忠全形拓展"
在恭王府开幕

金石永年——贾文忠全形拓展开幕式

2017年7月2日，由文化部恭王府博物馆和中国农业博物馆主办的"金石永年——贾文忠全形拓展"在恭王府嘉乐堂开幕，来自相关部门的专家学者、艺术家、非物质文化遗产传承人等百余人出席了开幕式。全国政协常委、副秘书长、九三学社中央常务副主席邵鸿，文化部恭王府博物馆馆长孙旭光，中国农业博物馆馆长王秀忠，中国文物学会名誉会长、国家文物局原顾问谢辰生等在致辞中对展览给予高度评价。

此次"金石永年——贾文忠全形拓展"分为贾文忠全形拓艺术、贾文忠金石传拓和贾氏文物修复之家三部分，内容充实，既充分展现了传统技艺之美，融合了当代文化元素，丰富了中国书画艺术的创作与表现形式，又成功地展示了传统全形拓艺术的传承与发展历程。

贾文忠生于北京金石世家,是老北京"古铜张"派第四代传人,是著名的青铜器鉴定专家、全形拓传承人、书画篆刻家,多年来一直致力于青铜器的研究与保护工作,并在保护与传承全形拓传统技艺中作出了突出贡献。

新闻来源:国家文物局

东配殿展厅　　　　　正殿展厅　　　　　西配殿展厅

贾文忠全形拓捐赠文化部恭王府博物馆

金石永年——贾文忠全形拓展厅

贾氏文物修复之家展厅

金石传拓技艺展厅

邵鸿开幕式致辞

谢辰生宣布展览开幕

陈琨、李佳明主持开幕式

参加开幕式嘉宾合影

贾文忠全形拓展学术研讨会　　　　贾文忠传拓技艺讲座

中国书法家协会主席苏士澍参观展览

著名民俗专家刘魁立参观展览

贾氏金石世家展厅

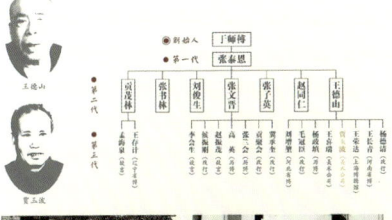

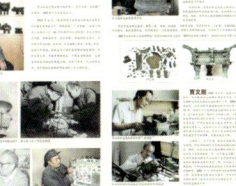

贾氏文物修复之家贾玉波传艺带徒旧照

贾氏文物修复之家展厅贾玉波塑像与生前遗物

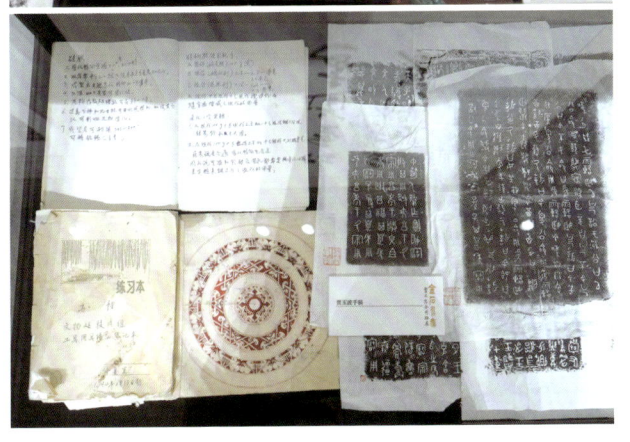

"让艺术升骅——贾文忠全形拓艺术展"在深圳开幕

2018年10月20日,"让艺术升骅——贾文忠全形拓艺术展"暨《贾文忠金石艺术集》发布会在深圳举办。该书得以顺利出版,感谢深圳安骅汽车与深圳市雅龑文化传播有限公司的赞助支持。

翰墨飘香,丹青溢彩。作为汽车界的首次创新文化活动,活动当天,安骅展厅便已化身为融合古色古香与现代工业气息的艺术展馆。"让艺术升骅"是本次活动的主题,寓意安骅汽车与传统文化相融合,实现共同的升华。深圳安骅汽车以贾文忠全形拓艺术展及联名艺术作品集发布会活动,正式向外界及媒体宣布启动"文化汽车"的战略主张。

活动分为三个篇章进行,首先是全形拓艺术画展的欣赏,其次是贾文忠老师述说全形拓前世今生以及鉴宝互动,最后是新书作品集的正式发布会。

《贾文忠金石艺术集》发布会现场

新书发布会当天，安骅汽车展厅改造成为全形拓艺术展厅

新书发布会海报在深圳街头亮相

"金石祥瑞——贾文忠全形拓艺术展"在颐和园开幕

贾文忠全形拓艺术展开幕式现场

作为颐和园申遗成功二十周年系列活动，由北京市颐和园管理处与中国农业博物馆联合举办的"金石祥瑞——贾文忠全形拓艺术展"于2018年12月18日在颐和园德和园扮戏楼开展，共展出全形拓艺术作品52件，以及颐和园藏青铜器2件，共计展品数量为54件。

出席新闻发布会的领导和嘉宾有国家文物局原副局长张柏，九三学社中央组织部部长杨玲，九三中央社会服务部副部长陈克文，九三学社中央教育文化专门委员会主任、北京师范大学中国教育创新研究院院长刘坚，中国农业博物馆副馆长苑荣，北京市公园管理中心服务处处长缪祥流，北京市颐和园管理处书记李国定，九三学社中央书画院副院长、中国文联美术艺术中心大型活动部主任李伟，中国人民大学家书博物馆馆长张丁，中央国家机关党工委教育处长刘静伟，国家机关事务管理局香山管理局行政处副处长李宁，恭王府传统技艺保护中心主任孙东宁，恭王府藏品研究部主任王东辉，河北省文物局博物馆处处长李宝才，霸州博物馆馆长王桐，魏世滨、黄爱豪等。新闻发布会由秦雷副园长主持。

颐和园内收藏的青铜器为原清宫遗物，时代上从商周延至明清，有较为

贾文忠制作商代兽面纹三牺尊全形拓

完整的青铜礼器体系，具有皇家收藏的代表性。颐和园为该展览提供旧藏青铜器6件，由中国农业博物馆研究馆员贾文忠对这6件青铜器进行全形拓，并提供其他全形拓片及书法作品46件，颐和园配合展览展出园藏青铜器2件，均为二级文物。

贾文忠全形拓技艺属于非物质文化遗产，贾文忠先生与颐和园合作，选取原清宫旧藏青铜器制作全形拓，以全国重点文物保护单位颐和园为平台，发扬传统文化，全面展现全形拓的艺术魅力，为观众带来全新的视觉享受。展览至2019年3月18日。

新闻来源：北京市颐和园管理处

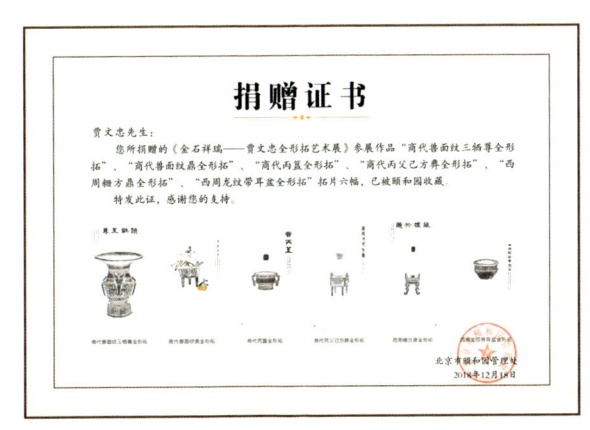

贾文忠全形拓捐赠北京颐和园

贾文忠《大盂鼎》全形拓在中国国家博物馆展出
全形拓入藏中国国家博物馆

"新考工记——中法手工之美"展览由中国国家博物馆和受法国文化部授权从事法国手工艺对外推广的 HEART & CRAFTS 公司共同举办,值中法建交 55 周年之际,这场大国工匠之间的对话,邀请了 15 位法国顶级手工艺大师与 11 位中国国家级手工艺大师、非遗传承人和知名艺术家参与,共展出作品 180

展厅入口位置贾文忠《大盂鼎》全形拓

余件(套),涉及陶瓷、玻璃、金属锻造、麦秆编织、榫卯、皮革、皮影、珐琅、羽毛、折扇、折伞、褶裥、全形拓、凹版照片术、木版水印等。

展览以中法传统手工艺的当代创新为主线,共分为五个单元,以中法手工艺术家作品共存一个空间的展陈形式,分置于各单元之中,为对话营造空间,具象阐释中法当代"匠人精神"。

本次展览所邀请的艺术家,他们的技艺或源于家族传承,或师从名门,都有着数十年的积累和磨砺,承得技艺精髓。而与此同时又都以其大胆创新而成为各自领域的时代翘楚,他们的作品或于工艺、或于形制、或于材料,自觉融入当代的气息,因此既具有传统的根基,又带有当代的审美,由此呈现传统手工艺的当代活性。

展览时间：2019年1月12日至2019年5月4日。

新闻来源：中国国家博物馆

贾文忠向中国国家博物馆馆长王春法介绍《大盂鼎》全形拓

贾文忠参展全形拓作品被中国国家博物馆收藏

"簠斋遗韵——贾文忠全形拓艺术展"在孔子博物馆开幕

贾文忠展示为孔子博物馆珍藏商周十供拓制的全形拓作品

2019年5月18日是第43个国际博物馆日，也是孔子博物馆试运行以来第一个博物馆日。孔子博物馆围绕"作为文化中枢的博物馆：传统的未来"这一主题，策划开展系列内容丰富、形式多样的文化活动，"让文物活起来"，搭建博物馆与公众沟通互动的平台，推广、传播优秀传统文化，拉近博物馆与观众的距离，让更多观众走进博物馆，了解历史，亲近文物。

举办"簠斋遗韵——贾文忠全形拓艺术展"

5月18日上午10点隆重启幕。"簠斋遗韵——贾文忠全形拓艺术展"由孔子博物馆、中国农业博物馆联合主办，5月18日至9月18日在孔子博物馆四号临展厅展出。展览共展出贾文忠全形拓作品52件，囊括了青铜器、铜镜、砖石等各类全形拓艺术作品，更包含贾文忠先生专门为孔子博物馆珍藏商周十供拓制的全形拓作品，充分展示了传统金石全形拓技艺的传承与发展。

贾文忠为孔子博物馆珍藏商周十供拓制全形拓并捐赠孔子博物馆

举办"金石学与全形拓"公益讲座

5月18日上午10点30分，著名青铜器鉴定、修复专家贾文忠先生在孔子讲学堂以《金石学与全形拓》为题，向现场近200名听众进一步解读全形拓。讲座中，贾先生深入浅出、层层深入、点面结合，从概念到技艺，从古代到现代，对全形拓的发展过程进行了系统讲解。讲座受到艺术爱好者、文物收藏爱好者的关注和欢迎，听众们纷纷表示受益匪浅，意犹未尽。

新闻来源：孔子博物馆

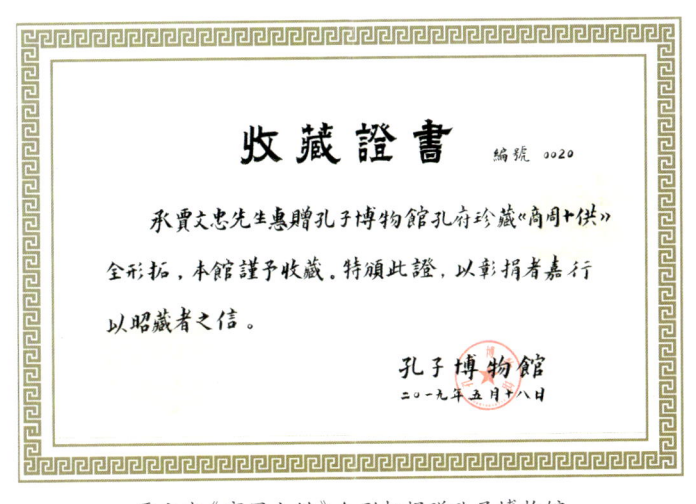

贾文忠《商周十供》全形拓捐赠孔子博物馆

"金石萃影——贾文忠全形拓艺术展"在霸州博物馆开幕

霸州博物馆开幕式入场

2019年6月3日上午,"金石萃影——贾文忠全形拓艺术展"在霸州博物馆开幕,展出贾文忠全形拓作品50件,展期三个月。

展览由中国农业博物馆、霸州市博物馆联合主办,九三学社中央教育文化委员会协办。国家文物局原副局长张柏、中国农业博物馆党委副书记田桂山、全国工商联民间文物艺术品商会会长宋建文、中国农业博物馆文创中心主任安晓东女士、九三学社北京朝阳区委副主委霍超女士、霸州市文化旅游局局长许志明及霸州市委宣传部、霸州市博物馆的相关负责人出席了开幕仪式。

霸州市博物馆馆长王桐主持开幕式,田桂山、许志明、张柏先后致辞。

贾文忠出生青铜器修复世家，从事青铜器修复和鉴定等工作近40余年。他先后师从文博大家傅大卣、书法家康殷学习全形拓和颖拓技艺，创作全形拓作品数百幅，成为当代传承全形拓的代表人物。贾先生先后在恭王府、颐和园和山东曲阜孔子博物馆举办全形拓展，展示传统金石全形拓技艺的传承与发展。

新闻来源：国家文物局主管《文物天地》杂志

"金石萃影——贾文忠全形拓艺术展"开幕式现场

贾文忠向现场嘉宾介绍全形拓作品

"敬墨问茶——贾文忠迎新茶档精品画展"在三亚图书馆开幕

"敬墨问茶——贾文忠迎新茶档精品画展"开幕式现场

2019年2月2日上午,"敬墨问茶——贾文忠迎新茶档精品画展"在三亚图书馆开幕。据悉,此次展出贾文忠结合茶文化和书法、绘画的"茶档精品"70余幅,作品内容丰富,创作风格独特。展出时间为2月2～19日,市民游客可免费参观。

当代著名青铜器鉴定、修复专家贾文忠,是金石全形拓技艺传承人、金石书画家,中央电视台《鉴宝》《寻宝》《我有传家宝》等节目特邀专家。

"没想到在三亚还能看到这么有档次的作品,我非常喜欢,太棒了。"现场,来自德国的80岁老人布海歌用非常标准的中国普通话连连夸赞。她来中国50多年了,第一次看到把茶文化和绘画、书法联系在一起的作品,她认为这个想法非常好,应该延续。

"茶档就是茶的档案，因为2004年以后，正规的普洱茶生产厂家都会在茶纸上标明茶的生产地、重量、生产日期、品种和加工方法等等，茶纸基本都是用宣纸做的，用来画画非常好。"贾文忠说，怎么让废弃的纸张变成宝贝？因为这些茶本身就是非常有名的茶，有名的茶纸再赋予它"生命"，才能将茶文化延续。

贾文忠说，每幅画都要进行长时间的构图，因为绘画要跟茶纸的意境联系起来，看起来要相得益彰，让人耳目一新。"70多幅作品花了两个多月的时间，没有一幅是重复的。"

据介绍，无论是全形拓还是茶档画，贾文忠的作品基本上都与文物和历史有关。一张普通的茶叶包装纸，经过他的生花妙笔，都能焕发出浓浓的金石味，既有高古的意趣，又有当今的生活，镜花水月，清风徐来，古今交融，充满禅意。

据悉，该画展由中国农业博物馆主办，三亚美术馆承办，三亚市妇联、三亚市图书馆、三亚兰亭雅集科技发展有限公司、三亚大德传媒有限公司协办，张智强、贾树策展。

贾文忠说，三亚拥有得天独厚的自然环境优势，集山、海、河自然美景于一地，风光秀丽，非常适合创作绘画。尤其是冬天时，北国一片雪景，三亚鲜花盛开。

"三亚是中国的名片，人们到三亚不仅仅是享受阳光、大海和沙滩，还要享受三亚的文化。"贾文忠认为，三亚文化历史悠久，还需多挖掘开发。"以后有机会我还会来三亚，举办全形拓画展和青铜器修复讲座等。"

新闻来源:《三亚日报》

茶档画展厅现场(一)

茶档画展厅现场(二)

茶档画作品赏析

"吉金永年——贾文忠全形拓艺术展"在定州博物馆开幕

定州博物馆向贾文忠颁发全形拓捐赠证书

2019年9月27日,"吉金永年——贾文忠全形拓艺术展"在定州博物馆开幕,来自中国农业博物馆、河北省文物局、河北省博物院、霸州市博物馆、定州市文化广电和旅游局相关负责人出席了开幕式。艺术展将展出贾文忠全形拓作品48件,囊括了青铜器、铜镜、砖石等各类全形拓艺术作品,展览将持续至11月10日。开幕式上,贾文忠先生向定州博物馆捐赠了珍贵的全形拓十二生肖作品十二幅。

此次全形拓艺术展旨在展示传统金石全形拓技艺的传承与发展,弘扬中华传统文化,让观众近距离感受全形拓的艺术魅力,增强文化认同和文化自信,做新时代的历史守护者和文明传播者。

习近平总书记说过:"文物承载灿烂文明,传承历史文化,维系民族精神,是老祖宗留给我们的宝贵遗产,是加强社会主义精神文明建设的深厚滋养。"博物馆作为文化遗产的传承者和守护者,要充分发挥好文化传承"中枢"作用,真正让收藏在禁宫里的文物、陈列在广阔大地上的遗产、书写在古籍里的文字

定州博物馆展厅现场

都活起来。

在中华人民共和国成立70周年之际，定州博物馆举办中国传统文化技艺全形拓艺术展是以习近平新时代中国特色社会主义新思想为指导，是定州博物馆开展"不忘初心，牢记使命"主题教育活动的具体体现。

定州是中山文化的主要发祥地，河北省十大历史文化名城之一，联合国地名组织命名的"千年古县"，是我国北方古代地域文明的摇篮之一。此次展览就是要借助中山文化深厚底蕴，掀起崇尚文化技艺保护传承热潮，搭建公众了解历史文化技艺的平台和窗口，让更多的关心传统文化技艺的人们亲身感受全形拓技艺的文化内涵和绽放的魅力。

新闻来源：定州博物馆

贾文忠全形拓捐赠河北定州博物馆

"山谷聆禅——贾文忠禅意丹青小品展"在安徽开幕

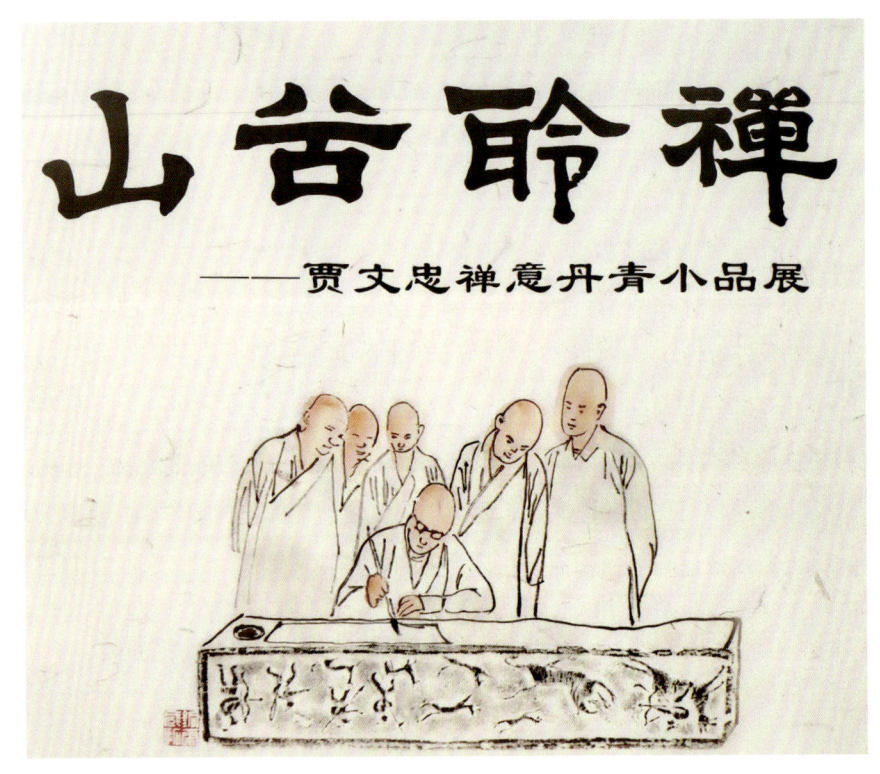

贾文忠绘禅意丹青小品

  2019年11月3日,"山谷聆禅——贾文忠禅意丹青小品展"在安徽天柱山风景区山谷流泉文化园内隆重举行。这次活动由天柱山画家村美术馆主办,潜山市文联、山谷流泉文化园、天柱山画家村、天柱山画院、南岳书院协办。出席活动的领导有:潜山市委常委、天柱山管委会副主任涂高生,天柱山管委会党委委员张方,潜山市文旅体局局长李桃生,天柱山镇党委书记王续豹,官庄镇党委书记王学杰,潜山市文联主席韩久安,天柱山镇镇长储根娣,以及各局机关乡镇党委政府领导二十余人。出席活动的外地嘉宾和画家有:刘海粟研究院院长、硕士生导师汤洪泉，画家余国友，书法家权学友，庐江民俗博物馆馆长朱启祥，安徽农展馆馆长华庆，著名艺术品经纪人彭晋等十余人，共同见证了画展的开幕仪式。

活动由天柱山画家村美术馆馆长何承熙主持，他详细介绍了本次画展的具体情况。本次画展，共展出贾文忠老师作品近100幅，涉及金石全形拓、书法、绘画，以小品的表现形式，全方位展示了贾文忠老师作为文物修复与鉴定、金石全形拓传承人的金石学功底。

新闻来源：天柱山画家村美术馆

禅意丹青小品展分为两个展厅，贾文忠向现场嘉宾介绍书画作品

"金鼠臻祥——贾文忠全形拓艺术展"在甘肃省博物馆开幕

2019年12月28日，由中国农业博物馆、甘肃省博物馆共同主办，霸州博物馆协办，九三学社中央教育文化委员会支持的"金鼠臻祥——贾文忠全形拓艺术展"在甘肃省博物馆开幕。开幕式由甘肃省博物馆副馆长班睿主持，甘肃省博物馆党委书记肖学智致辞，中国农业博物馆副馆长邓志喜致辞，中国书法家协会、甘肃省书法家协会、甘肃省收藏家协会有关领导和新闻媒体代表出席开幕仪式并参观展览。

本次展出贾文忠创作的60余幅全形拓艺术作品，包括青铜器、铜镜、石雕等类作品甄选。既是对贾文忠数十年来致力于传统文化技艺传承的成果展示，同时，也是对中国农业博物馆多年来致力于全形传拓技艺挖掘、保护和传

苏士澍题贾文忠全形拓艺术展展名

承工作成效的全面反映。开幕当天，贾文忠在甘肃省博物馆学术报告厅以"金石学与全形拓"为题，向现场近200名听众进一步解读全形拓技艺。

甘肃位居丝绸之路枢纽地带，是世界四大文化体系汇流之区，是中华民族和华夏文明的重要发源地之一。中国农业博物馆在甘肃省博物馆举办全形拓艺术展，就是要借力甘肃厚重的历史文化底蕴，推动全形拓艺术瑰宝在丝绸之路经济带上绽放，促进全形拓艺术与丝路文化交融碰撞，让传统文化焕发出新的生机和活力。通过丝路展示窗口，弘扬中华优秀传统文化，展示金石全形拓技艺的传承与发展，展现传统技艺之美，搭建公众了解传统文化技艺的平台，让观众近距离感受全形拓的艺术魅力，掀起崇尚文化技艺保护传承热潮，增强文化认同和文化自信，争做新时代的历史守护者和文明传播者。

中国书法家协会顾问、甘肃省书法家协会名誉主席张改琴参观展览

展厅现场

贾文忠在甘肃省博物馆学术报告厅讲座

"吉金献瑞——贾文忠全形拓艺术展"
在徐州博物馆开幕

2020年1月10日，由徐州博物馆、中国农业博物馆共同主办，九三学社中央教育文化委员会支持的"吉金献瑞——贾文忠全形拓艺术展"，在徐州博物馆开幕。

徐州博物馆馆长李晓军主持开幕式，徐州市文广旅局副局长韩如海致辞，中国农业博物馆副馆长邓志喜讲话，贾文忠致答谢词并向徐州博物馆捐赠全形拓作品。徐州市人大常委会原副主任李文顺，徐州市政协原副主席吴报强、张爱军、曹文泉，徐州市文广新局原党委书记、局长单兴强，徐州市委统战部原副部长、市民族宗教事务局原局长、党组书记董正义，徐州市文广旅局副局长韩如海，徐州市文广旅局文物处处长王春梅，徐州云龙书院常务副院长李靖，徐州博物馆副馆长、副书记刘照建，中华文化促进会民办博物馆协作体副主席、徐州圣旨博物馆理事长周庆明先生，江苏省收藏家协会徐州分会会长邱天

开幕仪式现场，贾文忠向徐州博物馆捐赠全形拓作品

基先生等出席展览开幕式。

徐州市文广旅局副局长韩如海指出，徐州是汉文化的发源地，汉墓、汉兵马俑、汉画像石称"汉代三绝"，享有"两汉文化看徐州"的美誉。徐州文化艺术从远古陶器彩绘起步，历经先秦青铜器、汉画石刻、汉碑、唐幢、宋帖、明画、清卷的传承延续，构筑起瑰丽灿烂的艺术宝库，凝聚了世世代代徐州人民厚重执着的审美追求。

展览是博物馆的最重要的文化产品，是满足人民群众日益增长的美好生活需要的重要路径。近年来，徐州博物馆坚持以馆藏文物元素为核心要素，突出原创性、艺术性、观赏性，策划推出了一系列精品展览。此次展览将集中展示全形拓这项非物质文化遗产成果。全形拓兴起于清朝嘉道年间，繁荣于民国初期，是集金石学、考古学、美学为一体独特的艺术形式。全形拓艺术成就了一代代传统手工技艺大师，中国农业博物馆高级研究馆员贾文忠先生是最具代表性的传承人之一。此次全形拓艺术展的举办对提升徐州市艺术家创作水平、弘扬传承中华优秀传统文化必将发挥积极的促进作用。

中国农业博物馆副馆长邓志喜先生代表嘉宾对展览的成功举办表示热烈

徐州博物馆展厅现场

的祝贺。他指出，贾文忠先生是我们国家著名青铜器鉴定、修复专家，全形拓技艺传承人，老北京青铜器修复第四代传人。其全形拓技艺师承于全形拓鼎盛期代表人物周希丁门派传人傅大卣先生，两代名师，三代传人，将全形拓技艺传承超过了100年。贾文忠通过苦练、研究，继承了全形拓这门技艺，不仅技艺正脉，而且吸收前辈经验，在实践中不断探索，形成自己独特的全形拓技法，所拓器物，全形准确，纹饰清晰，丝丝入扣，铭文规范，笔画有秩，效果逼真。

贾文忠先生在答谢词中说，本次展览是全形拓这项非物质文化遗产成果的集中展示，精美考究的宣纸、浓淡变化的墨色、字俊文雅的题跋，铸就了全形拓完美的艺术生命，同时也是中华民族传统文化技艺中闪耀的瑰宝，它的诞生与发展生动地记录了民族文化技艺的创新和探索，具有极高的艺术价值和收藏价值。

展览于1月10日正式开始，延续到3月10日，为期两个月。共展出贾文忠先生全形拓作品60余件，紫砂器作品20件。展览结束后，贾文忠先生在徐州博物馆学术报告厅举行了主题为"金石学与全形拓"的主题讲座。

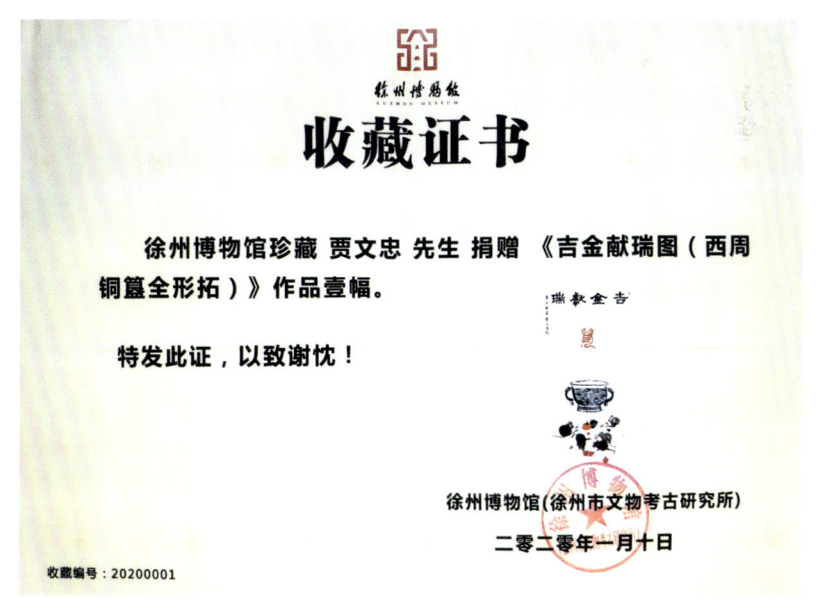

贾文忠全形拓捐赠徐州博物馆

頌壺　西周

寶尊彝瓶　西周

圓罍　西周

完作獸面紋尊　西周

匡侯盂　西周

伯矩甬　西周

銅鎏銀羊燈　漢

曾仲斿父壶 春秋

方罍 西周

班簋 西周

兽面纹爵 商

鄂侯鼎 西周

囧方鼎 西周

骆驼尊 汉

贾文忠创作"金石永年"全形拓

贾文忠创作"商周十供"全形拓

贾氏四代人影像纪录

王翠云、贾玉波

贾玉波、王翠云晚年在家中

60年代贾氏一家
前排右起：王翠云、贾文进、贾玉波、贾　新、贾文忠、贾莉莉
后排右起：贾文超、贾文熙、贾文珊

70年代贾氏一家
前排右起：贾玉波、贾文进、王翠云
中排右起：贾　新、贾文忠、贾莉莉
后排右起：贾文珊、贾文熙、贾文超

1965年贾文超与贾文进、贾文忠在虎坊路前门饭店前

1966年贾莉莉、贾文忠与贾玉波

1966年贾莉莉、贾文忠、贾新与贾玉波、王翠云

1966年贾莉莉、贾文进、贾新与王翠云

1966年贾文忠、贾新、贾莉莉在虎坊路前门饭店前

1976年，贾莉莉、贾新于天安门广场

1979年，贾玉波、贾文熙在秦始皇兵马俑博物馆

贾玉波与孙辈。左起：王静、贾树、郭玢、贾玉波、贾淼、贾汀

1987年全家福

1988年全家福

1989年全家福

2017年，贾氏三代人在"如意园"（一）

2017年，贾氏三代人在"如意园"（二）

2017年，贾氏三代人在"如意园"（三）

贾文忠、贾树父子鉴赏国宝虢季子白盘（拍摄于原中国历史博物馆文物修复室）

贾文忠携孙女贾如参观国家博物馆藏青铜龙虎尊（贾玉波生前参与修复）

2012年，贾氏第二代、第三代

2019年春节，贾氏第二代、第三代、第四代

鸣　谢

北京博宬文化遗产保护中心有限公司
北京东方大地虫害防治有限公司
贝罗修复科技（北京）有限公司
吉林省复善文化发展有限公司
北京融通新风洁净技术有限公司
资助出版